Leslie Ludy

Lebe wahre Schönheit

Der Weg einer jungen Frau zu einem außergewöhnlichen Leben

Lichtzeichen Verlag

Edition BSB

Leslie Ludy
Lebe wahre Schönheit
Der Weg einer jungen Frau zu einem außergewöhnlichen Leben

1. Auflage 2011

Edition BSB
Original: Authentic beauty: the shaping of a set-apart young woman
Übersetzt von Ute Cron-Boengeler
Foto: Nadia Meli Photography
Umschlag/Satz: Gerhard Friesen

ISBN 978-3-86954-040-5
Bestell-Nr. 548040

Edition BSB

Abteilung: Praktische Theologie

Band 2

Die *Edition BSB* wird herausgegeben vom Bibelseminar Bonn (BSB), einer freikirchlichen theologischen Ausbildungsstätte, die Studierende in einem drei- und einem fünfjährigen Ausbildungsgang für die ehrenamtliche und vollzeitliche Mitarbeit in Gemeinde und Mission vorbereitet.
Die *Edition BSB* macht Forschungsergebnisse von Dozenten und Studierenden des BSB einer breiteren Öffentlichkeit zugänglich und möchte so der christlichen Gemeinde im deutschsprachigen Europa dienen.

Bibelseminar Bonn
Ehrental 2-4
53332 Bornheim/Bonn
www.bsb-online.de

Inhalt

Vorwort zur deutschen Ausgabe 8
Vorwort zur revidierten Ausgabe 11

Teil 1: Der erste Schritt 17
Die Krise der modernen Frau 17
1 Die Zerstörung eines Mädchentraums 19
2 Das Aufleben des weiblichen Zaubers 39

Teil 2: Eine Lilie unter Dornen 51
Das Wesen einer außergewöhnlichen jungen Frau.51
3 Weiß wie eine Lilie 53
4 Das innere Heiligtum 73
5 Ein wunderschönes Spiegelbild 92
6 Eine weiße Lilie und die Liebe 111

EINBLICK IN DIE MÄNNERWELT 125
Lektion eins: Eine Vision vom Krieger-Dichter 125

Teil 3: Romantischer Zauber 137
Das Geheimnis einer außergewöhnlichen jungen Frau 137
7 Der weibliche Zauber 139
8 Die Geheimnisse der Kampfführung 161
9 Der weibliche Zauber und die Liebe 190

BLICK AUF DIE MÄNNERWELT 210
Lektion zwei: Wie Männer zu Kriegern werden 210

Teil 4: Liebevolle Ehrfurcht 223
Die Leidenschaft einer außergewöhnlichen jungen Frau 223
10 Intimität schaffen 225
11 Der gewisse Funke 241
12 Vorbereitung auf Intimität 266

EINBLICK IN DIE MÄNNERWELT 290
Lektion drei: Wie Männer zu Poeten werden 290

Epilog 305
Anmerkungen 307

Wahre Schönheit ist vielleicht einer der seltensten Schätze der Erde. Sie hat eine Anziehungskraft, die weit über das hinausgeht, was das nette Aussehen eines wohlgeformten Gesichtes ausmacht, und sie besitzt einen Charme, der die verzaubernde Anmut einer freundlichen Person übersteigt. Sie ist weder in Glanz und Glorie der besseren Gesellschaft zu finden, noch in Samt und Seide der angepassten Popkultur. Sie erscheint eher selten in einer Generation und wenn, dann im Leben einer jungen Frau – einer jungen Frau, die von ihrem Herzensprinzen zutiefst geliebt wird.

Vorwort zur deutschen Ausgabe

Lebst du wahre Schönheit?

Was ist *wahre Schönheit* überhaupt? - „*Wahre Schönheit* kommt von innen“, denkst du jetzt sicher und es stimmt, sie kommt von innen, doch die Frage ist: Was ist in deinem Inneren? Was macht dich aus? Was motiviert dich? Was macht dich zu dem Menschen, der du bist?

In meinen Gesprächen mit jungen Frauen fielen mir immer wieder bestimmte Dinge auf, die sie antreiben und die ihr Inneres vereinnahmen: Leistungsdenken und Perfektionismus, aber auch Selbstmitleid, Wunden aus der Kindheit und Angst vor Veränderungen, die Suche nach dem Mann ihrer Träume und der Versuch, möglichst eine Frau zu werden, die alles unter einen Hut bekommt: Schule/Arbeit, Familie, Freunde, Hobbys, Dienste usw.

In der heutigen Welt sind junge Menschen so vielen zerstörenden Einflüssen ausgesetzt. Viele Suchen nach Hilfe, jemandem zum Reden, nach Orientierung und praktischer Unterweisung, wie sie Gott dennoch treu bleiben können. Doch allzu oft werden sie damit allein gelassen. Die Wenigsten würden ihr Leben als *schön* beschreiben.

Aus eigener Erfahrung kann ich sagen, dass das Ende der Suche nach einem schönen Leben allein in Jesus Christus liegt. Er ist die Antwort. Er ist Hoffnung. Er ist Liebe. Er ist *Schönheit*. Und Er ist *Leben*.

Diese Wahrheit habe ich erst nach Jahren meines Christseins verstanden. Zu Leben bedeutet nicht nur zu atmen. Es ist auch mehr als die Aussicht auf das ewige Leben. Die Schönheit des Lebens kann schon hier auf der Erde beginnen, wenn dein Innerstes Jesus ist.

Die Christen in meinem Umfeld haben mich glauben lassen, dass ich den äußerlichen Standards der Kirche entsprechen und gewisse Regeln befolgen muss, um „wirklich" Christ zu sein. Später habe ich verstanden, dass Christsein bedeutet, eine *Beziehung* zu Gott zu haben, die dann Auswirkungen auf das ganze Leben hat. Und es hat wieder Jahre gedauert, bis mir endlich klar wurde, wie viel *Schönheit* in dieser Beziehung steckt.

Bei dieser Entdeckungsreise ist dieses Buch eine wertvolle Hilfe. Einerseits ist es tröstend zu sehen, dass die Autorin ganz ähnliche Fragen und Ängste hatte wie so viele unter uns und aus ihr eine wirklich außergewöhnliche Frau geworden ist. Andererseits wird man immer wieder herausgefordert, über seine Glaubenskompromisse und einen praktischen Weg einer konsequenten Nachfolge nachzudenken.

Jesus nahe zu sein, mit ihm zu reden, ihm zu dienen, ja selbst etwas für ihn zu opfern ist so wunderschön, dass ich immer mehr davon möchte! Ich bin noch lange nicht am Ziel. Doch je mehr ich danach strebe und Jesus mein Wesen und mein Leben einnehmen lasse, desto mehr durchflutet sein Wesen mich und lässt mich seine *Schönheit* widerspiegeln.

Noch einmal die Frage: *Lebst du wahre Schönheit*?

Dieses Buch möchte dir dabei helfen, diese *Schönheit* zu entdecken und dein Leben zum Blühen zu bringen. Die Autorin erzählt von ihrer Reise mit Jesus hin zu dieser *Schönheit* und gibt viele praktische Tipps, wie auch du dieses außergewöhnliche *Leben in wahrer Schönheit* finden kannst.

Lass dich darauf ein und nimm dir die Zeit, die du brauchst, um die Botschaft jedes Kapitels in deinem Leben gemeinsam mit Gott zu prüfen und anzuwenden. Ich empfehle dir, deine Erkenntnisse und Entscheidungen aufzuschreiben, nicht nur weil du dich dabei besser konzentrieren kannst, sondern weil du darin eine Dokumentation deiner eigenen Abenteuerreise findest, die dich in ein außergewöhnliches Leben führt.

Bornheim, Regina Neufeld
(www.lily-white.de)

Vorwort zur revidierten Ausgabe

Als ich anfing, die Botschaft dieses Buches in Worte zu fassen, stellte ich mir vor, dass du und ich in einem gemütlichen, kleinen Café sitzen. Wir nippen an unserem dampfenden, schäumenden Getränk und blicken uns in die Augen, versunken in ein vertrauliches Gespräch. Wir unterhalten uns stundenlang, während andere Gäste kommen und gehen. Wir vergessen die Zeit und nehmen die Umgebung nicht mehr wahr. Während sich unsere Becher langsam leeren, erzählst du mir deine Geschichte. Und ich erzähle dir meine. Du teilst deine Fragen, Kämpfe, Ängste und Siege mit mir und ich meine mit dir.

Ich spüre eine tiefe Verbindung zu dir, wenn wir vor meinem geistigen Auge miteinander reden und zuhören, lachen und weinen. Es ist das Bild einer unvergesslichen Zeit in einem gemütlichen, kleinen Café, das Wort und Stil dieses Buches vorgab. Ich bete darum, dass du, wenn du diese Seiten liest, nicht das Gefühl hast, eine unpersönliche Dokumentation oder trockene Theorie zu lesen, die nur für irgendwelche Massen geschrieben wurde. Ich wünsche mir vielmehr, dass du genauso fühlst wie ich, als ich das Buch schrieb – dass wir nur zwei Freundinnen sind, die in einem Café sitzen und ein offenes, ernsthaftes, herzliches Gespräch führen.

Am stärksten wurde mein Frausein in der Jugend von der Gesellschaft geprägt – in der Oberstufe, in der Mittelstufe, oder gar noch früher – deshalb werde ich in diesem Buch ein paar Geschichten aus meiner Jugend erzählen. Vielleicht hast du diese Zeit schon hinter dir, wenn du dieses Buch liest. Vielleicht hast du Dinge anders erlebt als ich. Aber ich hoffe, dass dich die Wahrheiten und Prinzipien hinter diesen Geschichten ansprechen, egal wie alt du bist und welche Geschichte du hast. Am meisten bete ich aber darum, dass diese Botschaft in deinem tiefsten Innern eine Sehnsucht nach Jesus Christus weckt, wie du sie noch nicht gekannt hast. Ich hoffe, dass dieses Buch dich Ihm näherbringt, als du es je gedacht hast. Ich wünsche mir, dass dieses Buch dein Leben so tiefgreifend beeinflusst, wie es meins beeinflusst hat.

Hier noch ein paar Details, die du wissen solltest, wenn du dieses Buch liest: Dieses Buch spricht vereinfachend von unserem Prinzen oder himmlischen Liebhaber, meint aber immer umfassend *alle* Personen Gottes – Vater, Sohn und Heiligen Geist. Wenn ich darüber hinaus Jesus als unseren Liebhaber und Prinzen vorstelle, beziehe ich mich auf ein Leitbild, dass eindeutig und klar von der Bibel vorgegeben ist, die Christus den Bräutigam und die Gläubigen die Braut nennt. Tatsächlich ist das Hohelied Salomos als Ganzes eine poetische Darstellung dieser unglaublichen Wahrheit.

Mir ist bewusst, dass es heute Menschen gibt, die versucht haben, dieses Prinzip in eine sinnliche, perverse und fleischliche Vorstellung zu verdrehen, indem sie eine intime Beziehung zu Christus als physisch sexuelle Beziehung darstellen, statt sie als eine heilige, spirituelle Gemeinschaft zu verstehen. Wegen dieses Missbrauchs scheuen sich manche Christen, sich Christus als dem Liebhaber oder Bräutigam zu nähern. Aber eine Wahrheit zu ignorieren, kann genauso gefährlich sein, wie sie zu verdrehen. Wenn wir das Wesen des Bräutigams an unserem Herrn verleugnen, lassen wir uns die Fülle entgehen, die gemeint ist, wenn von intimster Vertrautheit mit Ihm die Rede ist.

Ich hoffe, dass du durch dieses Buch Jesus Christus als den Liebhaber deines Herzens sehen kannst, nicht fleischlich oder physisch, sondern eher in der geistlichen Tiefe deines Wesens mit all dem, was dies beinhaltet. Der große Prediger Charles H. Spuren sagte es einmal so:

> *Die Melodie von Salomos Lied erklingt in einem höheren spirituellen Leben, und sagt nicht-spirituellen Ohren nichts. Wer geistlich nicht reif ist, könnte feststellen, dass seine fleischliche und sinnliche Liebe zu Jesus durch dieses Lied in Wallung gebracht wird, den sie „nach dem Fleisch" kennen, aber nicht im Geist. Das Lied hat in sich einen heiligen Kern, in den keiner unvorbereitet vordringt. Nur die können diese Liebesgeschichte wirklich verstehen, die zu einer tiefen, familiären Intimität mit dem großen Bräutigam durchgedrungen sind.*[1]

Lass mich noch ein paar Details erwähnen, bevor wir unsere Unterhaltung beginnen. Obwohl es eigentlich unmöglich ist, die „Gotteserfahrungen" wirklich zu beschreiben, die ich in meinem Leben gemacht habe, habe ich sie hier beschrieben, als seien sie real gewesen, wörtliche Unterhaltungen, in denen die wechselseitige Beziehung mit dem Heiligen Geist in einfache Alltagssprache übersetzt werden. Wenn die biblische Botschaft in diesem Buch umschrieben wird, um sie besser zu verstehen, wird außerdem das Bibelzitat in der Endnote aufgeführt. Einige Namen, Orte und weniger wichtige Details wurden zum Schutz der Privatsphäre verändert. Ich sollte auch darauf hinweisen, dass vieles von dem, was ich erzähle, recht offen und ein Thema für Erwachsene ist, deshalb empfehle ich, dass Eltern jüngere Mädchen begleiten, wenn sie dieses Buch lesen wollen.

Lebe wahre Schönheit wurde vor einigen Jahren schon einmal verlegt und es hat mich in demütiges Staunen versetzt, wie viele junger Frauen überall in der Welt durch dieses Buch geprägt und inspiriert wurden. Ich bin besonders gespannt auf diese neue Ausgabe, die drei zusätzliche Kapitel von Eric (meinem wunderbaren Mann) enthält, die mit „Blick auf die Männerwelt" überschrieben sind. Die meisten von uns jungen Frauen sind doch hin und wieder ratlos über die verwirrenden Jungs und ich habe tausende Emails und Briefe von jungen Frauen bekommen, die das beweisen. Warum denken Jungs so? Warum behandeln Jungs uns so? Warum ist die heutige Männerwelt so mittelmäßig? Dies sind wichtige Fragen, die beantwortet werden müssen, wenn wir etwas über ein Frauenbild herausfinden wollen, das sich abhebt.

Eric hat ebenso wie ich den großen Wunsch, dass es in unserer Kultur wieder auf Christus ausgerichtete Frauen gibt. Er möchte auch wieder Männer nach dem Bild Christi sehen. Und er ist davon überzeugt, dass wir jungen Frauen in diesem Prozess eine wichtige Rolle spielen. Deshalb haben wir an drei strategischen Punkten in diesem Buch Material von Eric eingefügt, in dem er aus seinem Blickwinkel die typischsten „Themen über Jungs" vorstellt, mit denen heute junge Frauen konfrontiert sind. Diese Kapitel sollen helfen, die Welt der Jungs zu verstehen und heutige männliche Mittelmäßigkeit in heroische, christusähnliche Männlichkeit zu verändern. Ich hoffe, sie inspirieren dich genauso, wie sie mich inspiriert haben.

An verschiedenen Stellen des Buches wirst du aufgefordert, dir die Website von www.setapart.com anzusehen. Diese Website gibt ergänzendes Material an die Hand, das dir hilfreich sein könnte. Dazu gehört auch zusätzliches Material, das dir hilft, die Botschaft von *Lebe wahre Schönheit* noch tiefer aufzunehmen. Ich möchte dich ermutigen, die wertvollen Quellen auf dieser Website zu nutzen, wenn du kannst. Sie sind entwickelt worden, um die Botschaft dieses Buches für dein Leben noch realer und praktischer werden zu lassen.

Schließlich möchte ich dich ermutigen, auch das neue Begleitbuch *Authentic Beauty: Going Deeper* zu nutzen. Dieser Diskussions- und Reflexionsführer wurde für Gruppen und Einzelpersonen entwickelt, die diese Botschaft auf eine weitere Ebene der persönlichen Anwendung heben und die biblische Basis der Wahrheiten untersuchen wollen, die auf diesen Seiten diskutiert werden.

Ich bin wirklich gespannt, mit dir auf diese Reise zu gehen, meine Freundin. Nimm nun also deinen Kaffeebecher, füll ihn mit deinem Lieblingsgetränk, nimm dir einen bequemen Stuhl und lass uns das vertrauliche Abenteuer beginnen.

Teil 1
Der erste Schritt

Die Krise der modernen Frau

1 Die Zerstörung eines Mädchentraums

Es passierte, als ich etwa sechs war. Irgendwo zwischen meiner Begegnung mit der atemberaubenden Heldin in Walt Disneys Dornröschen und meiner Bekanntschaft mit Malibu Barbie (die komplett mit fünf Abendkleidern und einem knallrosa Cabrio auftauchte) traf ich meine Entscheidung. Irgendwo zwischen dem Ansehen der reizenden Zuckerfee, wie sie in einer örtlichen Produktion der Nussknackersuite auf der Bühne herumwirbelt, und dem Anprobieren des seidigen Hochzeitskleides meiner Mutter entschied ich über jeden Schatten eines Zweifels erhaben, was ich werden wollte, wenn ich groß bin ... eine schöne Prinzessin.

Die Tatsache, dass man im modernen Amerika nichts mehr von Prinzessinnen hörte, interessierte mich nicht. Ich war fest davon überzeugt, dass ich irgendwie, irgendwo, irgendwann eine werden würde. Es war nicht so, dass ich mich besonders hübsch oder prinzessinnenhaft fand. Vielmehr entschied ich, als ich eines Morgens in den Badezimmerspiegel starrte und meine strähnigen Haare und schiefen Zähne sah, dass nur eine Typveränderung abhelfen konnte, die ich kunstvoll vornahm, nachdem ich im Schminkkoffer meiner Mutter gegraben hatte. (Die Geschichte, wie ich mich an diesem Tag mit meinen leuchtend rosaroten Wangen, dunkelgrünen Augenlidern und kräftig orangen Lippen in die Öffentlichkeit wagte, ist eher eine unglückliche Erinnerung.) Das war vorläufig das Ende meiner Makeup-Eskapaden, aber ich hoffte weiter, dass ich eines Tages zu so einer umwerfenden Schönheit heranwachsen würde wie Cathy Henderson (mein allerliebstes Kindermädchen) mit ihrem supercoolen, neon-rosa Nagellack und ihren Barbielocken.

Aber viel wichtiger als die Tage der lackierten Fingernägel und ewig schönen Haare schien mir, dass ich, um eine Prinzessin zu werden, einen edlen Prinzen finden musste: einen Ritter in glänzender Rüstung, der mich für das allerbegehrenswerteste Mädchen auf der ganzen Welt hielt, mich vom Hocker riss, mich aus Gefahren rettete, in sein Schloss trug und für immer liebte. Dornröschen hatte ihren Märchenprinzen. Malibu Barbie hatte Ken, die Zuckerfee hatte den Nussknacker. Die schöne Braut (alias meine Mutter) hatte ihren stattlichen Bräutigam (alias mein Vater). Sogar Cathy Henderson hatte den lockigen Scotty Darnell um den Finger gewickelt. Einen Prinzen für mich zu finden, schien mir ein vernünftiges Vorhaben.

Es war ein kindlicher Traum, die Sehnsucht eines kleinen Mädchens, die in meinem Herzen keimte, lange bevor ich irgendetwas über die Wirklichkeit wusste. Aber aus irgendeinem unerfindlichen Grund war es der Traum, nach dessen Erfüllung ich mich mehr sehnte, als ich mich je in meinem ganzen Leben nach etwas gesehnt hatte. Ich wollte unbedingt eine Prinzessin werden. Es war mein wertvollster Traum, auch später noch als ich heranwuchs. Dieser Traum blieb auch noch tief in meinem Herzen verwurzelt, als Malibu Barbie mit ihrem Cabrio längst in Styroporkugeln verpackt auf dem Dachboden gelandet war. Aber die Dinge änderten sich, änderten sich dramatisch. In der Unschuld meiner frühen Kindheit konnte ich den hohen Preis nicht kennen, der einem jungen Mädchen abverlangt wurde, das wagte, in die Wirklichkeit zu treten und dennoch an dem dummen Traum festzuhalten, eine Prinzessin zu werden...

Der Traum verflüchtigte sich allmählich, als ich zehn war. Ich stand mit Mandy und Katie, meinen beiden Busenfreundinnen in der fünften Klasse, am Trinkbrunnen. Wir waren tief versunken in eine angeregte Diskussion über die vielen Vorzüge von Sour Patch Kids, der neusten Fruchtgummisorte am Crestview Elementary (im Weiteren C.E.; *der Übers.*). Auf einmal umringte uns scheinbar aus dem Nichts eine kleine Gruppe von Jungs aus der fünften Klasse, lachten anzüglich und rissen Mandy aus einer beeindruckenden Geschichte über ihren kürzlichen Versuch, fünf Sour Patch Kids auf einmal zu essen. Katie verdrehte ihre Augen und sah die Jungs verärgert an.

„Was wollt ihr?“, fragte sie.

Der Anführer, Andy Archibald, grinste Katie nur an. Andy war ein lautstarker, dürrer Junge in Baggyjeans, der fast jeden Tag drei oder vier Twinkies in seinem Schulbrot hatte. (Ich hatte das neiderfüllt festgestellt, weil meine Mutter ein Gesundheitsfanatiker war und die „Leckereien“ in meiner Brotdose für gewöhnlich aus Möhrenstreifen und zuckerfreien Müsliriegeln bestanden.)

„Geh *weg*!“, befahl Katie mit gereizter Stimme. Andy rührte sich nicht. Sein listiges Grinsen wurde breiter. Er trat ein bisschen näher an sie heran. Die andern Jungs fingen an zu kichern.

„Timmy *mag* dich“, verkündete Andy schließlich triumphierend, als das Kichern lauter wurde. Timmy schupste Andy direkt gegen den Brunnen und protestierte mit lauten Schimpfwörtern. Ich guckte mich schnell um, um zu sehen, ob ihn ein Lehrer gehört hatte. Fünftklässler durften in der Schule keine Schimpfwörter benutzen (sobald wir in der Höheren Schule waren, sagte man uns, dass wir alt genug waren, was immer wir sagen wollten, draußen auf dem Flur zu sagen). Ich erwartete schon, dass die Schimpfwörter-Polizei herbeieilte, Timmy bei den Ohren zog, ihn zum Direktor zerrte und ihn mit einem Stück Seife stopfte. Aber es war nirgends ein Erwachsener in Sicht. Ich war seltsam enttäuscht, dass Timmys große Sünde keinen größeren Skandal ausgelöst hatte.

Solche Gedanken waren allerdings kurzlebig, denn Andy erholte sich von Timmys Ausbruch und kam wieder in Schwung. „Timmy findet dich schön", summte er Katie mit seiner kratzigen, vorpubertären Stimme zu, während Timmy ihn anschrie: „Halt die Klappe, Alter!"

Katies Gesicht wurde knallrot und sie starrte zu Boden.

„Jaah", pfiff Jason Smits dazwischen, ein quirliger Junge mit riesiger Brille. „Timmy findet dich scharf, du bist *gut ent-wi-ckelt*!" Er deutete auf Katies Brust. „Du musst einen Sport-BH anziehn!" Dabei brach die ganze Jungsclique in ein wildes, unkontrolliertes Gelächter aus. Katie presste verschämt ihre Lippen zusammen und drückte ihr Biobuch fest gegen ihre Brust. Mandy blitzte die Jungs an, blieb aber stumm. Ich blickte wieder über den Flur, um erneut festzustellen, dass kein Erwachsener zur Rettung in der Nähe war. Ich beschloss, dass es wohl an mir war, Katies Ehre zu verteidigen.

„Lasst sie in Ruhe, ihr Blödmänner!", platzte ich heraus. Augenblicklich wünschte ich, ich hätte meinen Mund gehalten. Die aufgedrehte Gruppe von Jungs wandte ihre ganze Aufmerksamkeit mir zu und ich verwandelte mich in Sekundenschnelle von Wonder Woman zu Minnie Mouse. Andy verzog zynisch seinen Mund und musterte mich von oben bis unten.

„Hey", sagte er und stupste seinen Nachbarn an. „Guck dir *dieses hässliche Küken* an – die ist platt wie 'ne Flunder!" Die Jungs heulten. Jason riss seinen Mund auf, um Andys Beleidigung noch zu übertreffen, aber bevor noch mehr verbale Attacken ausgeteilt werden konnten, tauchte unsere Lehrerin auf.

„Okay, Jungs und Mädels, aufstellen. Die Pause ist um. Es ist Zeit für unsere Bio-stunde!", rief sie fröhlich, nichts von dem Drama ahnend, das sich gerade abgespielt hatte. Die kichernde Jungsclique lief schnell auseinander und wir wurden in den Klassenraum gebracht, um etwas über den aufregenden Prozess der Metamorphose zu lernen.

Während Miss Thompson ihre Stunde über das Larvenstadium der Raupe begann, wurde ich mir vage neuer, verwirrender Gefühle bewusst, die in meinem Herzen hüpften. Da ich gerade einmal zehn war, hatte ich noch nicht viel Erfahrung damit, von Mitgliedern des anderen Geschlechts geprüft, kritisiert und ausgemustert zu werden. Es war ein seltsames Gefühl, das sich in einem Knoten in meinem Magen den ganzen Nachmittag festsetzte. Andy Archibalds Worte klangen mir immer wieder in den Ohren. Das war nicht so gemeint, sagte ich mir verwirrt. Mir fiel auf, dass es einen deutlichen Unterschied gab zwischen der Art, wie Andy Archibald *mich* behandelt hatte und wie schöne Prinzessinnen in den Geschichten, mit denen ich aufgewachsen war, von ihrem Prinzen behandelt wurden. Männer in Märchen behandelten Frauen wie einen wertvollen Schatz, der gewürdigt und wertgeschätzt werden musste. Die „Männer" in der Fünften am C.E. schienen uns eher wie ihren Fußball zu behandeln – wie etwas, das aus Spaß rau herumgestoßen und dann unbeachtet in die Ecke des Spielfeldes geschleudert wird.

Je länger ich dasaß und darüber nachdachte, desto schwerer fiel es mir zu glauben, dass die Jungs tatsächlich *mitkriegten*, welche Mädchen schon Sport-BHs und welche noch rosafarbene Baumwollunterhemden trugen wie ich. Ich war bis zu diesem Tag noch nie unsicher darüber gewesen; tatsächlich hatte ich daran noch nicht viele Gedanken verschwendet. Meine Freundinnen und ich waren normalerweise viel zu sehr damit beschäftigt, über Sour Patch Kids und Glücksbärchis zu diskutieren, als dass wir unseren Körper beobachtet hätten. Und bis zu diesem Tag am Trinkbrunnen hatten die Jungs in meiner Klasse all ihre Energie darein gesetzt, Baseball-Karten zu tauschen und sich die neuesten Witze zu erzählen. Aber jetzt hatten sie wohl einen neuen, aufregenderen Zeitvertreib gefunden – uns mit unserem Aussehen zu quälen.

Jungs wie Andy, Timmy und Jason hatten immer versucht, die Mädchen zu verunsichern, indem sie ihre Augenlider umklappten oder alle Fingergelenke auf einmal knacken ließen. Aber jetzt hatten sie über Nacht festgestellt, dass sie eine viel größere Reaktion bei uns auslösen konnten, wenn sie uns brutal mit den neuen Ausdrücken aufzogen, die sie letzte Woche in Miss Thompsons Aufklärungsunterricht gelernt hatten. Sie fingen an, neue Wörter zu benutzen wie *entwickeln* oder *Sport-BH*, der Katie jüngst zum Verhängnis wurde. Miss Thompson hatte zwar ausdrücklich darauf hingewiesen, dass diese Dinge nichts waren, worüber man sich lustig machte oder wofür man sich schämen müsste, aber die Jungs hatten den Teil wohl überhört, dass man nicht darüber lacht. Was das Sich-nicht-Schämen anging, hatte ich plötzlich das dringende Verlangen, Miss Thompson zu fragen, wie es einer Zehnjährigen nicht peinlich sein sollte, wenn sie sich einer Gruppe heulender Jungs gegenüber sah, die sich über ihr Noch-nicht-entwickelt-Sein lustig machten. Je mehr ich darüber nachdachte, desto überzeugter war ich, dass Miss Thompson und unser neues Arbeitsheft *Mein Körper* zum Teil an dieser fremden und unwillkommenen Veränderung schuld waren, die über die Jungs der fünften Klasse des C.E. gekommen war.

Eine andere Möglichkeit, die mir vielleicht damit zusammenzuhängen schien, war die Zeitschrift, die Andy Archibald unter dem Bett seines Bruders gefunden hatte. Ich hatte vor ein paar Tagen gehört, wie Andy während eines Referats von Susie Montgomery über den Planeten Jupiter Jason Smits davon erzählt hatte. Von dem, was ich mitbekommen hatte, war es eine Zeitschrift nur mit Bildern von Frauen, die anscheinend nicht viel anhatten, und die Jungs sprachen wiederholt von *Süße,* während sie miteinander flüsterten. Für mich hörte sich das nach einer langweiligen Zeitung an. Ich konnte nicht verstehen, warum Andy und Jason davon so angetan waren. Aber es hatte sie wohl zu der neuen Idee angeregt, alle Mädels zu mustern und zu entscheiden, ob sie scharf waren oder nicht.

Was immer die Jungs dazu brachte, das zu tun, ich wusste eins bestimmt: Objekt ihrer Grausamkeiten zu sein, brachte mich *nicht* weiter auf dem Weg, eine Prinzessin zu werden. Tatsächlich fühlte ich mich mehr wie eine von Aschenputtels hässlichen Stiefschwestern als das hübsche Mädchen mit den Glasschuhen. Zweifel waren in meine Gedanken gesät worden – vielleicht war der Traum, eine schöne Prinzessin zu werden, die von einem edlen Prinzen bewundert wurde, nichts für eine wie mich. Vielleicht passierte so etwas nur Mädchen wie Schneewittchen oder Malibu Barbie. Vielleicht würden Männer mich immer für hässlich und nicht begehrenswert halten. Vielleicht war ich nicht hübsch genug oder talentiert genug oder lebhaft genug. Vielleicht musste *ich* mich verändern, um attraktiv zu sein.

Als ich dreizehn war, war mein Wunsch, eine Prinzessin zu werden, immer noch nicht weg. Nach drei Jahren, die mit hunderten von solchen Augenblicken gefüllt waren wie jenem am Trinkbrunnen am C.E., war ich es satt, mir immer wieder die Sticheleien und Wortschwalle kichernder Jungs anhören zu müssen, die fast jeden Zentimeter meiner Anatomie gründlich musterten und kritisierten. Ich war es satt zu versuchen, mich selbst immer wieder davon zu überzeugen, dass ich eines Tages schön sein würde. Ich war es leid, auf den edlen Prinzen zu warten, der mich retten und auf sein Schloss bringen würde. Meine Sehnsucht nach einem edlen Ritter, der mich liebte und schätze, war nicht verschwunden, sondern war noch intensiver geworden. Dennoch hatte ich begonnen zu fragen, ob ich so ein Märchen überhaupt erleben könnte. Ich war unschuldig in die Wirklichkeit gestolpert und hatte dabei an meinen Mädchenidealen festgehalten. Im Gegenzug hatte die Welt über mein zartes Herz gelacht, meine tiefsten Wünsche verspottet und auf meinen wertvollen Träumen herumgetrampelt.

Anstatt meine Zeit damit zu verschleudern, nach einem Märchen Ausschau zu halten, entschied ich schließlich, dass ich, um möglichst viel schmerzvolle Zurückweisung zu vermeiden, besser meine Kraft darein investierte, mich für das andere Geschlecht so begehrenswert wie möglich zu machen. Nachdem ich eine zynische Stichelei zu viel von so einem fetthaarigen Jungen wie Andy ausgehalten hatte, wusste ich, dass ich so nicht länger überleben konnte.

Glücklicherweise war ich inzwischen ein bisschen – *ahm* – beschenkter als in der Zeit am C.E. Außerdem hatte ich mir ein paar Dinge bei anderen Mädchen abgeguckt, wie sie mit Jungs umgingen. Ich beschloss, diese Tricks umzusetzen.

Inzwischen hatten die Jungs eine neue Art entwickelt, mit Mädchen umzugehen. Das ging weit darüber hinaus, sie von weitem zu begutachten. Auch weiterhin wurde unsere Gestalt genau gemustert und graphisch dargestellt, aber zusätzlich hatten sie sich angewöhnt, alles Weibliche, das ihre Hormone anfachte, anzugrapschen. Wie ein Mädchen auf diese Gesten reagierte, bestimmte oft die Art, wie sie dann behandelt wurde.

Eines Morgens während der ersten Woche in der achten Klasse, ich wühlte gerade im Chaos unten in meinem knallorangen Schließfach, hatte ich ein Erlebnis, das mir die Augen öffnete. Meine Freundin Ashley hatte das Schließfach neben mir und beschrieb mir gerade leidenschaftlich das Horrorszenario, wie Mrs. Vickers (ihre militaristische Englischlehrerin) versuchte, ein Notizbuch in ihren ohnehin schon überlaufenden Rucksack zu stopfen. Plötzlich wurde sie von Mart Montoya und Tyler Pierce in die Enge getrieben, zwei drahtigen Basketballspielern mit Igelstyle und übergroßen Shorts, die gut und gerne 12 cm von ihren Boxershorts freigaben.

„Hey, Süße, wie wär´s mit ´nem Quickie in der Dusche?" Matt keuchte Aschley ins Ohr, während Tyler hinter ihr stand und ihr durch das Hard Rock Café T-Shirt den BH aufmachte.

Ich tat so, als wäre ich in das Cover meines Sozialkundebuches vertieft, beobachtete die Szene aber genau aus den Augenwinkeln. Anstatt hilflos und rot angelaufen auf den Boden zu starren oder ärgerlich gegen sexuelle Belästigung zu protestieren, reagierte Ashley ganz anders und überraschend.

„Ma-a-tt!", quiekte sie und stieß ihn spielerisch und kichernd zurück. Dann fuhr sie mit einem liebevoll verärgerten Lächeln zu Tyler herum, der gerade an ihren Jeans zu ziehen begann.

„Lass das", heulte sie mit süßer, fröhlicher Stimme und schaute ihn dabei verführerisch an, während sie kunstvoll ihren BH einhakte.

Matt wollte nicht unbeachtet bleiben. „Komm schon, Ash", summte er und strich mit seiner Hand an ihr runter bis unter den Gürtel. „Nur fünf Minuten – du und ich?"

In diesem Augenblick schrillte die Klingel aus einem Lautsprecher über uns und die erotische Unterhaltung löste sich auf. Mit einem letzten Kniff an Ashleys Gesäßtasche warf sich Matt seinen Rucksack über den Arm und er und Tyler stolzierten den Flur hinunter, lachten anzüglich und blickten noch einmal über ihre Schultern zurück zu Ashley, die zurückgrinste.

Ich lernte schnell. Es schien mir, dass die Mädchen, die wie Ashley reagierten, genau wussten, was sie taten. Statt ausgelacht und verspottet zu werden, lechzten die Jungs nach ihnen und machten sie an. Vielleicht war das noch nicht die ideale Form der männlichen Aufmerksamkeit. Jedenfalls war es deutlich weniger schmerzlich als komplette Demütigung und Zurückweisung, was genau das war, was ein Mädchen erfuhr, wenn es nur das geringste Zeichen der Gegenwehr gegen sexuelle Anmache zeigte. Man hatte uns im Aufklärungsunterricht beigebracht, sich gegen sexuelle Belästigung zur Wehr zu setzen, und man hatte uns gesagt, wir sollten nicht zögern, zu einem Erwachsenen zu kommen, wenn wir in der Schule verbal angegriffen wurden. Aber dieser Rat war so traurig unpraktisch, dass er schnell beiseitegeschoben wurde. Wollte ein Mädchen etwa noch mehr Gelächter und Belästigung, indem es sich über die Anmachen der Jungs aufregte?

Bald beherrschte ich Ashleys Technik – achtlos lachend, wenn Jungs in langweiligen Unterrichtsstunden versuchten, mir die Bluse aufzumachen, spielerisch flirtend, wenn sie im Flur versuchten, mich zu berühren, zwanglos zurück zu witzeln, wenn sie im Bus sexuelle Anspielungen über mich machten – obwohl nichts davon natürlich war. Aber ich kicherte, stichelte und verführte bald gerade heraus wie die Besten von ihnen. Ashley war mir ein gutes Vorbild gewesen. Und sie hatte recht – diese Art, die Dinge anzugehen, war zehnmal besser als die groben Übergriffe fetthaariger Jungs still zu ertragen oder gegen ihr sarkastisches Lachen anzukämpfen, das mir noch in den Ohren klang.

Es gab noch einen offensichtlichen Vorteil: Immer wenn sich ein Typ wie Matt oder Tyler bei meinem Schließfach herumdrückte, seine Hände in die Gesäßtasche meiner Jeans gleiten ließ oder mit meinen BH-Trägern spielte, fühlte ich eine neue Freiheit von der Angst vor dem Gekeife. Die Angst hatte mich seit jenem unvergesslichen Augenblick im Flur mit Andy Archibald in der fünften Klasse verfolgt. Am Ende konnte ich mich davon überzeugen, dass ich ja vielleicht gar nicht so hässlich und unattraktiv war. Es spielte keine Rolle, wie weit entfernt Matt und Tyler von meinem Kindheitstraum vom Ritter in glänzender Rüstung war, wenigstens konnte ich mit ihrer flirtenden Aufmerksamkeit die Sehnsucht dämpfen, die in der Fünften aufgeflammt war: in den Augen des anderen Geschlechts attraktiv zu sein.

Zum ersten Mal hörte ich es von Vinny Regaletti, ein Kleiner mit roten Haaren und Zahnspange, der das ganze Jahr nur in Umbro-Klamotten und Body Glove T-Shirts herumlief.

„Brandon macht mit Stephanie Schluss. Der lädt dich heute Abend ein.", flüsterte er verschwörerisch über mein Terminal im Computerraum. Ich glotzte Vinny mit der stählernen Gleichgültigkeit von James Bond an, aber mein Herz hämmerte in meiner Brust wie Duracell Hase nach fünf Red Bulls. Ohne es zu wissen, hatte Vinny gerade den Beginn eines wichtigen neuen Kapitels in meinem jungen Leben verkündet.

Mitte der Achten hatte ich doch schließlich eine neue Stufe erreicht. Statt bloß ein Sexobjekt zu sein, mit dem man im Flur herumspielte, *mochten* die Jungs mich jetzt. Brandon war ein langer, blonder, blauäugiger Athlet mit einem unwiderstehlichen Lächeln. (Meine Freundinnen sagten, er sähe fast genauso aus wie Vanilla Ice, was damals ein Kompliment war.) Die Tatsache verblüffte mich total, dass Brandon *mich* offensichtlich so sehr mochte, dass er mit Stephanie Schluss machte, einer dunkelhaarigen Schönheit, die wie eine wandelnde Gap-Reklame aussah. Es versetzte mich in Erstaunen. Es schmeichelte mir.

Als an diesem Abend das Telefon klingelte und ich hörte, wie Brandons weiche Stimme mir seine tiefe Liebe gestand, schlich sich zögernd eine Hoffnung in mein Herz. Es war eine Hoffnung, die ich jahrelang nicht genährt hatte, und auch jetzt war es nur ein Funke. Konnte es wirklich sein, dass sich mein Kindheitstraum, von einem edlen Ritter in glänzender Rüstung verehrt zu werden, nun doch erfüllte?

In den ersten Wochen meiner Beziehung zu Brandon schien es, als sei die Antwort auf diese Frage ein überwältigendes Ja. Brandon behandelte mich wie noch kein Junge zuvor – als sei ich ihm wirklich wichtig. Er schrieb mir fast jeden Tag romantische Briefe und stopfte sie in mein Schließfach oder mein Notizbuch, damit ich sie fand. Er wartete fast nach jeder Stunde auf mich und legte zärtlich seinen Arm um mich, wenn wir über den Flur gingen. Jeden Abend rief er mich direkt nach dem Essen an und erinnerte mich daran, wie sehr er mich liebte. Der Mädchentraum, eine schöne Prinzessin zu werden, die von einem bewundernden Prinzen verehrt wurde, erwachte wieder in meinem Herzen.

Im Märchen gibt eine Prinzessin, die von einem tapferen Prinzen verehrt wird, alles auf, um ihm bis ans Ende der Welt zu folgen. Schneewittchen gab ihre schnuckelig kleine Hütte mit den netten Zwergen auf; Dornröschen gab ihr komfortables Bett auf, ihre Pyjamas und ihren Schlummer; und die Kleine Meerjungfrau gab ihre Meer-Familie auf, ihre speziellen Flossen, mit denen sie mit den Delfinen um die Wette schwimmen konnte, und ihre extrem coolen Unterwasserhöhlen – alles für die Männer ihrer Träume. In jedem Märchen lebte die Prinzessin von da an mit ihrem Prinzen glücklich bis an ihr Lebensende. Nun, da ich schließlich einen Prinzen gefunden hatte, der mich liebte und wunderschön fand, wusste ich, wenn ich seine hingebungsvolle Liebe erhalten wollte, musste ich ihm auch etwas geben. Und ich wusste, was dieses Etwas sein musste – mein Herz.

Es war eine leichte Übung. Da ich die meiste Zeit auf einer Wolke schwebte und in der Begeisterung über Brandons Anbetung sonnte, fiel es mir nicht schwer, ihm mein Herz zu geben. Mit der Zeit begann ich, mein Leben um ihn herum zu organisieren. Er war der erste, den ich in der Schule suchte, mit dem ich jede freie

Minute verbrachte, dem fast all meine Gedanken und Träume galten, die letzte Stimme vor dem Einschlafen und das Gesicht, dass mir morgens als erstes in den Sinn kam.

Bald kam es mir komisch vor, wenn ich allein über einen vollen Flur lief, es war seltsam, wenn er beim Essen nicht neben mir saß und ich wurde unruhig, wenn ich einmal einen Abend nicht seine Stimme am anderen Ende des Telefons hörte. In der Woche, als Brandon Lungenentzündung hatte und nicht jeden Augenblick meines Tages bei mir sein oder mich am Abend am Telefon seiner Zuneigung versichern konnte, wurde mir immer klarer, dass ich nicht ohne ihn leben konnte. Brandon war mein Leben. Da Brandon auch klar gemacht hatte, dass ich *sein* Leben war, war es kein Opfer, ihm mein Herz ganz zu geben. Es war sicher, dass er mich immer verehren würde. Ich war nun schließlich doch dabei, eine Prinzessin zu werden.

Das Märchen begann so schleichend zu bröckeln, dass ich es erst kaum bemerkte. Es waren erst so kleine Dinge hier und da – so kriegte ich zufällig mit, dass Brandens Blicke schönen Mädchen auf dem Flur nachhingen oder ich fand ihn, wie er sich in der Cafeteria mit zwei süßen Cheerleadern lebhaft amüsierte. Bald hatte ich das dumpfe Gefühl, dass seine Liebe von mir wich. Tag und Nacht nagte die vernichtende Einsicht an mir, dass er mein Herz mitnehmen würde, wenn er mich verließ.

Meine Lösung bestand nicht darin, zu bewahren, was von meinem Herzen noch übrig war, sondern eher darin, ihm in einem letzten verzweifelten Versuch auch noch den letzten Zipfel zu geben, um ihn dazu zu bringen, bei mir zu bleiben. Ich schrieb ihm verzweifelte

Briefe und schüttete ihm meine Seele aus, machte ihm romantische Geschenke, die ihm meine unsterbliche Liebe zeigten, und erlaubte ihm sogar, sich fast alles zu nehmen, was ich ihm körperlich zu bieten hatte. Nichts half. Er zerstörte meinen Traum und ich konnte ihn nicht davon abhalten.

Der Schmerz über Brandons Zurückweisung war viel heftiger und unermesslicher als Andy Archibalds Fünftklässler-Grausamkeit. Brandon war meine Rettung gewesen, ein Prinz, der mich gerettet hatte, der mich glauben ließ, dass mein lebenslanger Traum, eine Prinzessin zu werden, wahr würde. Wie in einem schrecklichen Horrorfilm, in dem sich der Held in einen Verbrecher verwandelt, veränderte er sich von einem Prinzen in ein Monster. Er hatte mein zartes Herz zerstört – ein Geschenk, das ich ihm freiwillig und vertrauensvoll gegeben hatte. Aus dem Märchen war ein Alptraum geworden. Ich zerbrach mir den Kopf, konnte mich aber an kein Beispiel erinnern, dass einer Prinzessin in meinen Kindheitsgeschichten jemals so etwas passiert wäre.

Als sich die stürmischen Wogen unserer Trennung zu glätten begannen, stellte ich fest, dass ich mich drastisch verändert hatte. Ich verblutete emotional, blieb verzweifelt und hilflos zurück. Vor Brandon war meine Sehnsucht, eine angebetete Prinzessin zu sein, nur ein sich verflüchtigender Kindheitstraum. Aber befremdlicher Weise wurde meine Kindheitssehnsucht nun, nachdem mein junges Herz mit Füßen getreten und gebrochen worden war, zu einem unstillbaren Durst. Ich wusste es von diesem Zeitpunkt an, ich konnte nicht einfach überleben, ohne dass diese Sehnsucht gestillt wurde. Das war der einzige Weg, meinen unerträglichen Schmerz, den ich nun ständig mit mir trug, zu lindern. Ich fühlte mich wie eine zarte Blume, die aus ihrem Nährboden gerissen worden war. Ich wusste, ich war nahe daran zu verdorren und zu sterben, wenn ich nicht schnell etwas fand, um mein preisgegebenes Herz zu erhalten.

Ich suchte danach in anderen Beziehungen. Mein Status als Brandons Exfreundin hatte mich auf eine Popularitätsstufe gehoben, auf der auch andere Jungs anfingen, sich für mich zu interessieren. So gab ich mich einem nach dem andern. Entgegen der gängigen Meinung meiner Eltern und dem, was die schönen Damen in den Märchen mich immer gelehrt hatten, dass Männer Frauen bevorzugten, die es den Jungs erlaubten, offensiv zu sein, war die Botschaft, die ich aus der Welt, in der ich lebte, erhielt eine andere. Die Jungs in meiner Welt schienen nur Mädchen zu mögen, die die Initiative ergriffen und flirteten. Sie schienen nur Sex zu wollen – Mädchen die keinerlei Grenzen kannten für ihre Herzen und Körper. Mit fünfzehn war ich das Mädchen, das die Welt erwartete.

Die nächste Phase meines Lebens war die höllischste, die ich je erlebt habe. Die verzweifelt Suche nach dem Prinzen, der mich für immer anbeten würde, war mein Untergang. Ich hatte auf die Stimme unserer Gesellschaft gehört, war die junge Frau geworden, die sie mir eingeredet hatten, und hoffte, dass ich dadurch schließlich das Glücklich-bis-ans-Lebensende-Märchen entdecken würde. Stattdessen wurde mein Herz wieder und wieder mit Füßen getreten. Mein Körper wurde zur animalischen Befriedigung von Kerlen missbraucht, die so weit davon entfernt waren, galante Ritter zu sein, wie Gumby davon entfernt war, der unglaubliche Hulk zu sein. Einer nach dem andern wurden meine kostbaren Träume bis zur Unkenntlichkeit zerschlagen.

Ich war nicht die einzige, die so eine miserable Art zu leben überstand. Mir wurde das durch viele Erfahrungen bewusst, wie an dem Abend, als ich mich mit einer Riesenpackung Süßigkeiten in Jody Smiths Keller auf dem braunen Plüschsofa fläzte. Sieben oder acht Mädchen hatten sich auf dem Boden oder auf Sofas ausgebreitet und ich hörte still ihrem Mitternachtsgeplänkel zu, während ich einen Erdbeerwürfel auswickelte und langsam in meinem Mund zergehen ließ. (Kauen kam nicht in Frage wegen der verzweifelten Versuche meines Kieferorthopäden, meine Zahnspange ohne Grausamkeit und ungewöhnliche Strafe festzukriegen.)

„Kelly, beantworte mir eine Frage – warum hast du @#$%! gestern Abend mit Nathan rumgemacht? Du *weißt* doch, dass er total in Elisabeth Yates verknallt ist." Amy Wilhelm hatte die unverblümte Frage gestellt, eine überdrehte Volleyballspielerin mit einem unnachgiebigen und oft nervigen Hang zur Neugier.

Kelly war eine blonde Cheerleaderin mit Dauerbräunung. Sie riss eine Tüte Doritos auf und verdrehte die Augen. „Mir ist das $#%@ egal, in wen der verknallt ist – er ist einfach scharf!" Kelly antwortete leidenschaftlich, stopfte zwei Chips in den Mund und zerkaute sie laut knirschend. „Und er küsst wirklich gut", fügte sie zwischen zwei Bissen hinzu. Kelly musste es wissen – sie hatte mit fast jedem Footballspieler der Schulmannschaft geschlafen, flatterte vom einen zum nächsten wie eine Biene im Blumengarten. Ich hatte sie immer für ihre Ist-mir-doch-egal-Haltung bewundert, jedes Mal wenn sie einen Laufpass kriegte von einem Kerl, der sie nur benutzt hatte. Sie schien ihre Gefühle ausschalten zu können wie einen Lichtschalter.

Aber als ich sie jetzt beobachtete, wie sie in drei Minuten eine ganze Tüte Doritos verdrückte, sah ich in ihren Augen etwas, das ich vorher noch nicht bemerkt hatte. Hoffnungslosigkeit. Mir wurde klar, dass Kelly das gleiche suchte wie ich – bedingungslos geliebt und geachtet zu werden. Wie ich war sie zu oft verletzt worden, um noch zu glauben, dass es möglich war. Aber vielleicht konnte sie, wenn sie in den Armen eines neuen Kerls lag, auch wenn´s nur für eine Nacht war, wenigstens so tun, als wäre sie wertvoll. Auch wenn ich nicht gerade ein Mädchen für einen Ohne-Nicht-Stand war, konnte ich das Gefühl doch nachvollziehen.

„Hey, habt ihr gehört, dass Laney Jackson versucht hat sich umzubringen?", pfiff Judy auf einmal.

„Wer ist Laney Jackson?", fragte Kelly gelangweilt.

„Weißt du, die in unserer Geometrie-Klasse – die sich mit Alex Chamberlain verabredet hat?", erinnerte Jody sie und griff nach einer Pepsidose.

„ Ach ja, ich weiß, wen du meinst! Hat sie nicht ´ne Überdosis Schmerztabletten von ihrer Ma genommen an dem Tag, als er ihr den Laufpass gab?" Amy schaltete sich wieder in die Unterhaltung ein. Sie war deutlich erregt darüber, dass es wieder einen neuen Tratsch durchzukauen gab.

Ich dachte an den Abgrund von Verzweiflung, in den ich mich gewunden hatte, als Brandon mit mir Schluss gemacht hatte. Ich konnte mir vorstellen, wie niedergeschmettert Laney sich fühlte, als Alex ihr Herz in tausend Stücke zerschmiss. Ich sah ihr hoffnungsloses Gesicht vor mir, als sie langsam die Flasche mit den kleinen weißen Pillen öffnete. Noch eine Prinzessin, die von dem Prinzen zurückgewiesen wurde, von dem sie dachte, dass er sie ewig liebte.

Ich sah die Mädchen um mich herum. Sie waren nicht anders als die hunderte Mädchen, die ich jeden Tag an der Schule traf oder auch in der Kirche. Es gab wohl einen kleinen Rest zerschlagener Prinzessinnenträume in jeder von ihnen. Und keine von ihnen schien der Verwirklichung dieses Traums nahe zu sein.

Amy plapperte angeregt über den Alex-Laney Skandal und ich fing an, darüber nachzudenken, ob ihre Fixierung auf die pikanten Details im Leben anderer Leute nicht ein Schutz war, damit wir sie nicht nach ihr selbst fragten. Ich hatte von Jody gehört, dass Amys Vater sie seit ihrem siebten Lebensjahr belästigt hatte. Es schien mir, dass Amys Traum vom Prinzessinnendasein von ihrem Vater vernichtet worden war, bevor er noch begann. Also machte sie aus allem ein Drama, was sie finden konnte und konzentrierte sich dabei auf die Leiden anderer Leute, damit sie zu beschäftigt war, ihr eigenes Leid zu empfinden.

„Oh, #$%!", schimpfte Jody plötzlich. „Wie viele Pepsis hatte ich? Mann! Ich *darf* diese Woche keine Kalorien mehr zu mir nehmen, sonst gibt´s kein Bademoden-Shooting am Samstag!" Angeekelt schmiss sie die halbleere Pepsidose weg.

„Jody, *bitte*. Du hast seit Donnerstag nichts mehr gegessen", sagte Kelly ungeduldig. „Wenn du bei dieser erbärmlichen Gemüse-Grapefruit-Diät bleibst, fällst du bald wieder im Flur in Ohnmacht wie letztes Jahr."

Jody war in ihrer Freizeit ein Teenie-Model, das öfter in Anzeigen des örtlichen Kaufhauses in der Wochenendausgabe der Zeitung auftauchte. An der Schule lief ihr ein begeisterter Kerl nach und sie hatte schreckliche Angst, ihren Model-Status zu verlieren und damit auch die hingebungsvolle Aufmerksamkeit und Annäherung so vieler Jungs. In ihrem Zimmer hingen überall Victoria´s Secret Models und Pinups aus Sportmagazinen, die sie ständig daran erinnerten, wie sie zu sein hatte, sie wahrscheinlich motivierten, nicht zu essen. Sie war groß und elegant, aber schmerzhaft dünn und ihr neues Ziel war es, von Größe 4 auf 2 zu kommen. Jody war schon zweimal wegen Anorexie ins Krankenhaus eingeliefert worden. Sie muss sich selbst davon überzeugt haben, dass sie die Art von Liebe und Anerkennung, die sie immer haben wollte, nur bekam, wenn sie weitermachte, bis sie dahinschwand zu dem gespensterhaften Körper eines Supermodels.

Später an diesem Abend, als der Abspann der letzten Hollywood-Schnulze über Jodys Großbildschirm flimmerte, lagen wir seufzend auf dem Boden und unterhielten uns sehnsüchtig. Der tapfere und sensible Filmheld war der Inbegriff unserer ultimativen Ritter-in-glänzender-Rüstung-Fantasien. Aber das war's dann auch – ein Film – und wir wussten das. Mir wurde klar, dass wir alle vor der Tatsache kapituliert hatten, dass der einzige Ort, wo wir je hoffen oder erwarten konnten, einen edlen Prinzen zu finden, der seine Prinzessin wirklich lieben und ehren würde, die tröstende Unwirklichkeit Hollywoods war. Wenn kein anderes Mädchen nur einen Hauch von dem gefunden hatte, was ich seit meiner Kindheit suchte, dann war es Zeit aufzuhören, mich selbst zum Narren zu machen. Mein Traum, einmal eine Prinzessin zu werden, würde sich nie erfüllen.

2 Das Aufleben des weiblichen Zaubers

Wenn ich auf mein Leben zurückschaue, sehe ich, wie weit ich von meinem Märchenideal der Kindheit abgekommen war. Ich erkenne, wie stumpf und zerrissen mich am Ende meine Versuche machten, eine bewunderte Prinzessin zu werden. Deshalb bin ich umso erstaunter, was letztendlich aus meiner Reise wurde. Nach Jahren des Kummers und der Verzweiflung stolperte ich schließlich auf einen Weg, den ich vorher überhaupt nicht gekannt hatte. Während ich meine holprigen Wege durch das Leben zog, machte mich mein Leid blind dafür. Aber als ich mir schließlich erlaubte, einen vorsichtigen Schritt auf diesen alten, verstaubten, verborgenen Pfad zu wagen, veränderte sich meine ganze Welt. Und auf wunderbare Weise wurde mein verletztes weibliches Herz mit all seinen Desillusionierungen und Enttäuschungen neu belebt.

Nach all den Jahren, in denen ich mich selbst davon überzeugte, dass meine Suche nach Liebe umsonst war, passierte etwas höchst Ungewöhnliches. Ich entdeckte meinen Prinzen. All meine verwirrenden weiblichen Sehnsüchte und scheinbar dummen Prinzessinnenträume fanden nun ihren Grund – in Ihm. Diese Liebesgeschichte ereignete sich nicht nur aus einem glücklichen Zufall heraus. Sie geschah nicht nur, weil ich zur richtigen Zeit am richtigen Ort war. Diese wunderbare Romanze wurde durch etwas viel Greifbareres möglich, etwas, das im Gespür jeder jungen Frau liegt. Die folgende Beschreibung der Liebesgeschichte, die ich entdeckte, mag wie ein surrealer Tagtraum erscheinen, ist aber viel näher an der Wirklichkeit, als du annimmst. Schreib es deshalb bitte nicht als unerreichbar ab. Dein weibliches Herz ist vielleicht viel näher daran, die wahre Liebe zu finden, als du denkst.

Ich kannte ihn schon seit Jahren. Er war ein guter Freund der Familie. Er war durchaus attraktiv, aber irgendwie hatte ich nie aus einer romantischen Perspektive an ihn gedacht. Tatsächlich hatte ich bei einigen Gelegenheiten durchaus eine sensible, feinsinnige Ader an ihm bemerkt, aber er war auch ein leidenschaftlicher Verfechter der Wahrheit und manchmal fand ich ihn in bestimmten Dingen doch ein bisschen zu streng. Ehrlich gesagt, schüchterte er mich ein. Außerdem schien er mir ein bisschen zu viel mit Kirche zu tun zu haben. Wenn ich an ihn dachte, wurde ich an Sonntagschule mit Flanellbildergeschichten oder goldene Opferschalen erinnert – das war wohl nicht so wirklich die Atmosphäre für wahre Liebe!

Er war einer von diesen Leuten mit einem durchdringenden Blick, die dir direkt in die Tiefen deiner Seele gucken können. Deshalb war ich ihm in den letzten Jahren aus dem Weg gegangen. Jetzt war mein Leben schon einige Zeit ein ziemliches Chaos aus Kompromissen und Verwirrung. Ich wollte nicht, dass er mitbekam, was aus mir geworden war. Wenn er rausbekam, was ich getan hatte, würde er mich bestimmt ernst ermahnen und mir zu verstehen geben, dass es für mich zu spät war, noch irgendetwas zu finden. Dessen war ich mir sicher. Aber bald sollte ich feststellen, dass ich ihn völlig falsch einschätzte.

Eines Tages, als ich mich zu einem Morgenspaziergang aufmachen wollte, fand ich ihn, wie er bei dem Apfelbaum in der Nähe des Hintertörchens auf mich wartete. Ich schreckte auf, als ich ihn dort sah und war erstaunt, dass er immer noch Zeit mit mir verbringen wollte nach all den Jahren und all der Zeit, die ich ihn ignoriert hatte. Ich sah ihn vorsichtig an und er lächelte zurück – ein sanftes, vertrautes Lächeln, das meinem Herzen unwillkürlich einen Ruck versetzte. Ich schaute schnell weg.

„Darf ich mitgehen?", fragte er mit freundlicher Stimme. Ich nickte, wobei ich seinen Blick mied und er schloss sich mir an. Eine Weile gingen wir schweigend unseren Weg und hörten auf das gelegentliche Rascheln eines Eichhörnchens oder das hohe Zwitschern eines Rotkehlchens. Ich schaute unaufhörlich auf den Kiesweg unter meinen Füßen.

„Ich hab dich vermisst", sagte er einfach. Obwohl es für uns beide klar war, dass *ich* diejenige gewesen war, die uns auf Distanz gebracht hatte, lag nichts von einem Vorwurf in seiner Stimme. Ich biss mir auf die Lippen und nickte wieder, unsicher was ich antworten sollte.

Wir gingen noch ein Stück weiter und ich merkte, wie erfrischend und wohltuend seine Anwesenheit war. Ich spürte, wie seine sanften Augen mich beobachteten und mir still sagten, wie wichtig ich ihm war, obwohl ich mir nicht vorstellen konnte, warum. Kein weiteres Wort fiel an diesem Tag während der Zeit, die wir zusammen waren, aber ich fühlte, dass zwischen uns mehr passieren würde. Ich war mir nur nicht sicher, ob ich dazu bereit war.

Unsere Freundschaft wuchs allmählich. Je mehr Zeit ich mit ihm verbrachte, desto mehr merkte ich, wie anders er doch war als all die Männer, die ich bisher getroffen hatte. Er schaute mich nicht sexhungrig an wie die Jungs in der Schule, nicht die Spur von koketten Sticheleien, die mich sonst umgaben, und kein Ansprüche erhebender, verführerischer Charme, an den ich mich bei den Männern so gewöhnt hatte. Aber irgendwie wusste ich, dass er mich liebte, dass er tief nach mir verlangte, dass er mich wunderschön fand. Ich wagte es kaum zu hoffen, dass ich schließlich den einen Mann gefunden hatte, der meine längst vergessenen Träume erfüllen konnte. Selbst wenn er mein Prinz sein mochte, so war ich mir doch sicher, dass ich ihn zu spät gefunden hatte.

„Das ist so verrückt“, sagte ich eines Nachts laut zu mir selbst, als ich mich im Bett wälzte. „Ich würde so jemanden wie mich nicht haben wollen.“ Ich war davon überzeugt, dass seine Liebe zu mir augenblicklich vergehen würde, wenn er begriff, wie viele Fehler ich gemacht hatte. Ich war so oft verletzt worden, dass ich nicht wusste, wie viel Leid mein Herz noch ertragen konnte.

Und es gab noch eine Sorge. Er lebte nicht so wie jeder andere. Er stand da wie eine Neon-Leuchtreklame an einer einsamen Autobahn durch die Wüste. Schon einige Leute hatten ihn verspottet und missverstanden. Ich wusste, er passte nicht in meine Welt, er würde von meinen Freunden nicht akzeptiert werden, er würde sich in meinem Umfeld nicht wohlfühlen. Wie sollte das möglich sein, dass ich so jemanden liebte? Was erwartete er von mir, was sollte ich tun – alles hinter mir lassen, um mit ihm zu gehen?

Ich rang wochenlang mit meinen Ängsten. Er machte nie Druck, dass ich mich entscheiden sollte. Er erinnerte mich nur immer wieder auf hunderte verschiedene Arten daran, dass er mich liebte und dass er mich begehrte. Er war unendlich geduldig, sanft und sensibel ... der Prinz, von dem ich geträumt hatte, solange ich denken konnte. Neben ihm wirkten die unreifen romantischen Möchtegerne, die bisher meine Zuneigung hatten, wie erbärmliche Fälschungen. Nachdem ich das Wahre erkannt hatte, konnte ich nicht begreifen, wie ich auf einen armseligen Ersatz hereinfallen konnte. Aber gleichzeitig fiel es mir schwer zu glauben, dass er nicht zu gut war, um wahr zu sein.

Je mehr Zeit ich mit ihm verbrachte, desto mehr wollte etwas in mir einfach nur kapitulieren und in seine wartenden Arme fallen. Aber ich hatte Angst, ihm zu vertrauen. Ich hatte Angst davor, was mich diese Entscheidung kosten würde.

Mit der Zeit, ganz allmählich, wie die Bewegung des Stundenzeigers, bröckelte meine Schutzmauer. Egal wie oft ich mich von ihm zurückzog, seine Liebe blieb unumstößlich, wie ein majestätischer, standhafter Berg über tosendem Meer. Ich hatte sogar versucht, ihn davon zu überzeugen, dass ich nicht gut genug für ihn war. Ich erzählte ihm unter heißen Tränen bis ins kleinste Detail, was ich aus meinem Leben, meinem Herzen und meinem Körper in den letzten Jahren gemacht hatte. Aber ich spürte, dass er, statt mich zu richten, innerlich über jede kleinste Scherbe meines zerschlagenen Herzens weinte. Mit so viel unendlicher Freundlichkeit konfrontiert zu werden, machte mich fassungslos.

Eines Morgens saß ich in der frischen Frühlingsluft auf einer Bank und fühlte, dass er vorsichtig näher kam. Er brauchte nicht zu reden. Ich sah ihm lange in die Augen, sah die tiefe Liebe darin und schmolz dahin. Tränenüberströmt fiel ich in seine Arme und sagte ihm mit aller Leidenschaft, dass mein Herz nur ihm gehörte. In diesem Augenblick verloren sich mein Leben, mein Besitz, meine Freunde, alles, was ich um mich herum aufgebaut hatte, ins Nichts. Nichts von dem schien mehr im Entferntesten wichtig. Nichts außer ihm zählte mehr.

Während ich ihm meine Hingabe zuflüsterte, breitete sich ein wunderbarer Friede in meinem Herzen aus und begann, die zerbrochenen Stücke zu heilen. Er weinte vor Freude. Ich fühlte mich wie ein Adler, der nach einem stürmischen Nachmittag über die majestätischen Berggipfel dahinglitt. *Ich hatte nun doch endlich meinen Prinzen gefunden.* Er hatte ritterlich nach mir gesucht und mich aus meinem Burgverlies gerettet. Er hatte mich trotz meines jämmerlichen, hässlichen Zustandes geliebt. Er hatte mir die dreckigen Lumpen abgenommen, in die ich gehüllt war, und mir das glänzende Gewand einer wunderschönen Prinzessin gegeben. Seine unbegreifliche Liebe hatte mein zerschlagenes, verwundetes und blutendes Herz zu neuem Leben erweckt. Und obwohl ich wusste, dass ich nun alles bisherige opfern musste, um bei ihm zu sein, gab es nicht mehr den geringsten Zweifel. Es war, als gäbe ich ihm ein paar wertlose Klunker und erhielte dafür ein ganzes Haus voll unbezahlbare Juwelen zurück.

Im Verlauf der letzten Jahre hatte ich mit tausenden junger Frauen meines Alters zu tun. Selten habe ich eine gefunden, die nicht zu meinen Kindheitssehnsüchten, eine schöne Prinzessin zu werden, gepasst hätte. Ob wir aufgewachsen sind mit dem Wunsch, wie die Kleine Waise Annie zu singen, wie Prinzessin Leia Galaxien oder wie Wonder Woman hilflose Opfer zu retten; ob wir ein Wildfang waren, der mit aufgeschürften Knien auf Bäumen herumkletterte oder Tee trinkende Engelchen mit Ringellocken, ob wir unsern Lebensinhalt darin sahen, einen Haushalt zu führen oder die Welt zu verändern – es scheint ein Band zwischen uns zu geben, ein tiefes, unerschütterliches, inneres Verlangen, für immer liebevoll verehrt zu werden von einem edlen Prinzen, dem wir unser Herz anvertrauen können. Wir sehnen uns danach, die atemberaubende Liebe zu erleben, von der wir in Märchen lesen, in Liebesliedern hören oder die wir auf der Leinwand entfaltet sehen. Die meisten von uns würden fast alles hergeben, was wir gernhaben, um mit dem Mann unserer Träume in den Sonnenuntergang zu reiten.

Aber wir leben in einer Kultur, die darauf aus ist, solche Träume mit aller Macht zu zerstören. Die meisten von uns sind unglaublich jung und naiv, wenn unsere unschuldigen Hoffnungen zertreten werden, ob von einem missbrauchenden Vater, einer zerrütteten Familie, einem gnadenlosen Sex-Raubtier oder auch nur dem grausamen Spott unserer Klassenkameraden. Verwundet und verzweifelt begeben wir uns auf die Suche nach Wertschätzung, wir suchen jemanden, der uns anerkennt, ermutigt, ehrt und der uns sagt, dass wir wunderschön sind.

Als ich heranwuchs, hatte ich das Privileg, wundervolle Eltern zu haben, die mir oft sagten, dass ich etwas Besonderes war und geliebt wurde. Viele Mädchen sind nicht so gesegnet. Aber selbst mit dem guten Einfluss meiner Eltern erlaubte ich der Gesellschaft immer mehr, mich davon zu überzeugen, dass ich in den Augen der Welt wertlos und hässlich war.

Fast jede junge Frau, die ich treffe, schenkt dieser Lüge bis zu einem gewissen Grad Glauben. Viele junge Frauen geben wie ich freiwillig ihr Herz, ihre Gefühle oder ihren Körper jedem hin, der diese tiefe innere Sehnsucht vielleicht irgendwie erfüllen könnte – nur um benutzt und vergewaltigt und mit zerbrochenen Träumen zurückgelassen zu werden. Andere hungern oder werden freiwillig zum Sexspielzeug in der Hoffnung, auf diese Weise für schön und wertvoll gehalten zu werden. Manche geben die Hoffnung schlichtweg auf und entscheiden, dass es keinen Wert mehr hat, es zu versuchen – sie fallen in Depression oder Getriebenheit und verbergen ihr Leid so lange sie können unter der Oberfläche.

Wir leben in einer Welt, die alles prinzessinnenhafte und feminine in uns zerstören will. Schon in sehr jungen Jahren macht unsere Welt das Verlangen nach Romantik oder wahrer Liebe lächerlich, das noch in unserem Herzen nachklingt. Unsere Gesellschaft erzählt uns, wir sollten lieber unsere Zeit damit verbringen, auf uns selbst Acht zu haben, als davon zu träumen, einem mystischen Ritter in glänzender Rüstung unser Herz zu schenken. Wenn wir zehn Jahre alt sind (vielfach auch schon früher), machen Lehrer wie Miss Thompson den weiblichen Körper zu einem Anschauungsobjekt der Wissenschaft, informieren uns darüber, dass Sexualität nichts als ein animalischer Trieb ist und machen sich über jeden lustig, der zu träumen wagt, dass es mehr gibt. Kleine Jungs, die sich sonst mit Baseballkarten und Actionfilmen beschäftigen würden, lernen – ob im Aufklärungsunterricht, durch das Fernsehen, von Klassenkameraden oder von ihren Vätern und älteren Brüdern – dass sie, um „Männer" zu werden, Mädchenkörper untersuchen, instrumentalisieren, kritisch betrachten, danach gieren und ihre animalischen sexuellen Triebe ausleben müssen.

Sadie, eine frustrierte College-Studentin, schrieb mir vor gar nicht langer Zeit in einer Email: „Es mag verrückt klingen, aber allmählich habe ich das Gefühl, dass jeder Junge nur Zeit mit mir verbringt, weil er meinen Körper will."

Unglücklicherweise klingt das nicht verrückt. Das hört sich nach der Wirklichkeit an. Es ist kein Wunder, dass sich viele junge Frauen an ein gebrochenes Herz und zerschlagene Träume gewöhnen. Heute ist es fast unmöglich, zu glauben, dass es mehr geben könnte.

Eine mutige Brünette mit Namen Carrie sagte neulich zu mir: „Leslie, es ist nicht fair! Du hast den letzten wahren Ritter in glänzender Rüstung auf diesem Planeten geheiratet! Es gibt keinen mehr!"

Ich habe das unzählige Male von jungen Frauen gehört. Wenn sie Eric (meinen liebenswerten Mann) und mich in unserer Beziehung beobachten oder unsere romantische Liebesgeschichte hören, dann kommt ihnen das so ungewöhnlich vor, dass sie sich fragen, ob es so einen Mann überhaupt noch gibt.

Ja, Eric und ich hatten tatsächlich eine wunderbare Liebesgeschichte (*Anne auf Green Gables* ist nichts dagegen!). Dennoch ist meine Liebesgeschichte mit Eric nur ein kleiner Schatten einer viel tieferen Intimität, die ich zu jemand anderem habe ... dem Prinzen, von dem ich am Anfang schrieb. Das war der Eine, der an jenem Morgen am Apfelbaum auf mich wartete, als ich mich auf einen Spaziergang machte. Er war der Eine, dem ich mich an jenem unvergesslichen Frühlingsmorgen ein paar Monate später hingab. Er war der Eine, der mich leidenschaftlich liebte, mich sanft festhielt und mich zutiefst wertschätzte in einer Weise, wie ich es noch nie erfahren hatte, in einer Weise, die all meine Kindheitssehnsüchte und Wünsche erfüllte. Er war der Eine, der mich aus der schäbigen Gefängniszelle rettete, in die ich hineingewandert war, Er riss die Eisenketten von meinen Händen und Füßen, reinigte mich sanft von meinem sündigen Leben, verwandelte mich in Seine Prinzessin und trug mich fort in den Sonnenuntergang in Sein Reich.

Mein wahrer Prinz ist nicht Eric. *Mein wahrer Prinz ist Jesus Christus.* Eric mit all seinen wunderbaren Qualitäten könnte die tiefsten Bedürfnisse meines Herzens nicht so befriedigen, wie es mein wahrer Prinz kann. Wäre nicht die zarte Liebe meines wahren Prinzen gewesen, wäre auch meine Liebesgeschichte mit Eric nicht möglich gewesen. Die Romantik meiner Liebesgeschichte mit Eric ist nur ein schwacher Abglanz der eindrucksvollen Schönheit der Liebesgeschichte, die mich mit Jesus Christus verbindet. Tatsächlich war mein Kindheitstraum von der Liebe und Wertschätzung eines liebevollen Ritters, dem ich bis ans Ende der Erde folgen könnte, von Ihm in mein Herz gepflanzt worden. Jesus Christus allein kann diese verzweifelte Sehnsucht erfüllen.

Viele von uns denken, sie kennen Jesus Christus. Wir reden oft über Ihn in unseren Unterhaltungen, besuchen Ihn in der Kirche ein- oder zweimal in der Woche, lesen von Zeit zu Zeit unsere Bibel, damit wir Ihn besser verstehen und verkünden vielleicht sogar, dass Er die erste Priorität in unserem Leben hat. Aber genau so wie es ein Unterschied ist, die Definition einer Rose im Lexikon zu lesen und sie tatsächlich in der Hand zu halten, so liegt ein großer Unterschied zwischen dem Sagen, dass man Jesus kennt und Ihn tatsächlich zu erfahren als seinen *wahren Prinzen*, seinen Helden und den, für den man alles aufgibt, um bei Ihm zu sein.

So sehnen sich denn immer noch viele von uns, auch wenn sie behaupten, Jesus zu kennen, danach, dass ihre tiefsten Wünsche von jemand anderem erfüllt werden. Wir suchen wie wild nach dem Mann unserer Träume, geben uns völlig hin in eine Beziehung nach der anderen und hoffen, dass wir am Ende den Richtigen finden und unsere romantischen Fantasien Wirklichkeit werden.

„Jesus ist unser *wahrer Prinz*", sage ich oft zu jungen Frauen, „der Eine, der sein ganzes Leben hingab, um mit dir zusammen zu sein, der Eine, der dich aus deinem Gefängnis, in dem du sitzt, befreien kann, der Eine, der dich verwandeln kann in eine strahlende Prinzessin, der Eine, der dich forttragen kann in sein wundervolles Reich, um dich ewig wertzuschätzen. Er ist der Einzige, der deine tiefsten Sehnsüchte erfüllen kann. Er ist der Einzige, der dein ganzes Herz, dein Leben, deine Seele und deinen Körper wert ist – alles, was du hast und bist. *Jesus ist der Prinz*, dem du leidenschaftlich von ganzem Herzen nachfolgen solltest."

„Ja, sicher, okay, was auch immer", ist dann die typische Antwort, gefolgt von „aber es gibt da einen Jungen..."

Die meisten von uns realisieren es nie, dass Jesus keine dünne Flanellwandfigur aus der Sonntagschule ist, dass Er kein strenger Diktator ist, der vom Himmel herabschaut, um zu kontrollieren, ob wir auch seine Gebote befolgen. Er ist kein fernes Wesen, das viel zu beschäftigt ist, die Welt zu regieren, als dass es sich um die Kleinigkeiten unseres alltäglichen Lebens kümmern könnte. Und Er ist so viel mehr als einer, von dem wir sagen, dass wir an Ihn glauben, damit wir nicht in die Hölle kommen, wenn wir sterben.

Er ist der Liebhaber unserer Seelen. Unser wahrer Prinz. Er ist der Eine, nach dem wir uns gesehnt haben, den wir gesucht haben, von dem wir seit unserer Kindheit geträumt haben. Er ist der Eine, der uns liebt wie sonst keiner. Er ist der Eine, der uns ewig wertschätzt. Er ist der Eine, der uns verändert und aus hoffnungslosen Mädchen in Lumpen wunderschöne, selbstbewusste, strahlende Prinzessinnen macht. Er ist der Eine, der uns bereit macht zu wahrer, anhaltender, *menschlicher* Liebe. Und er ist der Eine, der unsere tiefsten Bedürfnisse befriedigen kann, wenn menschliche Liebe nicht reicht.

In jeder Generation gibt es ein paar junge Frauen, die ihren wahren Prinzen entdecken. Wie die Prinzessinnen in den Märchen meiner Kindheit *geben sie freiwillig alles andere auf,* wenn sie diesen Prinzen einmal getroffen und seine unglaubliche Liebe zu ihnen erkannt haben *und folgen ihm* bis ans Ende der Welt. Sie leben mit ihrem Prinzen ein völlig anderes Leben als in ihrer Umgebung. Sie strahlen. Sie sind selbstsicher. Sie sind erfüllt. Sie besitzen eine wahre, authentische Schönheit, die von innen kommt. Sie sind Weltveränderer. Sie sind außergewöhnlich in ihrer völligen Hingabe an ihren Prinzen. Und sie ragen aus allen anderen jungen Frauen heraus - wie Lilien unter Dornen.

Dieses Buch ist eine Einladung an *dich,* eine von diesen wenigen in *dieser* Generation zu werden: eine außergewöhnliche junge Frau, die zulässt, dass die leidenschaftliche Intimität, die sie mit ihrem Prinzen erlebt, alle Bereiche ihres Lebens verändert.

Es ist egal, wie oft unsere Träume zerschlagen, wie oft unsere Herzen zertreten wurden, wie weit wir uns von Ihm entfernt haben, unser Prinz steht vor dem Fenster unseres Gefängnisses und wartet darauf, dass wir Seine Stimme hören und Ihn bitten, uns aus der Trostlosigkeit eines Lebens ohne Ihn zu retten.

Diese Art von einem romantischen Märchen zwischen einer jungen Frau und ihrem wahren Prinzen gibt es nicht ohne Opfer, nicht ohne Leid, aber es ist das kostbarste Geschenk, das uns je gegeben wird. Und es ist die schönste und erfüllendste Erfahrung, die wir je machen könnten.

Teil 2
Eine Lilie unter Dornen

Das Wesen einer außergewöhnlichen jungen Frau

Wie eine Lilie unter den Dornen, so ist meine Freundin unter den Mädchen.

Hohelied 2,2

3 Weiß wie eine Lilie

Der Beginn eines außergewöhnlichen Lebens

Jesus machte seinen Jüngern klar, dass sie, wenn sie Ihm nachfolgen wollten, ihr persönliches Leben aufgeben, sich von allem, was sie schätzten, und von ihren Annehmlichkeiten in diesem Leben verabschieden müssten, erst dann und nur dann könnten sie Ihm nachfolgen.

Matthäus 16,24; Umschreibung[2]

Die Wahrnehmung unserer Weiblichkeit wird oft, wenn wir noch sehr jung sind, von der Kultur geprägt, in der wir leben. Wenn ich über die Jahre meines Heranwachsens nachdenke, fallen mir bestimmte Dinge ein – kleine Erfahrungen, die schleichend mein Denken und auch heimlich meinen Kurs veränderten. Beispiele dafür sind etwa die paar „Jungengespräche", denen ich während meines ersten Jahres an der High School ausgesetzt war...

Mit Füßen getretene Unschuld

Ich saß während einer Freistunde in der Schul-Cafeteria und starrte leer auf mein Geometriebuch. Drei angesehene Jungs saßen ein paar Tische weiter und neckten sich gegenseitig in einer lebhaften Unterhaltung. Während meine Augen auf dem großen Oktagon auf Seite 24 klebten, spitzte ich meine Ohren, um zu hören, was sie sagten.

Ich war wenig beeindruckt von dem, was ich da hörte. Die Jungs versuchten, sich gegenseitig mit ihren durchschnittlichen Schlagzahlen beim Baseball oder Gewichten beim Bankdrücken (die mir alle ziemlich übertrieben erschienen) zu beeindrucken. Dann gingen sie dazu über – mit der Härte von *Stirb Langsam* – zu verkünden, welchen Starspieler sie im Samstagsspiel in den, äh, „Allerwertesten" treten würden. Danach folgte ein überaus anspruchsvoller und hart ausgefochtener Rülpswettstreit. Bald schien mein Geometriebuch im Vergleich zu diesem todlangweiligen pubertären Gequatsche anziehend wie ein sonniger Strandurlaub. Aber auf einmal nahm die Sache eine interessante Wendung.

„Hast du gestern Karly Colson gesehen?", fragte Trevor Simms seine Kumpel und unterbrach damit Justin Maxwells Rülps-Darbietung des Buchstaben *N* in seinem Versuch, sich durch das Alphabet zu arbeiten. Sofort waren Justins hochtrabende Rülps-Ziele vergessen und er beteiligte sich an der viel erheiternderen Darstellung der vielen Kurven des perfekt proportionierten Körpers von Karly Colson.

Ich war daran gewöhnt, dass Jungs den Körper von Mädchen in Kurven diskutierten – ich hörte so was fast jeden Tag in der Schule. Aber an *dieser* Unterhaltung war etwas anders. Ohne Mädchen in der Nähe schienen die Jungs zu einer ganz neuen Stufe der Perversion vorzudringen. Während sich Trevor und Justin in eine schockierende Beschreibung dessen stürzten, was sie gerne mit Karly machen würden, lief mein Gesicht rot an und ich merkte, dass mir ungläubig der Atem stockte. Was ich hörte, war so entsetzlich drastisch und pervers, dass es mir vorkam, als läsen sie das Skript eines Pornofilms.

Sie gingen dazu über, auch andere Mädchen – viele davon meine Freundinnen – in der gleichen abscheulichen Weise zu sezieren, wie sie über Karly geredet hatten. Ich saß da, erstarrt vor Schreck und Verlegenheit. Meine Gedanken rasten wie verrückt. Das machte keinen Sinn. Trevor und Justin waren mir nie sexbesessen vorgekommen. Sie schienen eher ein bisschen sauberer und respektvoller als die meisten Jungs zu sein. Manchmal tauchten sie auch mittwochs in der Jugendgruppe in unserer Kirche auf. Sie waren klug, lustig und sportlich, hatten gute Zensuren, nahmen keine Drogen und waren am Wochenende nicht betrunken. Ich konnte nicht verstehen, wie Jungs wie Trevor und Justin Mädchen nur als saftiges Fleisch betrachten konnten.

Im weiteren Verlauf der Unterhaltung fiel mir noch etwas anderes auf, was mich verwirrte. Die Jungs schienen besonders von solchen Mädchen beeindruckt zu sein, die keine Scham hatten, sich überall durchzuschlafen. Je offener sie waren, desto attraktiver waren sie für die Jungs.

„Hey Alter, Shannon Walters ist so toll – die hatte gestern Abend auf Kyles Party Sex mit fünf verschiedenen Kerlen."

„Boah, aber stell dir vor, Alter – Angela Elliot treibt´s im Dreier mit Todd McDonald und Danny Whitehall!"

„Nee, *ehrlich*, Alter? Mann, die *geht ab*!"

Sie verachteten Mädchen total, auch ganz unterschiedliche.

„Boah, Rachel Edmonds ist wirklich scharf, aber die ist total prüde, Mann. Die ist so eine von den sauberen Frommen. Die muss eiserne BHs und Keuschheitsgürtel tragen, damit auch ja kein Junge an sie rankommt." Sie brachen in fürchterliches Gelächter aus über Rachels lächerliche Zurückhaltung, ihre Jungfräulichkeit zu verlieren.

Ich kochte innerlich, so geschockt war ich und ich wünschte mir, hinüberlaufen zu können und sie für ihr entwürdigendes Verhalten zur Rede zu stellen. Aber in diesem Augenblick schrillte die Glocke und die Jungs verabschiedeten sich mit einer Runde schwungvoller High Fives und Fist Bangs. Die nächsten Stunden bekam ich ihre lustvollen Worte nicht mehr aus dem Sinn. Bis dahin hatte ich das Ausmaß der Perversion von 15-jährigen Jungs begrenzt auf das unreife sexuelle Gehabe, wie wir es bei der Szene an Ashleys Schließfach am ersten Tag in der achten Klasse erlebt hatten. Aber was ich an jenem Tag in der Cafeteria hörte, ließ mich fragen, ob ich ihre sexuellen Ideen nicht unterschätzt hatte.

In der letzten Stunde an diesem Tag hatte ich Spanisch und bemerkte einen glücklichen Zufall, nämlich dass Trevor Simms (einer der Teilnehmer an dieser perversen Unterhaltung) sich hinter mich gesetzt hatte. Ich hatte Trevor ein- oder zweimal in der Jugendgruppe getroffen, kannte ihn aber nicht sehr gut. Normalerweise hätte ich mich unwohl gefühlt, mich mit jemandem mit solch unmöglichen Bekannten zu unterhalten. Aber meine Empörung machte mir Mut. Ich konnte es kaum abwarten, ihm zu erzählen, dass ich mitgehört hatte, wie ekelhaft er über den Körper meiner Freundin geredet hatte. Ich wollte, dass er schamrot wurde darüber, dass ich einen Blick in die Tiefen seiner lüsternen Gedanken getan hatte. Sobald Mr. Alvarez uns mit unseren Arbeitsblättern zu den spanischen Grundverben allein gelassen hatte, sah ich meine Chance.

„So“, riskierte ich es, als ich mich beiläufig umdrehte. „Du findest Karly Colson also scharf?“

Trevor runzelte die Stirn und schaute mich argwöhnisch an. „Wovon redest du?“

„Ich hab euch Jungs heute Morgen in der Cafeteria gehört“, verkündete ich. (Dem allgemeinen Treff auf dem Campus für alle, die auch nur im Entferntesten cool waren.)

„Okay, was soll's.“ Trevor erholte sich von seiner Überraschung und tat es schnell ab, als ob es ihm völlig egal war. Er malte achtlos auf seinem Arbeitsblatt herum und versuchte, mich zu ignorieren. Aber ich hatte jetzt eine Mission.

„Du bist total pervers, weißt du das?“ platzte es plötzlich aus mir heraus.

Trevor fuhr hoch und sah mich ärgerlich an. „&%#@, was ist dein Problem?“

„Nein, was ist dein Problem?“, schoss ich wütend zurück. „Meinst du, alle Mädchen wären nur Sexobjekte?“

Trevors Gesicht wurde rot und er begann, unbehaglich auf seinem Stuhl herumzurutschen.

„Also?“, fragte ich und genoss seine Verlegenheit.

Trevors Gesicht wurde noch roter. „Hm, ja! Ich mein, nein! Ich mein, hm, also. Ich weiß nicht!“ Er wand sich wie ein Aal, der nach dem Sturm am Strand gelandet war. Ich blieb einen Augenblick still und ergötzte mich an meinem Triumph über diesen großspurigen Mädchenschwarm, der normalerweise nichts als sanfte Coolness verströmte. Ich war mir sicher, dass ich gerade allen Frauen einen Gefallen getan hatte, indem ich seine entwürdigende Haltung gegenüber der weiblichen Anatomie bloßstellte.

Aber als ich zu Trevor nach hinten schaute, war ich überrascht, dass sein Gesicht nicht mehr rot war und dass er auch nicht mehr unbehaglich auf seinem Stuhl herumrutschte. Er schien vielmehr eine geheimnisvolle Selbstsicherheit entwickelt zu haben. Ich bemerkte, wie er mich hochmütig anblinzelte, während er mich musterte.

„Hör zu, Leslie", sagte er herablassend, „du hast ja keine Ahnung, okay? So sind Jungs eben! Geht dich das was an? Mädchen machen das auch mit Jungs. Darüber muss man sich nicht aufregen. Ich mein, nimm das nicht verkehrt, aber du benimmst dich wie meine Mami oder so. Mädchen, die sich über sowas aufregen, sind eher was zum Abgewöhnen, weißt du? Also bleib cool."

Ich starrte ihn still an. Seine Worte hatten den Spieß irgendwie umgedreht. Statt vor Ärger aufgeladen zu sein, war ich plötzlich verlegen wegen meines Gefühlsausbruchs. Das letzte, was ich wollte, war, jemand zum Abgewöhnen zu sein oder mich wie irgend-eine Mami zu benehmen. Die Art, wie Trevor und seine Freunde darüber dachten, wenn sie über meine törichten weiblichen Proteste spöttelten, ließen mich beschämt erröten. Vielleicht *war* ich so ein Mädchen, das sich gegen so etwas wappnen würde. Vielleicht war ich aber auch nur, wie Trevor unterstellte, altmodisch und prüde. In diesem Augenblick entschied ich, dass ich nicht bekannt werden wollte als eine von gestern, Muttis Küken aus Trevors Spanischkurs. Ich schluckte kräftig und murmelte etwas, das widerwillige Zustimmung ausdrückte. Aber noch lange nachdem Mr. Alvarez seine faszinierenden Ausführungen über spanische Verben beendet hatte, saß ich da und grübelte über Trevors selbstsichere Erklärung. *„So sind Jungs eben."*

Meine Eltern hatten immer behauptet: „Jungen mögen keine leichten Mädchen" oder „Jungen respektieren Mädchen, die warten." Aber nach dem, was ich an diesem Morgen in der I.A. Cafeteria gehört hatte, waren Mädchen wie Shannon Walters oder Angela Elliot die einzigen Mädchen, die die Jungs wirklich wollten. Mädchen wie Rachel, die sich dafür entschieden hatten zu warten, waren scheinbar nur dazu da, Zielscheibe der schlüpfrigen Witze der Jungs zu werden.

Ich wusste, ich musste mich entscheiden, was für ein Typ ich werden wollte – eine Shannon oder eine Rachel. Da ich in einer christlichen Familie mit einem guten Schuss Enthaltsamkeitsphilosophie aufgewachsen war, wollte ich immer für meinen zukünftigen Ehemann sauber bleiben. Aber ich war nicht sicher, ob ich das immer noch wollte, wenn es bedeutete, für jeden Jungen, den ich traf, total unattraktiv zu werden – zum Abgewöhnen, wie Trevor sagen würde.

Ich fing an, über eine weitere Möglichkeit nachzudenken – meine Unschuld für meinen zukünftigen Ehemann zu bewahren und mich sozusagen inkognito als Mädchen zu geben, das überall herumschlief. Auf diese Weise, dachte ich, könnte ich mir treu bleiben und trotzdem begehrenswert für das andere Geschlecht sein.

In der nächsten Phase meines Lebens versuchte ich nach diesem brillanten Plan zu leben. In meinen Beziehungen entwickelte ich eine Strategie, körperlich so weit wie möglich zu gehen, ohne „technisch" Sex zu haben. Und ich versuchte bewusst, jedem zu vermitteln, dass ich bestimmt *keine* von diesen heiligen Nonnenfreaks war.

Ich erinnere mich lebhaft an eine Szene im hektischen Flur an der Ridgeview High School. Ich war gerade mühsam damit beschäftigt, meinen unmöglich schweren Rucksack auf die andere Schulter zu verlagern und unterhielt mich mit Derek Croitan und Beth

Bridges, zwei Meistern im Debattieren, intelligent und trotzdem beliebt.

„Ihr werdet nicht glauben, was Mr. Dixon heute in der Stunde gesagt hat.", sagte Derek mit skeptisch verzogenem Mund. Beth und ich sahen ihn mit wachsendem Interesse an.

„Er schlug vor, dass wir nur einen Sexpartner im Leben haben sollten, weil monogame Leute angeblich weniger Stress haben! Könnt ihr euch das vorstellen? Ist das krank oder was?" Derek lachte und schüttelte ungläubig den Kopf. Beth schnaubte heftig zustimmend und rollte die Augen. Ich muss wohl ziemlich still gewesen sein, denn die beiden sahen mich erwartungsvoll an. Ich merkte, dass ich das Stichwort verpasst hatte.

„Oh, äh, ja", fiel ich schnell ein. „Das ist *so* lächerlich!"

Beth fiel nicht darauf herein. Sie beobachtete mich argwöhnisch. „Komm, Les, du willst mir doch nicht erzählen, dass du eine von diesen verklemmten Jungfrauen bist, die meinen, man sollte bis zur Hochzeit sauber bleiben!"

Derek spitze die Ohren und wartete auf meine Antwort. Ich sah ihn schon in seinen nächsten Kurs fortrasen, um seine Kumpel darüber zu informieren, dass er gerade ein total prüdes Mädchen aufgespürt hatte. Ich konnte das nicht zulassen.

„Wie auch immer", wandte ich selbstsicher ein und verzog mein Gesicht trotzig und angeekelt. „Seh ich aus, als wär ich sauber? Mr. Dixon würde nicht wissen wollen, mit wie vielen Jungs ich zusammen war!"

Derek kicherte, drehte sich um und sah ein bisschen enttäuscht aus, dass er kein neues Opfer für seine berühmten Verklemmte-Jungfrau-Witze hatte. Ich trottete davon zu meiner nächsten Stunde und versuchte, dabei so gleichgültig wie möglich zu wirken, aber innerlich schnürte sich mir der Magen zu. Irgendwie hatte mein Plan nicht so gut funktioniert. Ich war gefangen in einer Gesellschaft, die jeden Wunsch in mir, sauber zu bleiben, verspottete. Ich hatte gedacht, ich könnte mir heimlich treu bleiben und gleichzeitig meinen Klassenkameraden vormachen, ich wäre das lockere Mädchen, das sie haben wollten. Aber ich konnte meinem Gewissen nichts vormachen. Ich merkte, dass ich nicht gleichzeitig auf beiden Seiten des Zauns stehen konnte. Und irgendwie war ich auf der *verkehrten* Seite gelandet.

Tief in meinem Herzen sehnte sich etwas danach, wieder das unschuldige Mädchen zu sein, das ich einmal gewesen war, aber ich wusste, dass ich die Grenze überschritten hatte. Auch wenn ich vielleicht noch meine „technische" Unschuld besaß, war ich nicht wirklich sauber. Ich hatte der Gesellschaft erlaubt, mich davon zu überzeugen, dass es keinen Wert hatte. Ich hatte mich so hart dafür eingesetzt, für eine gehalten zu werden, die Reinheit verachtete, dass ich nicht anders war als all die anderen Mädchen um mich herum – ich warf achtlos jeden Rest von Reinheit weg, die noch in meinem Herzen war.

In der Kirche aufgewachsen hatte ich mitbekommen, dass man körperlich für den zukünftigen Ehemann rein blieb – ein Prinzip, das ich eher unwillig auszuleben versuchte. Trotzdem war das mein Verständnis von Reinheit. In meinem Herzen war immer so ein heimliches Sehnen, weiß wie eine Lilie zu sein – eines Tages würde es ein galanter Ritter zutiefst schätzen und hoch bewerten, wenn ich mein Herz, meine Gedanken und meinen Körper als unberührten Schatz bewahrte. Aber mir war diese innere Sehnsucht peinlich geworden.

Die Christen in meiner Umgebung erklärten nur vage, warum Reinheit gut war. So hieß es: „Warum jetzt einen fettigen Hamburger, wenn du später eine erstklassige Steak-Mahlzeit haben kannst?“ oder „Weihnachtsgeschenke machen viel mehr Freude, wenn du sie nicht vorher aufmachst.“ (Schwache Argumente in meinen Augen, denn ich mochte fettige Hamburger viel lieber als Steak und ich dachte, dass Geschenke Freude machten, *wenn* man sie öffnete.) Aber man brachte mir auch bei, dass dieses Warten auch Gottes Wille war und diese Logik war nicht so leicht zu knacken. Auch wenn die Leiter in meiner Gemeinde vermittelten, dass es wichtig sei, Gottes Gebote zu befolgen, wenn es um das Warten ging, beschrieben sie Reinheit nie in der Schönheit und Würde, die ich ihr geben wollte. Reinheit schien nicht mehr zu sein als eine nutzlose Regel, die uns aus keinem anderen Grund auferlegt war, als uns schlecht zu machen, wo andere Spaß hatten, oder vielleicht noch, dass wir irgendwann einen entfernten Nutzen davon haben könnten.

Andere Einflüsse in meinem Leben – Freunde, Jungs, Gleichaltrige, Hollywood und sogar die Lehrer – hatten für gewöhnlich nichts als Ekel und Spott für so etwas wie Unschuld übrig. Das wurde ganz gut deutlich durch Trevors und Justins Gelächter über Rachels „eiserne BHs und Keuschheitsgürtel“ oder Dereks höhnische Witze über „verklemmte Jungfrauen“. Für sie war Reinheit etwas, das man lächerlich machte und mied wie einen stinkenden, verkrätzten Penner. Jahrelang schwankte ich zwischen beiden Extremen. Ich versuchte der Reinheitsregel zu folgen, ohne wirklich zu wissen warum und gleichzeitig der Welt zu zeigen, dass ich wie sie war – dass ich alles zurückwies, was irgendwie nach Absonderung schmeckte.

Und dann begegnete ich meinem wahren Prinzen, Jesus. Ich sah tief in seine freundlichen, edlen Augen. Hier war der edle Ritter, auf den ich immer gehofft hatte, nach dem ich mich gesehnt hatte, von dem ich kaum gewagt hatte zu glauben, dass es ihn gab. Mein verflüchtigtes Verlangen kam schnell zurück, intensiver, als ich es je gekannt hatte – ich sehnte mich danach, Ihm den reinen, unberührten Schatz meines Herzens, meiner Seele, meiner Gedanken und meines Körpers geben zu können. Ich wünschte mir verzweifelt, ich hätte mich für Ihn aufbewahrt – wie eine sanfte und reine weiße Lilie. Aber ich wusste, dass ich stattdessen eine niedergetrampelte und matte Distel war.

Ich konnte den Gedanken nicht ertragen, dass ich meine Chance zunichte gemacht hatte, meine Reinheit bewahrt zu haben für einen heldenhaften Prinzen, der mich schätzte. Ich konnte es nicht ertragen, seine perfekte, blendende und brillante Reinheit anzusehen, während ich dreckverschmiert und in schmutzige, zerrissene Lumpen gehüllt war. Aber als ich wegging, folgte Er mir. Ich hörte, wie Sein Flüstern mich wie eine starke Frühlingsbrise umwehte.

„Ich kann dich weiß wie eine Lilie machen", sagte seine freundliche Stimme. *„Du kannst für mich etwas Besonderes sein. Ich kann dich rein waschen, weißer als Schnee – wenn du mich nur lässt."*

Weiß wie eine Lilie? Ja, wirklich!

Ich habe mich selbst vom Thron meines Lebens gestoßen, deshalb bestimme ich nicht mehr, wie ich lebe, sondern Christus, der in mir lebt, hat jetzt Seinen Platz auf meinem Thron eingenommen, und Er bestimmt, wie ich lebe. Ich lebe dieses Leben in diesem irdischen Körper nun in völliger Abhängigkeit und vertraue auf Jesus Christus, der mich liebte und alles für mich opferte.

Galater 2,20; Umschreibung[3]

Die meisten von uns schnappen sich, wenn sie nur die Worte *weiß wie eine Lilie* hören, ihre Schuhe und stürzen zur Tür wie Läufer auf der Rennstrecke. Es gibt viele Gründe für solch eine Reaktion. Vielleicht sind wir Mädchen aus dem Dreckloch, die resigniert seufzen: „Ich hab mich so lange in diesem schlammigen Matschloch gesuhlt, dass ich hoffnungslos verdreckt bin – keine Chance, je wieder so weiß wie eine Lilie zu werden. Es ist zu spät für mich, warum sollte ich´s noch versuchen?"

Oder vielleicht machen wir es wie die Ladies aus dem Club der Bequemlichkeit, die achselzuckend verkünden: „Mir geht´s doch ganz gut. Ich hab Freunde, bin beliebt, hab Beziehungen und Jesus hat auch irgendwo ein Plätzchen. Also, alles ist großartig. Mir geht´s gut so, wie´s ist – warum sollte ich ´nen Aufstand machen wollen?"

Vielleicht passen wir auch zu den faulen Susannas, die verschlafen sagen: „Weiß wie eine *Lilie*? Das ist ´n bisschen *zu* viel, meinst du nicht? Ich glaub, ich will nicht zu so einer versnobten Superheiligen werden. Ich könnte über so ein leichtes Creme nachdenken oder vielleicht ein sanftes Eierschalen, aber lass uns nichts übertreiben!“

Und dennoch, wenn wir unserem edlen Prinzen begegnen, wenn wir Ihm tief in die sanften Augen sehen und Seine anrührende Stimme in unserer Seele hören, verlieren sich all diese Proteste im Nichts wie die flüchtige Spur eines Shooting Stars. Wahre Reinheit ist so viel mehr als eine christliche Regel, die eingehalten werden muss. Wahre Reinheit ist so viel mehr als die noble Entscheidung, auf einen zukünftigen Ehepartner zu warten. Wahre Reinheit bedeutet völlige Absonderung für unseren himmlischen Prinzen. Wahre Reinheit gibt es nur, wenn wir in die liebenden Arme unseres Herrn Jesus fallen, uns Ihm ganz hingeben und Ihm erlauben, uns weiß wie eine Lilie zu machen, so wie Er ist.

Ich sagte es schon einmal, dass viele von uns glauben, Jesus zu kennen. Aber nur wenige von uns kennen Ihn wirklich. Wer in der Sonntagschule aufgewachsen ist, hat von klein auf gelernt, dass die richtige Antwort auf fast alle Fragen „Jesus“ ist und dass wir, wenn wir genug Bibelverse auswendig können, einen Dauerlutscher oder ein Päckchen Aufkleber bekommen. Als wir dann älter wurden, lernten wir, die frommen Erwachsenen um uns damit zu beeindrucken, dass wir sagten: „Jesus ist die Nummer eins“ oder dass wir WWJD-Bänder trugen. Wir beruhigten unsere Eltern, wenn wir jede Woche in die Jugendstunde gingen, christliche Musik hörten, auf christliche Camps oder Sommermissionseinsätze fuhren und sogar hie und da unsere Bibel aufschlugen. Viele von uns gingen auch noch auf christliche Universitäten oder Bibelschulen und manche schlugen sogar eine Karriere im christlichen Dienst ein. Sogar jetzt, nach Jahren, leben wir noch moralisch und anständig.

Aber wie viele von uns *kennen* unseren Prinzen wirklich?

Vielleicht bist du auch nicht in der Kirche aufgewachsen und bist später zum Christentum gestoßen. Vielleicht hast du Christus getroffen, ihm erlaubt, dein Erlöser zu werden, hast dein Leben ein bisschen sauber gemacht und dich in eine christliche Gruppe oder Gemeinde eingegliedert. Vielleicht hast du tolle christliche Freunde, hörst dir inspirierende christliche Botschaften an, singst leidenschaftliche christliche Lieder und liest vielleicht auch noch viele wunderbare christliche Bücher. Oder Jesus ist vielleicht auch nicht mehr als eine unpersönliche religiöse Ikone.

Bist du bereit, ihn wirklich als deinen Prinzen *kennen*zulernen?

Viele von uns wissen viel über unseren Prinzen. Aber etwas über Ihn zu wissen und Ihn zu *kennen* sind zwei sehr unterschiedliche Dinge. *Kennen* wir Jesus? Ist Er der Liebhaber unserer Seele geworden, der Kern unserer Existenz, das Zentrum unseres ganzen Seins und der Eine, für den wir alles aufgeben würden, einschließlich unseres nackten Lebens, nur um Ihm zu folgen?

Ihn *so* zu kennen, ist nicht einfach. In der Welt von heute (auch der christlichen) leben wir für gewöhnlich unser Leben in ungesund rasender Geschwindigkeit. Wir sind all zu oft festgefahren in über Jahre angehäuftem emotionalem Gepäck. Wir werden von verwirrenden Beziehungen und stressigen Umständen abgelenkt und wir werden mit dem unbarmherzigen Lärm unserer Gesellschaft bombardiert. Die Frage ist: Wie können wir unseren Prinzen überhaupt in all dem kennenlernen? Die Antwort ist: *Wir können.*

Jesus lebt nicht in diesem rasenden Tempo. Er ist in dem dröhnenden Lärm der Gesellschaft nicht zu finden. Sein sanftes Flüstern ist wie ein leises Stimmchen, das schnell von unseren abgelenkten Gedanken und umherschweifenden Herzen übertönt wird. Um Ihn als unseren Prinzen zu entdecken, Ihn als unseren Liebhaber zu erkennen, müssen wir wieder wie die Prinzessinnen in den Märchen unserer Kindheit werden, die bereit waren, alles andere hinter sich zu lassen, um dem Mann zu folgen, den sie liebten. Wir können nicht gleichzeitig stehenbleiben und mit unserem Prinzen gehen.

Über viele Jahre hin habe ich von jungen Frauen jeden Alters per Email oder auch persönlich Fragen über Jungen bekommen.

Jessica, eine lebhafte, blauäugige College-Studentin aus Pennsylvania, kam neulich mit der Frage auf mich zu: „Wie kann ich meinem zukünftigen Ehemann treu bleiben, wenn ich dasitze und all meine Freundinnen beobachte, wie sie mit einem Freund nach dem anderen so viel Spaß haben?"

Cassie, eine 21jährige Rothaarige, erklärte mir ihr Dilemma in einem schönen, breiten Südstaatendialekt: „Es gibt da einen Jungen in meinem Leben, der all das zu sein scheint, was ich mir von einem Ehemann erträumt habe, aber im Augenblick sind wir nur Freunde und ich hab keine Ahnung, welche Gefühle er für mich hat. Sollte ich mit ihm über meine Gefühle reden?"

Lisa, eine ernsthafte Jurastudentin im ersten Jahr, überlegte: „Wie werde ich das andauernde Gefühl von Scham und Schuld über meine Fehler mit Jungs in der

Vergangenheit los? Und wie finde ich einen Jungen, der an mehr interessiert ist als daran, mich zu benutzen?"

Von den meisten jungen Frauen bekomme ich, wenn ich sie frage, ob sie ihre verwirrenden Fragen Jesus gestellt haben, eine sehr vorhersagbare Antwort: „Oh, ja, ich hab gebetet und gebetet. Er hat mir aber keine Antwort gegeben und ich muss wissen, was ich tun soll."

Allerdings sind unsere „Gebete" oft nicht mehr als verstreute, eilig dahin gemurmelte Sätze, wenn wir gerade einmal ein paar freie Minuten haben. Die Wahrheit ist, dass die meisten von uns jungen Frauen viel mehr Zeit und Energie darein investieren, Fragen über Jungen nachzugehen, als darein, unseren wahren Prinzen zu entdecken. Tatsächlich erkennen viele von uns nie, dass es überhaupt möglich ist, unseren Prinzen persönlich kennenzulernen.

Stattdessen setzen wir unsere Energie darein, uns um die „größeren" Probleme des Lebens zu sorgen – wie Jungs. Ja, Fragen über Jungs sind wichtig und bestimmt wert, darüber nachzudenken (wir werden uns später in diesem Buch noch mit vielen dieser Fragen beschäftigen). Aber das ist die Wahrheit: E*ine dauerhafte, leidenschaftliche Liebe zu unserem wahren Prinzen ist das Fundament für Erfolg in jedem anderen Bereich des Lebens.* Wir versuchen so oft, die verwirrendsten Schwierigkeiten des Lebens zu lösen, ohne dass wir dieses lebensnotwendige Fundament haben. Wir kennen Jesus nicht. Wir verbringen keine Zeit mit Ihm. Wir verstehen Sein Herz nicht. Folglich taumeln wir verwirrt und frustriert umher. Wir sprechen hie und da schnelle Gebete und wenn wir keine Antwort vom Himmel hören, meinen wir, dass wir unser Leben selbst in die Hand nehmen müssen. Das Ende vom Lied ist, dass wir schreckliche Fehler machen und uns fragen, wo Er die ganze Zeit war. Was unseren Prinzen angeht, gibt es aber so viel mehr zu entdecken – eine unglaubliche, wunderbare Liebesgeschichte, die nur darauf wartet, entfaltet zu werden.

Wenn wir bereit sind, kann die Liebesgeschichte, von der wir immer geträumt haben, gleich jetzt beginnen. Aber nicht irgendeine Liebesgeschichte, sondern die schönste, wundervollste, lieblichste, perfekteste Liebesgeschichte aller Zeiten – die Liebe zwischen der Braut und ihrem Bräutigam. Es ist egal, wer wir sind, was wir getan haben oder wie viele Fehler wir gemacht haben, unser Prinz sehnt sich nach uns. Er ist bereit, uns aus unserem Gefängnis zu retten, uns in Seine Prinzessin zu verwandeln und uns sanft zu verändern, so dass wir für alle Welt sichtbar so weiß wie eine Lilie sind und Ihm gleichen.

Als ich schließlich mein Leben meinem Prinzen hingab, war ich zum ersten Mal betroffen von der unglaublichen Realität dessen, was Er für mich getan hatte. Ich war zwar in der Sonntagschule aufgewachsen, hatte aber meine Wahrnehmung von Ihm beschränkt auf das, was ich an der Flanellwand gesehen hatte. Als ich fünf war, hatte ich verstanden, dass er für meine Sünden gestorben war. Aber ich hatte das großartige Wunder dieser Wahrheit nicht begriffen. Mein Prinz hatte Sein Leben gegeben, um mich zu retten. Es war das äußerste Zeichen der Liebe, das es je gegeben hatte. Meine Bestimmung war eine Ewigkeit unaussprechlichen Leidens – eine Ewigkeit ohne meinen Prinzen. Es gab keine Möglichkeit zu hoffen, dass es irgendjemanden wie Ihn gab – ein reiner, perfekter, sündloser, heiliger, gerechter, majestätischer, souveräner, machtvoller König. Ich war nichts als ein verdorbener, unreiner, sündiger, unheiliger, erbärmlicher Almosenempfänger. Es gab eine undurchdringliche Mauer, die mich von meinem Helden trennte – in Seiner perfekten und reinen Heiligkeit konnte Er nicht mit mir in meinem Sündengefängnis wohnen.

Und dennoch sah Er mich inmitten meiner armseligen, hoffnungslosen, elenden Lage. Er liebte mich und sehnte sich nach mir. Es gab nur eine Möglichkeit, wie Er mich aus dem Verlies meiner ewigen Gefangenschaft retten konnte – mich mit Seinem eigenen Blut freizukaufen. Er vergoss sein Leben und starb einen fürchterlichen, qualvollen Tod, den Er nicht verdiente – nur damit ich Seine Prinzessin werden konnte, so weiß, wie eine Lilie, Seine fleckenlose Braut für alle Ewigkeit. In dem Augenblick, als Er den Preis bezahlte, um mich freizukaufen, stürzte die Mauer zwischen uns ein. Er ebnete den Weg durch das Opfer Seines eigenen Blutes, damit ich für immer bei Ihm sein kann. Sein Opfer war nicht nur dazu gedacht, mich vor der Hölle zu bewahren, sondern um mir eine dauerhafte, leidenschaftliche, intime Liebesbeziehung mit Ihm zu ermöglichen.

Das ist es, was mein Prinz für mich getan hat. Und das ist es, was *dein* Prinz für *dich* getan hat. Er ist der ultimativer Romantiker, der wundervollste Held, der perfekte Gentleman, der mächtigste aller Könige und der liebevollste aller Liebhaber. Und Er wartet auf dich. Ob du Ihn die meiste Zeit deines Leben gekannt aber zugelassen hast, dass deine Beziehung zu ihm abflaute, ob du Ihn zwar als Retter erkannt, aber die eine leidenschaftlich Romanze mit Ihm nie erlebt hast oder ob du Ihm überhaupt noch nicht begegnet bist – wenn du bereit bist, Ihn als deinen Prinzen kennenzulernen, komm zu Ihm und sag es Ihm. Lass es zu, dass die Wirklichkeit Seiner Liebe und Seines Opfers für dich deine Seele berührt. Er hat alles für dich gegeben. Wirst du Ihm alles zurückgeben? Hier beginnt die Reise einer außergewöhnlichen jungen Frau.

(Wenn du dir nicht sicher bist, wie du Jesus auf eine sehr persönliche Weise begegnen sollst, dann bleib ruhig und sei sicher, wir werden einen großen Teil des restlichen Buches darauf verwenden, darüber nachzudenken, wie man das macht. Durchforsche für den Augenblick dein Herz und bitte Ihn, dich bereit zu machen, Ihn kennenzulernen.)

Auf den Punkt gebracht

Verhüllt in den alten Märchen der kleinen Mädchen findet sich der Geheimschlüssel zur Weiblichkeit. Ob es Schneewittchen oder die Kleine Meerjungfrau ist, wir entdecken: *Hinter jeder Prinzessin verbirgt sich in den Geschichten ein Prinz.* Aber tief unter der Oberfläche reizender Märchen über erdichtete Romanzen verbirgt sich eine atemberaubende Wirklichkeit – der edle Held unserer lange verlorenen Mädchenträume ist real! Sein Name ist Jesus. Dieser Prinz ist kein durchschnittlicher Joe mit ausgebeulten Hosen und lückenhaftem Spitzbärtchen. Er ist ein Mann, der sich von allen anderen unterscheidet, der dich wachküsst und ein Schloss in der Ferne hat. Mit funkelnden Augen lädt Er uns ein, mit Ihm „fortzugehen" und Seine Prinzessin zu werden. Er bittet uns, alles aufzugeben und Seine Braut zu sein. Und das Geheimnis, wie man zu den großen Dimensionen unserer Weiblichkeit Zugang bekommt, liegt ganz ähnlich wie bei den Märchenprinzessinnen in unserer Antwort: *Alles, was wir besitzen, aufgeben, um unserem edlen Ritter zu folgen.*

Unser Prinz wünscht sich nichts sehnlicher, als mit uns eine himmlische Liebesgeschichte zu beginnen. Er möchte gerne aus den Seiten der Schrift herausspringen und mit uns in unserem wahren, alltäglichen Leben tanzen. Er gab Sein eigenes Leben am Kreuz, um mit uns ganz eng und persönlich verbunden leben zu können. Die alles entscheidende Frage zu unserer Weiblichkeit ist die: Wollen wir unsererseits Ihm unser eigenes Leben geben? Er wartet sehnsüchtig auf unsere Antwort.

4 Das innere Heiligtum

Eine innere Lebenswelt aufbauen

Was! Merkst du nicht, dass dein Körper ein Tempel für den Heiligen Geist ist, der Schatz des himmlischen Prinzen in dir, und dass dein Körper ihm gehört und nicht dir?

1. Korinther 6,19; Umschreibung[4]

Ich habe meinen Prinzen gefunden. Ich habe Ihm mein Leben hingegeben. Ich habe bekannt, dass ich bereit bin für eine Liebesbeziehung. Er nahm meine schmutzigen Lumpen und kleidete mich in das leuchtend weiße Gewand einer Prinzessin. Ich wurde Sein. Aber die Reise hatte gerade erst begonnen.

Sanft flüsterte Er meinem Herzen zu: *„Noch hast du nur den Status einer Prinzessin. Jetzt möchte ich dich lehren, als Meine lilienweiße Prinzessin zu* leben, *ein Leben zu leben, das sich wirklich für Mich unterscheidet. Es gibt für dich noch so viel zu entdecken – es gibt noch grenzenlose Tiefen zu erforschen!"*

Ein lilienweißer Lebensstil

Es gab eine Menge für mich zu lernen, wie ich als seine lilienweiße Prinzessin leben sollte. Ich war aufgewachsen mit einem Haufen junger Leute, die glaubten, dass ein christliches Leben darin bestand, Jesus Christus zu begegnen und ein paar moralische Standards einzuhalten. Immer wenn ich mich mit der Welt um mich herum verglich – meine nicht-christlichen Gleichaltrigen, die mit einem Jungen nach dem anderen schliefen, sich mit Drogen und Alkohol zuschütteten, ständig ihre Eltern anlogen und sich durch die Schule schummelten – fühlte ich mich schon so, als führte ich ein außergewöhnliches Leben. Aber meine Maßstäbe lagen nur wenig über dem widerlichen Dreck der Gesellschaft um mich herum. Reinheit bestand nur darin zu versuchen, technisch gesehen keinen Sex vor der Ehe zu haben. Für Jesus einzustehen hieß nicht mehr, als auf der Freitagabendparty nicht zu kiffen oder einmal im Jahr zum Gebet bei der Schulflagge anzutreten. Fromm zu leben bedeutete nicht mehr, als in den Tests nicht zu schummeln oder sich nicht zu betrinken, einmal die Woche zur Kirche zu gehen und ab und zu kurz in meiner Bibel zu blättern. Die moralischen Maßstäbe, die mein Leben bestimmten, waren nur Regeln, denen ich mich unterwarf, um auf der „guten Seite" von Jesus zu stehen.

Christentum war ein erzwungener sozialer Verein, in den ich mich einordnen musste. Aber es hatte auch Nutzen. Es ermöglichte mir, mit Leuten herumzuhängen, die vermutlich nach den gleichen Maßstäben wie ich lebten, so dass ich mich nicht so eigenartig „anders" fühlte. Es gab auch viele Spaß bringende Aktivitäten: Ich konnte auf christlichen Konzerten kreischen und tanzen und schunkeln; ich konnte auf christlichen Freizeiten flirten und lachen und Beziehungen aufbauen, ich konnte in christlichen Kursen verwirrende moralische Schwierigkeiten diskutieren und ich bekam ein paar kostenlose, coole, christliche T-Shirts für meinen Kleiderschrank. Aber mein inneres Leben war nicht anders als das der übrigen Welt: egozentrisch und total gestresst, desillusioniert und deprimiert, verwässert und verwundet, voll von Kompromissen und erbärmlich. Mein Verstand, mein Herz, meine Seele, meine Gedanken, Haltungen, Gewohnheiten, Träume und Wünsche hatten nichts zu tun mit einer lilienweißen Prinzessin.

Als ich meinem wahren Prinzen neu begegnete, änderte sich meine Perspektive komplett. Plötzlich sehnte sich meine Seele danach, Ihn besser kennenzulernen, Ihn besser zu verstehen und Ihm immer näher zu kommen. Das Leben, das ich bisher gelebt hatte, kam mir im Licht der eindrucksvollen Schönheit und Majestät meines Prinzen wie eine ausgehöhlte, leere, bedeutungslose Existenz vor. Je weiter ich mich mit Ihm aus den gewohnten Kerkermauern entfernte, desto leidenschaftlicher liebte ich Ihn. Ich erinnerte mich wieder an Seine Worte: *„Noch hast du nur den Status einer Prinzessin."* Ich sehnte mich leidenschaftlich danach, ganz für Ihn ausgesondert zu sein – nicht nur dem Namen nach Seine Prinzessin zu sein, sondern jeden Tag meines Lebens wie Seine Prinzessin zu denken, zu handeln, zu reden und zu leben. Nicht nur einmal gereinigt worden zu sein, sondern für meinen Prinzen einen Lebensstil zu haben, der einer weißen Lilie entsprach. Ich wusste nicht, wie ich das anfangen sollte. Aber mein himmlischer Liebhaber war bereit und sehnte sich danach, es mir zu zeigen. Sobald wir in Seinem wunderschönen Reich angekommen waren, begannen meine „Prinzessinnen-Stunden".

„Wenn du als Meine Prinzessin leben willst", sagte er sanft zu mir, *„dann muss* Ich *der Mittelpunkt deiner ganzen Existenz werden. Dein innerstes Sein muss ein abgesonderter Platz werden, ein Heiligtum, das Meiner Anwesenheit würdig ist. Dein Herz muss sich in einen persönlichen Zufluchtsort verwandeln, unbefleckt vom Schmutz der Welt,*

wo du Mich immer mehr erkennen kannst und Mir erlaubst, dass Ich dich lilienweiß mache, Mir gleich."

Diese Vision ließ mir vor Ehrfurcht den Atem stocken und weckte in mir ein tiefes Verlangen: Ich wollte meinem heldenhaften Herrn in meinem innersten Sein ein wunderschönes Heiligtum errichten und Ihn an diesem abgesonderten Ort in tiefster Vertrautheit kennenlernen. Mein Prinz warnte mich aber freundlich, dass es nicht leicht würde, dieses Heiligtum zu bauen.

„In deinem Herzen sind Dinge verwurzelt, die zuerst zurechtgerückt werden müssen, bevor dort ein Heiligtum errichtet werden kann", sagte Er freundlich aber bestimmt, *„und dieser Prozess ist schmerzhaft."*

„Ich bin bereit", erwiderte ich. Und so begann die Errichtung meines Heiligtums. Ich machte unter der sanften Führung meines Helden viele praktische Schritte in meinem Leben. Als erstes musste ich die innere Umgebung meines Herzens reinigen und herrichten, um für Sein Heiligtum Raum zu schaffen. Dann musste ich meinen äußeren Lebensstil dem neu errichteten inneren Heiligtum anpassen.

Wenn du deinen wahren Prinzen gefunden hast, wenn du bereit bist, für Ihn alles andere hinter dir zu lassen, wenn du über den mittelmäßigen Dreck hinauswachsen willst, der allgemein als christliches Leben durchgeht, wenn du willst, dass dein himmlischer Liebhaber das Zentrum deiner ganzen Existenz wird, wenn du bereit bist, eine außergewöhnliche junge Frau zu werden, eine Lilie unter Dornen, dann ist der erste Schritt, damit zu beginnen, deinem himmlischen Liebhaber ein inneres Heiligtum zu errichten. Dieser Prozess ist nicht einfach, aber es ist die atemberaubendste und schönste Erfahrung, die du je machen wirst, die unendlichen Tiefen einer Intimität mit Christus an diesem heiligen Ort zu finden. In diesem Heiligtum wirst du immer mehr von deinem Prinzen erfahren und in diesem Heiligtum wirst du verwandelt, so weiß wie eine Lilie, Ihm gleich. Dein Prinz ist bereit, dir dort zu begegnen.

Eine unvergessliche Hochzeitsnacht

Stell dir vor, es ist deine Hochzeitsnacht. Du sitzt mit deinem neuen Ehemann auf dem Rücksitz der Limousine, die euch von der Kirche fortbringt. Eure Freunde und eure Familie winken euch glücklich nach, werfen euch tränenüberströmte Küsse nach und streuen fröhlich Reis. Die Zeremonie war perfekt. Dein geliebter Bräutigam steckte dir den Ehering an den Ringfinger und flüsterte sein Versprechen, dich für immer zu lieben und zu ehren. Du schwebst auf einer Wolke der Euphorie. Schließlich ist die Nacht da, von der du immer geträumt hast! Du siehst deinen neuen Ehemann liebevoll an und er streicht sanft seine Lippen über deine. Dein Herz klopft erregt. Du kannst es nicht erwarten, diese Nacht in liebevoller Intimität mit dem Mann deiner Liebe zu verbringen.

Als ihr beide schließlich in eurem neuen Zuhause vor der Tür des Schlafzimmers ankommt, schwingt dein Mann dich in die Arme und trägt dich über die Türschwelle.

„Mein ganzes Leben habe ich von diesem Augenblick geträumt", flüstert er. „Ich liebe dich so sehr!"

Sanft setzt er dich ab. Dein Herz fließt über vor leidenschaftlicher Liebe zu deinem Bräutigam. Es wird eine unvergessliche Nacht werden. Aber kaum haben deine Füße den Boden berührt, spürst du, dass irgendetwas nicht in Ordnung ist. Dein Mann spürt es auch. Er schaut sich verwirrt langsam im Zimmer um. Ein intensiver, widerlicher Geruch breitet sich um euch aus.

„Was *riecht* hier so?", fragst du und hältst dir angeekelt die Nase zu. Du schaltest den nächsten Lichtschalter an und keuchst entsetzt – überall ist *Müll*! Müllbeutel stapeln sich, dreckiger Abfall quillt aus ihnen heraus und liegt wahllos im Zimmer verstreut. Fliegen schwirren um klebrig-schmierige Haufen, leere Limodosen und glitschige Bananenschalen. Entsetzt und angeekelt starrst du auf diesen Anblick. Ist das vielleicht noch ein Junggesellenabschieds-Gag?

Aber bevor du noch darüber nachdenken kannst, welcher deiner sogenannten Freunde nun ernsthafte Schwierigkeiten bekommt wegen dieses völlig fehlgeleiteten Versuchs, lustig zu sein, zieht die hinterste Ecke des Zimmers deine Aufmerksamkeit auf sich. Einige deiner Ex-Lover lehnen lässig an der Wand. Einer von ihnen schaut dich verschlagen an. „Hey, Süße", sagt er weich mit verführerischem Blick. Er kommt langsam auf dich zu, vorsichtig steigt er über eine große Tüte Glasscherben und streckt seine Hand aus, um dein Gesicht zu berühren.

Du bist sprachlos. Dies soll deine Hochzeitsnacht sein – eine ganz private, intime, wunderschöne Zeit nur zwischen dir und deinem neuen Ehemann. Es sollte die romantischste Nacht deines Lebens werden und jetzt stellt sie sich ganz schnell als die ekeligste Erfahrung heraus, die du dir je vorstellen konntest. Du blinzelst zu deinem Bräutigam hinüber. Traurig lässt er seinen Kopf hängen und geht niedergeschlagen zurück, den Flur hinunter.

„Warte!", rufst du. „Wo gehst du hin?"

„Es tut mir leid“, sagt er und schüttelt traurig den Kopf, „ich kann heute Nacht nicht mit dir zusammen sein – nicht so.“ Mit von Kummer und Leid gezeichnetem Gesicht stolpert er die Tür hinaus. Du läufst ihm in deinem Hochzeitskleid hinterher, das jetzt einen Fleck hat von Spaghettisoße, die aus einer der Mülltüten tropfte. Aber dein Bräutigam ist gegangen. Deine Hochzeitsnacht ist völlig ruiniert.

Okay, du kannst tief durchatmen. Es ist ziemlich unwahrscheinlich, dass dir so etwas in deiner Hochzeitsnacht passiert! Keine gesunde junge Frau auf diesem Planeten würde dreckige Müllhaufen oder sexbesessene Ex-Lover überhaupt in ihrem Schlafzimmer zulassen, geschweige denn in einer romantischen Nacht mit dem Mann ihrer Träume. Und dennoch, wenn es um eine ganz enge, persönliche Beziehung zu Jesus geht, dann handeln viele von uns genauso. Wir beten für eine engere Beziehung zu Ihm, bitten Ihn, in unser Innerstes einzukehren, aber wir erkennen nicht, dass so viel Müll herumliegt, dass Er kaum durch die Tür kommt. Wir überlegen, wie man sich in Jesus Christus verlieben kann und vergessen die Kerben anderer Liebhaber, die noch Ansprüche auf unser Herz erheben und unaufhörlich unsere Aufmerksamkeit und Zuneigung von unserem wahren Prinzen ablenken.

Ein inneres Heiligtum für die persönliche Begegnung mit unserem Prinzen zu errichten, hat sehr viel gemein mit dem Schaffen eines privaten, romantischen Rückzugs für die Intimität zwischen Mann und Frau. Eine saubere, frische, romantische Umgebung ist grundlegend für die Intimität zwischen Liebenden. Dinge wie Blumen, Kerzen und sanfte Musik bilden die Atmosphäre für eine unvergessliche Nacht. Stapel von ekelhaftem Müll im Schlafzimmer verstreut oder

Ex-Lover in der Ecke, die versuchen, dich zu verführen, machen augenblicklich jeden Funken von Intimität zwischen Mann und Frau zunichte! Genauso ist eine tiefe und liebevolle Intimität mit unserem heldenhaften Prinzen unmöglich, wenn sich noch Sünde und Gefühlsschrott stapeln und andere Liebhaber unser Herz in Beschlag nehmen.

Müllbeseitigung

Diejenigen, die Christus angehören, haben alle den gleichen inneren Wandlungsprozess durchgemacht. Sie haben alle ihr Selbst vom Thron ihres Lebens gestoßen, die kontrollierende Macht der Sünde vernichtet und dem himmlischen Prinzen die Regierungsgewalt über ihre Existenz übergeben.

Galater 5,24; Umschreibung[5]

Mit großer Wahrscheinlichkeit befindet sich der meiste „Müll" in uns bereits so lange dort, dass wir ihn schon gar nicht mehr wahrnehmen. Dennoch wird sein Vorhandensein die Intimität mit unserem Herrn solange behindern, wie er in unserem Herzen bleiben kann. Ein lilienweißer Lebensstil kann nur aus einem Inneren strömen, das von Jesus Christus lilienweiß gemacht worden ist.

Der Abfall in deiner Seele kann alles Mögliche sein, von der scheinbar kleinen Lüge, die du als Achtjährige erzählt hast, über tiefsitzenden Hass gegen jemanden, der dich beschimpft hat, dauernde Kompromisse, die du als allgemeine Grundlage zulässt, bis hin zu schrecklichen Erinnerungen aus der Vergangenheit, ungelöst und tief verschlossen in den dunklen Kammern deines Herzens. Was für ein Zeug auch immer in dir schlummert, dein Prinz wartet nur darauf, es völlig von dir zu nehmen – „soweit der Osten ist vom Westen“ (Psalm 103,12).

Es ist einfach zu sagen, dass es zu spät ist, dass du irgendwie die Grenze überschritten hast und Er dir nicht mehr vergeben und dich reinigen kann. Aber genau aus diesem Grund opferte Er sein Leben für dich – um dich rein zu waschen und dich für immer in eine lilienweiße Prinzessin zu verwandeln. Wenn du Ihm jeden Teil deines Herzens geben willst, dass er es reinigen und erneuern kann, wirst du nicht enttäuscht.

Als mir bewusst wurde, wie sehr mein Prinz die Intimität mit mir in meinem inneren Heiligtum wünschte, musste ich einfach jedes Hindernis und jede Ablenkung beseitigen. Eines Nachts, als ich wusste, dass ich nicht gestört werden würde, schloss ich mich in meinem Zimmer ein und machte mich bereit, ein paar innere Putzarbeiten vorzunehmen. Es wäre so viel einfacher gewesen, nur ein einfaches Gebet zu sprechen, Gott um Vergebung für alle Sünden zu bitten, die ich je getan hatte. Die Folgen meines sündigen Lebensstils sprangen mir aus jeder Ecke meines Inneren entgegen. Ich hatte tiefe emotionale Narben, geheime Erinnerungen, die in mir verschlossen waren und sehr unreine Gewohnheiten, die mein Handeln und meine Haltung jeden Tag kontrollierten. Es war an der Zeit, ernsthaft ein bisschen Müll zu beseitigen.

Mit Stift und Notizblock in der Hand und Hingabesongs im Hintergrund kniete ich nieder und bat Gott, mir jede einzelne vergangene oder gegenwärtige Sünde meines Lebens zu zeigen, mit der ich mich beschäftigen musste. Erinnerungen kamen in mir hoch, die ich lange vergessen hatte; ein Teil von mir wünschte sich, dass es so blieb. Aber allmählich, mit jedem Stapel verstreuten sündigen Mülls in meinem Herzen, den ich abarbeitete, verspürte ich eine Freiheit, wie ich sie noch nie gekannt hatte. Der Prozess war unangenehm und schmerzhaft. Ich setzte mich mit meinen Eltern zusammen und bereute unter Tränen alle meine Lügen, die ich ihnen erzählt hatte, und die unzähligen Weisen, wie ich ihnen Respektlosigkeit gezollt hatte. Ich rief Freunde an und bat sie um Vergebung für Tratsch, Lüge, Hinterlist, Egoismus – und was immer noch auf der Liste stand. Ich entschuldigte mich bei meinen jüngeren Brüdern, dass ich ihnen kein besonders christliches Vorbild gewesen war.

Ich beschloss, in allen Bereichen meines Herzens und Lebens die Dinge so gut ich irgend konnte in Ordnung zu bringen. Ich beseitigte Reste von zerstörenden vergangenen Beziehungen, die mein Herz immer noch beherrschten – Notizen über vergangene Liebesabenteuer, Fotos vergangener Freunde, sogar einige meiner alten Jahrbücher, die ernsten emotionalen Abfall in sich trugen. Ich bat meinen Prinzen, hereinzukommen und jeden Teil meines Herzens zu übernehmen, der von vergangenen romantischen Beziehungen belegt worden war.

Ich warf verführerische Kleidungsstücke weg, die ich aus keinem anderen Grund gekauft hatte, als um die Aufmerksamkeit der Jungs auf mich zu ziehen. Ich warf stoßweise Zeitschriften weg, die ich gern gelesen hatte, die aber unmerklich meine Gedanken mit Verachtung gegenüber Unschuld gefüllt hatten. Ich befreite mich von Musik, die Unreinheit verherrlichte. Es war egal, wie klein oder subtil der Kompromiss erschien; wenn es nur den kleinsten Hinweis auf Unreinheit gab, beseitigte ich es aus meinem Leben. Dieser Reinigungsprozess hatte nichts damit zu tun, spirituellen „Regeln" zu folgen oder zu versuchen, Jesus zu „besänftigen", indem ich es so perfekt wie möglich machte – es war etwas, das ich ganz selbstverständlich und freiwillig tat aus einem Herzen, das vor Liebe zu Ihm überfloss. Ich wollte, dass absolut *nichts* im Weg stand, die wahre Intimität mit meinem himmlischen Liebhaber zu finden.

Dieser Prozess, in dem ich allen Müll aus meinem Herzen beseitigte, war jeden Schmerz und jede Unannehmlichkeit wert. Jahrelang hatte sich der Müll in meinem Inneren angesammelt, beherrschte mich und zerstörte jede Möglichkeit der Intimität mit Christus. Er beseitigte den Anspruch der Sünde über meine Seele, wusch mein Inneres lilienweiß und nahm Besitz von meiner Seele und jeder Ecke meines Herzens. Ich hatte immer noch mit sündigen Neigungen zu kämpfen, aber ich war mir bewusster, wenn alte Sünden sich wieder einschleichen wollten und sah zu, dass ich sie schnell wieder loswurde.

Von da an wurde Müllbeseitigung ein wesentlicher und dauerhafter Prozess in meinem Leben. Und jedes Mal, wenn ich die reinigende Berührung Christi zuließ, wie schmerzhaft das auch sein mochte, trieb sie mich nur noch tiefer in die liebende, heilende Umarmung meines heldenhaften Herrn.

Praktische Schritte zur Müllbeseitigung

Um unser inneres Umfeld für eine intime Beziehung zu unserem Prinzen vorzubereiten, ist es wichtig, einen konzentrierten Prozess von Müllbeseitigung zu durchlaufen.

Am besten nimmt man sich dafür Zeit, wenn Unterbrechungen unwahrscheinlich sind. Oft ist es einfach nötig, das Telefon abzustellen und den Computer auszuschalten oder man findet draußen einen abgelegenen Ort. Wenn du dich an den Müllbeseitigungsprozess heranwagst, mach deine Gedanken frei von jeder möglichen Ablenkung und entscheide klar und eindeutig, dich auf nichts anderes als den inneren Reinigungsprozess zu konzentrieren. Bitte deinen Prinzen, jeden Winkel und jedes Versteck in deinem Herzen zu durchsuchen. Rüste dich mit Stift und Papier und bitte Ihn, dir jede verborgene Sünde in dir, jeden faulen Kompromiss, falsche Gewohnheiten, die du in deinem Leben zugelassen hast, und jede Situation oder Beziehung zu zeigen, die bereinigt werden muss.

Ich empfehle wärmstens, sich für diesen Prozess die Zeit zu nehmen, den ersten Teil mit der Überschrift „Inner Sanctuary" des Materials durchzuarbeiten, das auf der Website www.setapart.com erhältlich ist. Dieses Material ist sehr detailliert und entspricht den Richtlinien, die ich während meines eigenen inneren Reinigungsprozesses benutzt habe. Auch wenn jeder einen anderen „Müllbeseitigungs-"Prozess durchläuft, kann dieses Material helfen und als Katalysator für Gottes einzigartige Arbeit in deinem eigenen Herzen dienen.

Egal was dein Prinz dich zu tun bittet, zögere keinen Augenblick, dem zu folgen. Je länger du es vor dir herschiebst, desto leichter ist es, es weg zu rechtfertigen und desto schneller endest du wieder genau da, wo du angefangen hast – in einem stinkenden, müll-überwucherten Haus in einem Hochzeitskleid mit Spaghettisoßenfleck und einem tränenüberströmten Bräutigam. Dein Prinz sehnt sich nach Intimität mit dir. Er will dir helfen, dein inneres Heiligtum zu errichten. Egal was du in deinem Leben getan hast oder was dir angetan wurde, es gibt nichts, was Seine ewige Reinigungskraft nicht bewältigen könnte. Er und nur Er kann dich rein waschen und weiß machen - wie eine Lilie.

Andere Liebhaber rauswerfen

> *Mein Jünger zu sein, Mir zu gehören, kostet dich alles, was du hast. Lass dich nicht täuschen, dass du meinst, es koste dich nur einen Teil von dir! Die ist wirklich eine Jüngerin, die ihr inneres Heiligtum von allen anderen Liebhabern befreit hat, um für Mich, ihren himmlischen Prinzen, Raum zu schaffen.*
>
> *Lukas 14,33; Umschreibung*[6]

Wenn ich nur daran denke, mein erster ernst zu nehmender Schwarm (du erinnerst dich an Brandon, der wie Vanilla Ice aussah?) hätte Eric und mich in unserer Hochzeitsnacht begleitet, wird mir speiübel. Die tiefe Liebe und Bindung zwischen Eric und mir spielt sich auf einer völlig anderen Ebene ab als die bedeutungslosen emotionalen Liebesabenteuer, die ich mit meinen Freunden in der Vergangenheit hatte. Eric und ich haben unsere Ehe auf stillschweigendes Vertrauen und an die Beziehung gebundene Intimität aufgebaut. Nichts würde unsere Intimität schneller zerstören, als andere Liebhaber im Auge zu haben. Wenn Eric nicht ohne Frage wüsste, dass er der einzige Mann in meinem Leben ist, könnte er mir sein Herz nicht ganz schenken. Unsere Beziehung wäre von Spannung und Misstrauen geprägt. Eine tiefe, vertrauensvolle, sanfte, liebende Intimität wäre zwischen uns nicht möglich.

Genauso war Intimität mit meinem Prinzen in einem abgesonderten Heiligtum nicht möglich, solange andere Liebhaber in den Ecken meines Herzens herumlungerten. Ich erinnere mich an die sanften Worte meines Helden: *„Ich muss der Mittelpunkt deiner ganzen Existenz werden."* Mein ganzes Herz durfte nur noch Ihm gehören. Ich darf nur noch Ihn anbetend verehren – nichts und niemanden als allein meinen Prinzen. Ich hatte mich heimlich an vielen Dingen festgehalten, Dingen, die auf eine ungesunde Weise Besitz von meinem Herzen, meinen Gedanken und meiner Zuneigung ergriffen hatten. Diese Dinge standen einer völligen und ungehinderten Hingabe an meinen Herrn im Weg. Noch einmal zog ich mich konzentriert zurück und bat Christus, mir all die anderen Liebhaber zu zeigen, die sich noch in meinem Herzen verbargen. Als er dann freundlich auf einen nach dem andern deutete, war ich überrascht, wie viel Zeit, Gedanken, Energie und Hingabe anderen Dingen als Ihm galten. Die Liste war lang: angefangen von meinem zwanghaften Bedürfnis nach der Anerkennung anderer Leute, über das treibende Verlangen nach Sicherheit in romantische Beziehungen, bis hin zu meiner Sehnsucht, in allem erfolgreich zu sein, was ich anpackte. Das waren die Bereiche, auf die ich die meiste Zeit und Energie verwandte. Dies waren die Dinge, denen ich zugetan war. Dies waren die Dinge, die ich anbetete. Ich wusste, ich musste meine eiserne Umklammerung um sie lösen, meine Hände öffnen und sie in den Wind schießen, damit ich stattdessen meine Zeit und Energie darauf verwenden konnte, meinem Prinzen zu folgen. Ich musste mich Ihm allein hingeben, meine Sicherheit allein in Ihm finden und Ihn allein anbeten.

Diese anderen Liebhaber hinauszuwerfen, war noch schmerzhafter, als den ganzen Müll zu beseitigen. Einen nach dem anderen wies ich sie zur Tür hinaus. Ich fing damit an, die wahnsinnigen sozialen Aktivitäten abzusagen, die Zentrum meines Lebens gewesen waren und mir geholfen hatten, die Beliebtheitsskala hinaufzuklettern. Ich begann, die gewöhnlichen Orte zu meiden, wo ich von potenziellen romantischen Liebensabenteurern wahrgenommen werden würde. Ich gab meine sorgfältig geplanten Ziele für die Zukunft auf und versprach meinem Prinzen, Er könne mit meinem Leben und mit meiner Zukunft machen, was Er wollte.

Als ich den breiten Pfad der Beliebtheit und des Erfolges verließ, fühlte ich mich, als wäre ich von allem abgeschnitten worden, das mir jahrelang Selbstsicherheit gegeben hatte. Fragen und Ängste plagten mich. *Wenn ich keine romantischen Beziehungen mehr suchte, würde ich dann nicht einsam und unsicher sein? Wenn ich nicht mehr nach Popularität strebte, würde ich dann nicht einer von diesen seltsamen Einsiedlern werden, die in den Wäldern leben und keine Freunde haben? Wenn ich mein Leben nicht auf Erfolg und Leistung baute, was würde dann aus meiner Zukunft werden?*

„Bin ich genug?“, kam die sanfte Herausforderung meines Prinzen und Seine liebevolle Stimme vertrieb alle tobende Verwirrung aus meinen Gedanken. Jesus war viel mehr als genug und würde es immer sein. Er wollte mein Leben nicht zerstören, mich als trostlosen, einsamen Gescheiterten irgendwo in den Wäldern zurücklassen. Er versicherte mir liebevoll, dass all meine anderen Bedürfnisse befriedigt würden, wenn ich Ihm und nur Ihm folgte. In der Zwischenzeit sollte ich Ihn nur mit all meinem Innersten anbeten.

Praktische Schritte, wie man andere Liebhaber hinauswirft

Freue dich am Herrn und Er wird dir geben, was dein Herz wünscht.

Psalm 37,4 (NL)

Dies ist einer meiner Lieblingsverse. Er zeigt die liebende Treue unseres Herrn. Wenn wir bei Jesus Christus bleiben, füllt Er unsere Herzen mit *Seinen* Wünschen für unser Leben und wir sind ganz von *Ihm* erfüllt. Und dennoch ist es bei den meisten von uns andersherum. Wir versuchen energisch, die Wünsche unserer Herzen zu erfüllen, indem wir nach romantischen Beziehungen, Popularität, Bequemlichkeit, materiellem Besitz oder Leistung streben anstatt wirklich Lust an Jesus Christus zu haben.

Aber auch gottgegebene Wünsche können in ungesunder Weise von unseren Herzen und Leben Besitz ergreifen, so z.B. die Sehnsucht, eines Tages eine wundervolle, von Gott geschriebene Liebesgeschichte mit der einen Person für das ganze Leben zu erleben. Wie edel dieser Traum auch ist, nur zu leicht kann dieser Wunsch zu unserem Lebensinhalt werden. Die Folge ist, dass wir die wundervollste Liebesgeschichte aller Zeiten mit unserem wahren Prinzen verpassen. Die Realität ist die, dass wir die wahre Schönheit einer von Gott geschriebenen Liebesgeschichte mit einem anderen Menschen auf dieser Erde nur finden, wenn wir uns an Jesus Christus erfreuen mit unserem ganzen Herzen, unserer Seele, unseren Gedanken und mit aller Kraft – wenn wir unsere Sicherheit und Freude nur in Ihm allein finden. Statt all unsere Anstrengung in eine menschliche Beziehung zu investieren, müssen wir unser Leben darauf konzentrieren, *nach Intimität mit unserem wahren Prinzen zu streben.* Nur aus der Intimität mit unserem himmlischen Liebhaber heraus kann die Schönheit einer von Gott geschriebenen menschlichen Liebesgeschichte erfahren werden.

Um die Umgebung unseres inneren Heiligtums für eine intime Beziehung zu unserem Prinzen herzurichten, müssen alle anderen Liebhaber – alles, dem wir ein großes Maß an Zeit, Gefühlen, Energie und Zuneigung widmen – zur Tür geleitet und hinausgeworfen werden. Damit ist alles gemeint, was ungesund von unserem Herzen Besitz ergreift und unsere Fähigkeit beeinträchtigt, uns ganz Christus hinzugeben. Oft sind es die Dinge, von denen wir am meisten unser irdisches Vertrauen, unsere Sicherheit und unser Glück erwarten. An diesen Dingen hängen wir am meisten, Dinge, von denen wir uns nicht vorstellen können, sie aufzugeben oder ohne sie zu leben.

Genauso wie der vorherige Prozess der Müllentsorgung kann dieses Entfernen anderer Liebhaber eine schwierige Aufgabe sein. Es ist klug, für diesen Prozess eine gewisse Zeit anzusetzen. Wieder empfehle ich dringend, sich Zeit zu nehmen, Teil 2 des Materials „Inner Sanctuary" zu bearbeiten, das unter www.setapart.com erhältlich ist.

Wenn dein Prinz dich an die anderen Liebhaber erinnert, die dein Herz stark für sich beanspruchen, dann denke daran, dass es oft nicht ausreicht, nur zu erkennen, dass Er wichtiger für dich ist als diese Dinge. Wahrscheinlich müssen ganz praktisch Dinge in deinem Leben verändert werden, damit du deine Zeit, deine Energie, deine Gedanken und deine Zuneigung ganz auf Ihn allein ausrichten kannst. Wenn dich der Drang verfolgte, vom anderen Geschlecht beachtet zu werden, dann könnte es an der Zeit sein, die Orte zu meiden, die du aus diesem Grund aufgesucht hast. Wenn du allzu sehr an einem Musiker oder einer Band hängst, könnte es nötig sein, darüber nachzudenken, ihre Poster und Alben loszuwerden. Wenn du in einer romantischen Beziehung lebst, die Vorrang vor deiner Beziehung zu Jesus hat, könnte es sein, dass du von dieser Beziehung Abstand nehmen und dein Leben ganz auf Jesus ausrichten musst.

Es kann entsetzlich schmerzhaft sein, die anderen Liebhaber loszuwerden, an denen man gehangen hat. Aber wenn sie einmal weg sind und wir in der Lage sind, ungehindert die Intimität mit unserem Prinzen zu genießen, werden wir nicht mehr darüber nachdenken, ob es das wert war. Er ist genug – *so viel mehr* als genug. All meine Ängste, einsam als Einsiedler im Wald zu leben, verschwanden, als ich die wahre, ungehinderte Intimität mit Ihm erlebte. Die anderen Lebensbereiche waren nicht zerstört, sondern nur eingegrenzt durch die Beziehung mit meinem Prinzen.

„Freue dich am Herrn und Er wird dir geben, was dein Herz wünscht." Anstatt zu versuchen, unsere Herzenswünsche durch bedeutungslose Vorstöße zu befriedigen, müssen wir *uns völlig an der unglaublichen Liebe unseres wahren Prinzen erfreuen* – wenn wir uns auf Ihn ausrichten, werden wir mehr als erfüllt sein.

Auf den Punkt gebracht

Die tiefsten, wertvollsten Zeichen von Intimität spielen sich nicht in überfüllten U-Bahnen oder vollen Supermärkten ab. Liebesbriefe werden nicht in überfüllten Bars laut vorgelesen und Liebeslieder werden nicht in Mülltonnen gesungen. Intimität mit dem Geliebten gehört an einen heiligen, abgesonderten Ort – einen Ort, wo man allein ist und einen Ort, der die Schönheit der Liebesbekundungen des Herzens reflektiert.

Die Intimität mit dem Erfinder der romantischen Liebe ist da nicht anders. Unser Prinz sehnt sich danach, sich mit uns in den heiligen Räumen unseres Herzens zu treffen, allein, umgeben vom süßen Duft gegenseitiger Zuneigung. Aber damit das geschieht, muss jeder von uns für Ihn ein ganz privates Heiligtum herrichten, einen ruhigen und schönen Ort, von seinem Licht erfüllt und nur seinem Vergnügen vorbehalten.

Nur in diesem heiligen Raum erfahren wir die lebensverändernde Nähe unseres Prinzen und verändern uns zu mehr als nur Titel-Prinzessinnen, wir benehmen uns auch wie Prinzessinnen. Nur in diesem himmlischen Hafen lernen wir, wie eine Prinzessin zu denken, zu fühlen, zu sprechen, zu gehen und uns zu unterhalten. Das außergewöhnliche Leben einer christusähnlichen Prinzessin fängt damit an, diesen heiligen Ort herzurichten. Aber die Errichtung des Heiligtums ist nur der Anfang des außergewöhnlichen Abenteuers. Mit der Zeit wird eine junge, sich so abhebende Frau entdecken, dass dieser intime Ort das göttliche Geheimnis eines ungeheuer erfüllten und freudvollen Lebens birgt – ein Leben erfülltester Intimität mit ihrem Prinzen.

5 Ein wunderschönes Spiegelbild

Den äußeren Lebensstil gestalten

Eifrig gebe ich all meinen wertvollen Besitz auf, ohne Zögern verzichte ich auf die Freude an den innigsten Freundschaften und gebe vorbehaltlos meine größten Erfolge auf für die wunderbare und unschätzbare Möglichkeit, meinen himmlischen Prinzen, Jesus Christus, persönlich zu kennen, Ihn zu lieben und Ihm zu dienen.
Apostel Paulus, Philipper 3,8; Umschreibung[7]

Mein inneres Heiligtum begann, Gestalt anzunehmen. Ich hatte sorgfältig all den angehäuften Müll, der sich in den Jahren in mir angesammelt hatte, ausgeleert. Ich hatte unbarmherzig alle anderen Liebhaber hinausgeworfen, die Ecken in meinem Herzen belegt hatten. Ich war nun bereit, ungehindert zu der wunderbaren Vertrautheit mit meinem Prinzen zu finden. Aber es gab noch ein wichtiges Element, das zur Errichtung meines inneren Heiligtums dazugehörte.

„Versuch nicht, mich an dein Leben anzupassen, sondern bau dein Leben um Mich herum“, forderte mich mein heldenhafter Herr freundlich auf. Das normale Chaos meines Alltagslebens ließ wenig Raum für eine persönliche Beziehung zu meinem Prinzen.

Grundannahmen überdenken

Der Wahnsinn hatte in der Oberstufe angefangen. Vom ersten Tag an hatte ich den Lebensstil eines typischen amerikanischen Teenagers übernommen. Meine tägliche Routine war immer die gleiche. Pünktlich um 6.00 Uhr morgens schrillte mein Wecker fürchterlich, als ob er ein geheimes Vergnügen daran hätte, mich jeden Morgen aus meiner wohligen Traumwelt herauszureißen. Schlaftrunken taumelte ich aus meinem Bett ins Badezimmer und schaltete augenblicklich mein Radio ein, das belangloses und bedeutungsloses Gequatsche der beiden bekannten Moderatoren der BIG FM. Noch benommen von zu wenig Schlaf machte ich mich für die Schule fertig, rannte die Treppe runter, schnappte mir ein Brötchen und stopfte es mir in den Mund, während ich mich schon auf den Rücksitz von Molly Clarks rotem Cabrio quetschte. Während der irrwitzigen Fahrt zur Schule, weil Molly nahezu jede Verkehrsregel missachtete, tauchte ich gleich eifrig in das gewöhnliche seichte Getratsche mit meinen Freundinnen ein – wir spotteten und lachten in hochmütiger Verachtung über Jennifer Cathcarts unbeschreiblich geschmackloses Abschlussballkleid oder ließen uns darüber aus, dass der hinreißende Joey Jenkins der unglaublich versnobten Chelsea Watson schon nach zwei Wochen den Laufpass gegeben hatte.

Sobald wir in der Schule ankamen, machten es sich meine Freundinnen und ich auf den Tischen der Cafeteria gemütlich, knabberten Süßes oder schlürften Limo (vor 8.00 Uhr morgens ungesundes Zeug essen, machte uns irgendwie cooler), schmierten schnell noch letzte Hausaufgaben hin und flirteten spielerisch mit jedem netten Jungen herum, der gerade in der Nähe war. Dann schrillte eindringlich die Schulglocke und erinnerte so irgendwie an meinen morgendlichen Wecker. Ich rannte los, um meinen Schultag zu beginnen, an dem ich wie ein Zombie Stunde für Stunde absaß und versuchte, meine zerfahrenen Gedanken zu zwingen, wenigstens ein bisschen akademisches Wissen aufzuschnappen.

Nach der Schule eilte ich nach Hause und zog mir irgendetwas überaus Nahrhaftes rein (normalerweise Spaghetti oder Makkaroni mit Käse), während ich schon auf dem Sofa vor einer seichten Sitcom hing. Dann verzog ich mich in meinem Zimmer, drehte meine Anlage auf und schmiss mich mit meinen Hausaufgaben und - was viel wichtiger war - mit meinem Telefon aufs Bett. Für ein paar Stunden wechselte ich zwischen halbherzigem Lernen und bedeutungslosen Anrufen. Dann ging es raus zu einer meiner abendlichen Aktivitäten: Jungendgruppe, Lerngruppe, Cheerleading, Chorprobe, Theatergruppe, Gesangsstunden, Klavierstunden – und was noch so auf der Liste stand. So um Mitternacht fiel ich normalerweise ins Bett und am nächsten Tag ging die Routine von vorne los.

An den Wochenenden verbrachte ich meine ganze Zeit damit, Schlaf nachzuholen und am umfangreichen Sozialleben teilzunehmen. Ich füllte jeden freien Augenblick mit Partys, Filmen, Konzerten, Fußball, Verabredungen, Jugendgruppentreffen und Shoppen mit Freundinnen. So sah das normale, vitale Leben eines Mädchens in meinem Alter aus, wie man es von ihr erwartete. Ich hatte es nie hinterfragt. Die Tatsache, dass ich immer beschäftigt und ständig von Freunden umgeben war, war immer mein „großes christliches Zeugnis" – man musste ja der Welt zeigen, dass ein junger Christ genauso auf der Überholspur eines typischen amerikanischen Teenagers überleben konnte.

Diese verrückte Gangart des Lebens schien sich auch fortzusetzen, als ich älter wurde, etwas abgewandelt vielleicht. Freunde, Jungs und Karrierestreben bestimmten meine Zeit völlig. Ich versuchte Ihn hier und da einzufügen, wenn ich irgendwo einen freien Augenblick hatte. Obwohl ich viel Zeit mit christlichen Freunden verbrachte und wir uns auch mit christlichen Dingen beschäftigten, war Er nicht das Zentrum meiner Welt. Mein Leben war nicht um meinen Prinzen herum gebaut. Was hatte es für einen Sinn, mein Herz für eine persönliche Beziehung mit Ihm einzurichten, wenn ich nie Zeit hatte, Ihn in meinem inneren Heiligtum zu treffen?

Dennoch wusste ich nicht, wie ich mein Leben um Ihn herum bauen sollte. Auf den ersten Blick schien es kaum irgendetwas zu geben, auf das man verzichten konnte. Meine Freunde aufgeben? Mich aus meinen Aktivitäten zurückziehen? Meine schulischen und Karriereziele vernachlässigen? Meine Verabredungen komplett einstellen? Wie konnte ich so etwas entscheiden und gleichzeitig erwarten, ein normales Leben zu führen? Geduldig öffnete mir mein Prinz die Augen zu einem neuen Verständnis: als Seine lilienweiße Prinzessin sollte ich nie wieder ein „normales“ Leben erwarten. Er hatte so viel mehr mit mir vor als das übliche Lebensmuster einer typischen jungen Frau unserer Tage. Und Er wollte mich lehren, außerhalb der Grundannahmen zu denken, die ich nie hinterfragt hatte – Annahmen, die meinen täglichen Lebensstil kontrollierten.

ANNAHME 1: *Um angepasst und gesund zu sein, muss eine junge Frau viele gleichaltrige Freunde haben und viel Zeit und Energie in diese Freundschaften investieren.*

Auch als ich mich dazu entschlossen hatte, nicht mehr nach Anerkennung zu jagen, ertappte ich mich noch bei dem Gefühl, doch wenigstens eine angemessene Anzahl von Freundschaften pflegen zu müssen. Als ich aber diese Freundschaften einmal mit Abstand überprüfte, war ich überrascht festzustellen, dass die Mehrheit meiner Freunde keine *echten* Freunde waren. Sie kannten mich nicht wirklich und hatten auch nicht den Wunsch, mich wirklich zu kennen. Ich war nur eine weitere Stimme inmitten ihres Getratsches, ein weiterer Körper, der sich auf den Rücksitz ihrer Autos quetschte, ein weiteres Ohr für ihre Witze und Geheimnisse, ein weiterer Trainingspartner oder ein weiterer Kumpel zum Shoppen. Auch wenn viele von ihnen sogenannte Christen waren, hatten sie nicht das geringste Verständnis für meine Sehnsucht nach einer persönlichen Beziehung zu meinem Prinzen. Wenn ich es ihnen erklären sollte, schauten sie mich nur verständnislos an. Warum dachte ich nur, ich müsste meine Zeit dafür investieren, diese oberflächlichen Beziehungen zu pflegen?

Ich stellte fest, dass meine Gründe auf der Annahme beruhten, dass ich nicht normal und gesund wäre, wenn ich nicht viele Freunde in meinem Alter hätte. Ich wäre isoliert und allein. Ich wäre komisch. Ich würde vergessen, wie man sich in Gesellschaft verhält. Ich wäre auf dem Weg zu jener abgelegenen und deprimierenden Einsiedlerhütte im Wald. Aber die freundliche Stimme meines Prinzen, die mich zu sich zog, begann, diese tief verwurzelte Annahme zu hinterfragen. War Er denn nicht viel wichtiger für mich, als dass man mich für normal hielt? Auch wenn es bedeutete, nie mehr Freunde zu haben und ein Außenseiter zu werden, wollte ich doch mein Leben um Ihn herum einrichten. So zog ich mich aus dem Kreis meiner Freunde zurück. Sie bemerkten es kaum, dass ich gegangen war. Überraschenderweise vermisste ich sie auch nicht.

Mein Herr war wirklich treu darin, mein Bedürfnis nach menschlicher Gemeinschaft zu stillen und gab mir *echte* Freunde – Freunde, die genau wie ich nach Ihm strebten. Sie waren Freunde, die meinen Einsatz verstanden, mein Leben um Christus zu errichten und ich brauchte nicht viel Zeit und Energie in diese Freundschaften zu investieren. Es waren nicht immer gleichaltrige Freunde. Ein paar von ihnen waren sogar, man sollte es nicht glauben, aus meiner eigenen Familie. Andere waren gottesfürchtige Erwachsene, die viel älter und weiser waren als ich. Es waren Leute, von denen ich nie gedacht hätte, dass sie meine Freunde sein könnten. Es waren für eine junge Frau von heute nicht unbedingt die „normalen" Freunde. Aber sie unterstützten und ermutigten mich und waren gleichgesinnte Kameraden, wie ich sie noch nie gehabt hatte. Sie führten mich näher zu meinem Jesus. Sie halfen mir, den Weg für eine persönliche Beziehung mit Ihm in meinem inneren Heiligtum zu festigen.

ANNAHME 2: *Um eine erfolgreiche Zukunft zu haben, muss eine junge Frau genau den gesellschaftlichen Vorgaben folgen.*

Die Saat für diese Annahme wurde schon sehr früh gelegt. In der ersten Woche in der Oberstufe musste ich zusammen mit den anderen Neuntklässlern ein „Einführungsseminar" mitmachen. Während dieser erhellenden Erfahrung versuchte Mr. Armstrong, ein dicker Footballtrainer der Jugendmannschaft und unser Beratungslehrer, uns einzuschüchtern, indem er uns die Grundregeln der akademischen Wirklichkeit für den heutigen jungen amerikanischen Erwachsenen erklärte. Wir sollten unsere Ausbildung wirklich sehr ernst nehmen.

„Ich weiß, dass ihr alle meint, ihr wärt hier, um Freunde zu treffen und eine gute Zeit zu haben", fing er mit einer tödlich ernsten Stimme an und spannte zur Unterstützung der Ernsthaftigkeit seinen Kiefer an, „aber darum geht es in der Oberstufe nicht. Leute, ihr müsst *aufwachen*!" Mit diesen zwei letzten Worten schwoll seine Stimme um ein paar Dezibel an und er begann, aufgeregt vom einen auf das andere Bein zu treten, während er seine leidenschaftliche Rede fortsetzte. Ich habe Mr. Armstrongs Worte an diesem Tag nie vergessen.

„Wisst ihr, was aus Leuten wird, die nicht auf ein gutes College kommen?", nahm er einen neuen Anlauf und sah uns mit verkniffenen Augen an. Als keiner eine Vermutung äußerte, platzte er mit der Antwort heraus: „Sie enden als Schichtarbeit, die sich in 15-Stunden-Schichten in der Zahnpastafabrik die Hände wundschuften! Sie verdienen einen Hungerlohn! Sie haben kein Geld, um ihre Familien durchzubringen und leben am Ende von der Wohlfahrt. Bald macht die Fabrik dicht und sie werden entlassen. Sie können nirgends mehr hingehen als ins Obdachlosenasyl! Glaubt ihr, dass *die* noch Zeit für Party haben? Glaubt ihr, dass *die* noch Zeit für Spaß haben?" Mr. Armstrongs Gesicht war rot angelaufen und er weinte schon fast. Im Stillen fragte ich mich doch schon vage, ob seine Tatsachen nicht ein bisschen übertrieben waren, aber er war so überzeugend, dass er schnell wieder meine volle Aufmerksamkeit eroberte.

Mr. Armstrong fuhr fort und informierte uns über die nüchternen Voraussetzungen, um auf ein gutes College zu kommen. Mit weit aufgerissenen Augen starrten wir ihn an, als er seine kräftigen Arme erhob und uns nachdrücklich ermahnte, dass wir keine Chance auf ein gutes College hätten, wenn wir nicht einen ordentlichen Notendurchschnitt hielten – besonders unser erstes Jahr war für den ganzen weiteren Verlauf wichtig. Aus uns würde nichts werden und wir steuerten direkt auf das Obdachlosenasyl zu. An diesem Abend ging ich mit einem großen Packen Collegebroschüren nach Hause, die nach der Stunde ausgehändigt wurden und entwarf sorgfältig meinen 10-Jahres-Plan.

Von diesem jungen Alter an war es in meinem Kopf verwurzelt, wie man die Dinge anzupacken hatte und ich hatte die gesellschaftlichen Verhaltensmuster für den Erfolg nie in Frage gestellt: Erziele Bestnoten in der Oberstufe, denke ab 14 nur noch an deine Karriere, besuche ein gutes College, mach deinen Abschluss mit Auszeichnung, finde einen hochbezahlten Job, verdiene viel Geld, kauf dir ein schönes Auto und ein großes Haus und vermeide es vor allem, im Obdachlosenasyl zu landen! Ich wurde zielorientiert und ehrgeizig und überzeugt davon, den amerikanischen Traum zu leben.

Aber mein Herr hatte für mich etwas viel besseres im Sinn. *„Kannst du mir vertrauen, was deine Zukunft angeht?"*, flüsterte Er mir zu. Mr. Armstrongs Drohungen rasten mir wieder durch den Kopf. Wenn ich meinem Prinzen die absolute Herrschaft darüber überließ, welche Richtung mein Leben nehmen sollte, konnte mein sorgfältig ausgearbeiteter 10-Jahres-Plan ins Wanken geraten. Verwirrende Ängste, die vor Jahren eingepflanzt worden waren, begannen mich zu verfolgen. Was würde passieren, wenn ich in der Zahnpastafabrik und dann im Obdachlosenasyl landete? Die Gesellschaft hatte mich gut unterwiesen – Ängste, was aus mir werden würde, attackierten mich heftig. Aber das geduldige Flüstern meines Prinzen rührte weiter an mein Herzen. Am Ende war ich doch eines Tages bereit, dass Er in meine Zukunftspläne eingriff. Er sollte mit meinem Leben machen, was Er sich wünschte.

Im Mittelpunkt meines Lebens stand nun, meinen Alltag darum herum einzurichten, dass ich mit Ihm in meinem inneren Heiligtum tief verbunden war. Ich merkte, dass dies mit meinem aktuellen Plan fast unmöglich war. Deshalb beendete ich meine Oberschulausbildung mit viel Angst und Zittern, aber auch mit viel Unterstützung meiner Eltern im Selbststudium. Ich war überrascht, was sich alles aus dieser Entscheidung entwickelte. Jeden Tag konnte ich vor allem anderen eine lange Zeit allein mit meinem Prinzen verbringen. Zum ersten Mal in meinem Leben konnten mich die Dinge nicht angreifen, die mich von Ihm wegzogen. Der Lärm und die Ablenkungen, an die ich mich jeden Tag so gewöhnt hatte, waren verschwunden. Ich hörte Seine freundliche Stimme noch deutlicher. Ich konnte mein Leben um Ihn errichten.

Immer wenn Entscheidungen für meine Zukunft getroffen werden mussten, folgte ich nicht dem gesellschaftlichen Drang zu Geld und Erfolg, sondern begann damit, Christus zu erlauben, mich dahin zu führen, wo *Er* mich hinführen wollte. Als ich den Herrn zum Zentrum meines Lebens machte, stellte ich bald fest, dass mein Gehorsam gegenüber Seiner Stimme meine Ausbildung, Karriere oder Zukunft nicht zerstörte, sondern im Gegenteil über alle Vorstellungen hinaus noch erhob.

(Eine kleine Anmerkung, wenn du gerade in der Oberstufe bist: Nicht jeder Schüler hat die Möglichkeit, die Schule im Selbststudium zu beenden und es mag auch sein, dass es gar nicht Gottes Bestes für dich ist, aber es ist sicher wert, darüber nachzudenken und zu beten, wenn du die Möglichkeit hast. Ich ermutige dich, egal in welcher Situation du dich befindest, darüber nachzudenken, welche Möglichkeiten du hast, deine Zeit und Energie einzusetzen. Sei dir dabei bewusst, dass Christus dich dazu auffordern könnte, ein paar dramatische Veränderungen vorzunehmen, die zuerst unangenehm sind.)

ANNAHME 3: *Um die wahre Liebe zu finden, muss eine junge Frau sich um romantische Beziehungen bemühen.*

Dass ich meinen wahren Prinzen gefunden hatte, erfüllte meine lebenslange kindliche Sehnsucht mehr als genug, die Prinzessin eines edlen Ritters zu werden, der mich immer wertschätzen würde. Aber ich fühlte immer noch einen beharrlichen Druck von meiner Umwelt, mich zu beeilen, „den ganz Speziellen zu finden", mit dem ich den Rest meines Lebens verbringen konnte. Ich wünschte mir immer noch, eines Tages zu heiraten und eine Familie zu haben und der Menschenverstand sagte mir, dass je länger ich wartete, mir einen zu angeln, desto weniger Chancen hätte ich, dass sich dieser Wunsch erfüllt. Meine Eltern waren schon in der Oberstufe ein Liebespaar. Sie trafen sich mit 15 auf einem Ball, damals, als alles noch schwarz-weiß war und das Flair von *Erwachsen müsste man sein* (*Leave It to Beaver;* Sitcom der 1950er und 60er, *Anm. d. Übers.*) hatte. Dies und die weisen Ratschläge anderer junger Frauen trieben mich, mit Nachdruck nach dem richtigen Jungen zu suchen und zu hoffen, dass ich ihn fand, bevor ich meine Chance verpasst hatte. Ich war davon überzeugt, dass ich ihn bis zum Ende der Schulzeit gefunden haben musste, um nicht dazu verurteilt zu sein, in der Klemme zu sitzen und mir einen „von den Übriggebliebenen" aussuchen zu müssen, so als stünde ich als letzter in der Schlange beim Ausverkauf und fände nur noch zusammen gewürfelte, nutzlose Klamotten, die nicht mehr passen.

Alles, zu dem mich mein Prinz in letzter Zeit herausgefordert hatte – die gewöhnlichen Orte zu meiden, an denen man sich traf und mit Jungs flirtete, meine Ausbildung zu Hause zu beenden und die meisten meiner sozialen Aktivitäten zu streichen, um mich mehr auf Ihn zu konzentrieren – all dies hielt mich von der Szene fern, wo man sich verabredete. Ich fürchtete, wenn ich nicht dort war, würde ich nie jemanden treffen. Noch einmal verfolgten mich Bilder der einsamen Einsiedlerhütte im Wald.

„Vertrau Mir, was dein Liebesleben angeht", sagte Seine freundliche Stimme. *„Erlaube Mir, jedes Kapitel deiner Zukunft zu Meiner rechten Zeit und auf Meine perfekte Art zu schreiben."*

Meinem Prinzen Stift und Papier zu überlassen, dass Er meine Liebesgeschichte schrieb, war bei weitem der schwierigste Schritt, den Er je von mir forderte. Obwohl Er in allen anderen Lebensbereichen nie anders als zuverlässig gewesen war, plagte mich immer noch die Angst, dass *dieser Bereich* hinüber wäre, wenn ich ihn nicht unter Kontrolle behielt. Sicherlich brauchte Er meine Begutachtung! Was hatte es denn auf sich mit dem Sprichwort „Hilf dir selbst, so hilft dir Gott"? Musste ich nicht den Motor für Ihn auf Touren bringen – hinausgehen und mich für das andere Geschlecht erreichbar machen – und dann eine helfende Hand am Steuer haben, wenn Er fuhr, damit Er nur ja keinen Unfall baute?

„Vertrau Mir, Leslie. Vertrau Mir von ganzem Herzen und verlass dich nicht auf deinen Verstand." Die Botschaft, die Er mir ins Herz hinein sprach, konnte nicht klarer sein. Er wollte, dass ich aufhörte, mein Leben um die Jagd nach dem anderen Geschlecht herum zu errichten, Er wollte, dass ich mein Leben um die Jagd nach

Ihm errichtete. Ich sollte mich nicht damit beschäftigen, menschliche Liebe zu finden, sondern ich sollte zu einer tieferen Liebe zu Jesus Christus gelangen. Auf Seine perfekte Art würde Er zu Seiner Zeit meine Liebesgeschichte für mich schreiben.

Wenn du schon andere Bücher gelesen hast, die Eric und ich geschrieben haben,[8] dann kennst du schon das Ende dieses kleinen Dramas. Als ich meinem Prinzen, dem wahren Schreiber von Liebesgeschichten, dann tatsächlich den Stift in die Hand drückte, war Er wirklich unglaublich zuverlässig. Zum für Ihn absolut richtigen Zeitpunkt schrieb Er mir eine Liebesgeschichte, die schöner war als alles, was ich mir hätte erträumen können. Aber es fing eben alles mit einer ganz anderen und viel wichtigeren Liebesgeschichte an, einer leidenschaftlichen Liebesbeziehung mit meinem himmlischen Liebhaber und einer tiefen, hingebungsvollen und ungehinderten Vertrautheit mit Ihm im inneren Heiligtum meines Herzens.

Praktische Schritte zu einer größeren Vertrautheit mit Christus

Nimm deine Beziehung zu deinem Prinzen einmal richtig unter die Lupe. Hast du dein ganzes Leben darauf eingerichtet, nach einer tiefen persönlichen Beziehung mit Ihm im inneren Heiligtum deines Herzens zu streben? Oder fügst du Ihn nur dort in dein Leben ein, wo es passt? Es passiert leicht, dass man meint, man richte sein Leben um Jesus ein, wenn man sein Leben anfüllt mit christlichen Aktivitäten, christlichen Freunden, christlicher Musik und christlichen Büchern.

Eine junge Eiskunstläuferin, die von einer olympischen Goldmedaille träumt, liest nicht nur über das Eislaufen, sieht sich Videos übers Eislaufen an, singt Lieder übers Eislaufen, hört auf Ratschläge übers Eislaufen und hängt mit anderen Eisläuferinnen herum. Sie gibt ihr Herz, ihre Seele, ihre Gedanken, ihren Körper, ihre Energie und ihre Zeit hin für das Eislaufen. Sie steht vor der Dämmerung auf, trainiert unermüdlich stundenlang und verbringt jeden freien Augenblick ihrer Tage, Nächte und Wochenenden auf dem Eis. Diese Art Leidenschaft und unbeugsame Hingabe ist ein Bild dafür, was es heißt, unser Leben um die Vertrautheit mit unserem Prinzen im inneren Heiligtum unseres Herzens einzurichten. Gib dich nicht damit zufrieden, über Vertrautheit mit Ihm zu hören, über Vertrautheit mit Ihm zu singen oder zu lesen. *Entdecke* die tiefe Vertrautheit mit Ihm, indem du *dein ganzes Leben um Ihn herum einrichtest*. Ein Leben, das um unseren Prinzen herum eingerichtet ist, das ist es, was es tatsächlich heißt, seine lilienweiße Prinzessin zu sein.

Wahrscheinlich musst du einige praktische und oft schmerzhafte Veränderungen in deinem Leben vornehmen, um dein Leben um Ihn herum einzurichten. Für mich hieß das, einige Freundschaften aufzugeben, mich aus vielen Aktivitäten zurückzuziehen, aufzuhören, dem anderen Geschlecht nachzustellen, meinen 10-Jahres-Plan für meine Bildung und Karriere aufzugeben und meine Ausbildung auf unorthodoxe Weise zu beenden. Meine Entscheidungen sind keineswegs ein Rezept, das für jeden gilt. Deine eigenen praktischen Schritte können ganz anders aussehen. Deine praktischen Veränderungen können alles Mögliche sein vom frühen Aufstehen, dem Abstellen des Fernsehers bis dahin, dass du von einer dich auffressenden Beziehung oder einem falschen Streben Abstand nimmst. Es ist wichtig zu begreifen, dass der Grund, warum wir praktische Veränderungen in unserem Leben vornehmen, nicht darin liegt, dass eine bestimmte Handlung, Beziehung oder ein Streben unbedingt falsch wäre, sondern dass sie uns daran hindert, unser ganzes Leben um die vertraute Beziehung zu unserem Prinzen herum einzurichten. Wie wir im Verlauf des Buches noch entfalten werden, bedeutet ein Leben in der Vertrautheit mit Ihm nicht, dass wir 24 Stunden am Tag, 7 Tage die Woche mit Bibeln auf dem Schoß in unserm Zimmer sitzen. Es gibt so viel mehr, das wir entdecken und entfalten können, wenn wir in der Vertrautheit mit unserem Prinzen leben.

Fang mit den Fundamenten deines Lebens an. Beantworte dir diese Fragen: *Welche Dinge verbrauchen meine Zeit, Energie und Aufmerksamkeit? Wie kann ich mein Leben praktisch umstrukturieren, um es auf die persönliche Beziehung zu meinem himmlischen Liebhaber auszurichten?* Bitte Ihn mit Offenheit in Herz und Verstand, dir zu zeigen, was dich in deinem Leben daran hindert, dich ganz auf Ihn auszurichten. Pack die Dinge an, die Er dir zeigt und richte so dein Leben auf Ihn aus. Es wird nicht leicht sein, aber bald wirst du zu einer Tiefe der Beziehung mit deinem Prinzen finden, von der du nie gedacht hättest, dass es sie gibt.

Ein Bild des Außergewöhnlichen

Schottland, 1889

Die 17-jährige Amy ging mit strahlenden Augen durch die dunstigen Straßen, umgeben von ihrer Familie und ihren Nachbarn. Es war ein trüber Sonntagmorgen. Der wöchentliche Gottesdienst in der Kirche war gerade zu Ende. Während die Gruppe so daher ging und höflich miteinander über das Wetter und die Predigt des Pastors sprach, gab es scheinbar nichts, was außerhalb des normalen Lebens der Familie gewesen wäre. Doch mit einem Mal fiel Amys Blick auf eine zerlumpte, alte Frau, die sich mit einem schweren Bündel abmühte und sich langsam auf dem Fußweg fortbewegte. So etwas hatte es in Amys respektabler Umgebung bisher noch nie gegeben – eine zerlumpte, obdachlose Frau, die auf den gepflegten Straßen ging und sich an den ehrbaren Frauen in ihren teuren Kleidern und den kultivierten Männern in ihren Maßanzügen vorbei abmühte. Die Kirchenleute fingen an, die unansehnliche Frau missbilligend zu betrachten. Sie schleppte sich mit Schmerzen vorwärts, gebeugt von der Anstrengung einer schweren Last, die sie trug. Einige Leute hüstelten nervös, andere schauten peinlich berührt weg.

Von spontanem Mitgefühl übermannt ging Amy zu der alten Frau. Zwei ihrer Brüder folgten ihr. Zusammen hoben die drei der Frau das Bündel vom Rücken und nahmen sie am Arm. Sie halfen ihr auf ihrem Weg die Straße hinunter und bewegten sich langsam hinter dutzenden von Kirchgängern, die die Szene überrascht und angewidert beobachteten. Amy stieg die Schamesröte hoch und sie bedauerte zutiefst ihren übereilten Entschluss, der Frau zu helfen. Je mehr die Leute sie anstarrten und die Stirn runzelten, desto mehr spürte sie, wie ihre Scham wuchs. Was hatte sie sich nur gedacht? So etwas in *so* einer Umgebung zu tun, unter *diesen* Leuten, das hatte man in Amys Tagen noch nie gehört. Über ihr dummes Benehmen würde bestimmt wochenlang getratscht und gerichtet. Ein kalter Wind erhob sich, und bald waren sie und ihre Brüder von den Lumpen der alten Frau eingehüllt, was Amys Elend nur vergrößerte. Sie musste total rot angelaufen sein. Sie ärgerte sich über die alte Frau und ihre Gedanken drehten sich nur noch darum, was nun alle von ihr dachten.

Aber als die kleine Gruppe an einem nahen Brunnen vorbeistolperte, hörte Amy eine Stimme durch den grauen Nebel: *„Es gibt nur ein Fundament, auf das es sich zu bauen lohnt – Jesus Christus."* Aufgeschreckt drehte sie sich um und schaute, wer das gesagt hatte, aber alles war noch genauso wie vorher. Niemand um sie herum schien die Stimme gehört zu haben. Amy fühlte, wie etwas an ihrem Herzen rührte. Sie wusste, ihr Herr sprach zu ihr.

An diesem Nachmittag schloss sie sich in ihrem Zimmer ein und sortierte ihr Leben. Und von da an hatte sich ihre Sicht völlig verändert.[9] „Nichts war für mich noch von Bedeutung", schrieb sie später, „als nur die ewigen Dinge."[10] Amys Liebesgeschichte mit ihrem Prinzen begann an jenem Tag, und aus einem normalen christlichen Mädchen war eine Lilie unter Dornen geworden – eine außergewöhnliche junge Frau.

„Die Dinge, mit denen sich 17-jährige Mädchen beschäftigen, ihr Aussehen, ihre Kleider, ihr gesellschaftliches Leben, verändern sich kaum von Generation zu Generation. Aber in jeder Generation scheint es einige wenige zu geben, die sich anders entscheiden. Amy war eine der wenigen", schrieb Elisabeth Elliot in ihrer Biographie über Amy Carmichaels Leben.[11]

Um ein Leben für ihren Prinzen zu leben, musste Amy schwierige Entscheidungen treffen. Sie entschied sich dafür, „der Welt und ihrer Anerkennung, all ihren Gewohnheiten, Moden und Gesetzen zu sterben."[12] Sie kümmerte sich nicht mehr darum, was andere Leute dachten, sie lebte nur noch für ein Lächeln ihres Prinzen. Sie steckte ihre Energie nicht mehr in ihre perfekte Garderobe, ihre Erscheinung und ihr gesellschaftliches Leben, sie setzte ihr Leben nur noch dafür ein, ihren Prinzen kennenzulernen. Sie lebte nicht mehr nach dem Muster, dass die Gesellschaft von einer jungen Frau erwartete, sie strebte nur noch danach, allein ihren Prinzen zu erfreuen. Und ihr Leben wurde ein unglaubliches Abbild von Ihm.

Mit 19 Jahren tat Amy einen blühenden Dienst unter hunderten Mädchen aus armen Arbeiterfamilien ihrer Gemeinde. Die couragierte junge Frau brachte eigenhändig das Geld auf für einen großen Hörsaal, um christliche Treffen speziell für die Mädchen abhalten zu können. Am Eröffnungsabend war der Saal mit über 500 jungen Frauen voll besetzt, die dringend Hoffnung brauchten. Als ein Pastor mit der Zeremonie begann, das Gebäude Christus zu weihen, nahm Amy nicht den für sie vorgesehenen Ehrenplatz mit den anderen Führern auf der Bühne ein, sondern saß leise und unbemerkt mitten in der Hörerschaft. Sie machte sich nichts aus dem Lob, das ihr für ihre Mühe zustand, es war ihr nur wichtig, dass Jesus Christus alle Aufmerksamkeit erhielt.[13]

Als sie in den 20ern war, verabschiedete sie sich von ihrer Familie, ihren Freunden und dem Familienleben und segelte mutig über den Ozean, um ihrem Prinzen ihr Leben als Missionarin zur Verfügung zu stellen. Sie ging nach Indien, wo sie gefährliche Mühen auf sich nahm, um hunderte Babys und Kinder zu retten, die in die Tempelprostitution verkauft werden sollten. Sie errichtete einen wunderschönen Hafen für die Kleinen, damit sie in einem auf Christus ausgerichteten Umfeld aufwuchsen. Dieser beispiellose Dienst, der mit nur einer hingegebenen jungen Frau begann, rettete das Leben vieler wertvoller Kinder, brachte noch viel mehr zu Jesus und besteht heute noch fort. Amy schrieb mehr als 13 Bücher, die tausende von Leben beeinflussten. In ihrem Leben führte Amy einen lilienweißen Lebensstil und motivierte durch ihre leidenschaftliche Liebe zu ihrem Prinzen. Sie suchte, Ihn mit jeder Faser ihrer Existenz zu ehren und oft ist es sie teuer zu stehen gekommen. Ihr Leben war ein unglaubliches und seltenes Bild des Außergewöhnlichen, die Art von Leben, das unzählige Menschen inspirierte, Jesus Christus wirklich zu entdecken.

Amys außergewöhnliches, weltveränderndes Leben begann an jenem kalten Morgen in Schottland, als sie 17 war. Sie hörte die Stimme ihres Prinzen, der sie rief, mit Ihm zu kommen. Als Amy ihr Herz für diesen Ruf öffnete, war nichts mehr wie zuvor.

Heute sind Beispiele solcher außergewöhnlichen jungen Frauen wie Amy selten zu finden. Auch die christlichen jungen Frauen der heutigen Gesellschaft beschäftigen sich normalerweise *mit allem, nur nicht* mit ihrem wahren Prinzen. Dennoch gibt es scheinbar, wie es von Amy gesagt wurde, einige wenige junge Frauen, die sich anders entscheiden – die sich entscheiden, ihrem Prinzen in die grenzenlosen Tiefen eines außergewöhnlichen Lebens zu folgen. Willst du eine dieser wenigen sein?

Auf den Punkt gebracht

Jeder von uns hat einen Traum – etwas, um das wir unser Leben errichten, etwas, das unserem alltäglichen Leben einen Zündfunken gibt. Wenn unser Traum das

Ballett ist, dann sehen wir uns auf der Bühne als elegant dahinschwebender, strahlender Engel vor einer beeindruckten Menge. Wenn wir vom Singen träumen, sehen wir vor unserem geistigen Auge eine zu unserer kraftvoll geschmetterten Melodie jubelnde Masse. Manche von uns träumen schlicht und einfach, andere träumen in bunten Farben. Aber wir träumen alle. Unsere Träume bestimmen unser Leben. Unsere Träume bestimmen, wie wir unsere Zeit verbringen.

Eine außergewöhnliche junge Frau träumt anders als ihre Zeitgenossinnen. Statt zu träumen, auf der Hauptbühne im Rampenlicht der Gesellschaft zu stehen, träumt sie Gottes Träume für ihr Leben. Und Gottes Träume bringen sie dazu, über allem anderen, vor allem anderen und auf Kosten alles anderen ihren Prinzen zu suchen. In ihre Welt versunken beschäftigt sie sich nur noch mit ihrem ritterlichen Jesus.

Um eine große Balletttänzerin zu werden, muss man viel Zeit investieren. Um eine engelhafte Singstimme zu entfalten, muss man unzählige Stunden üben. Um in irgendetwas groß zu werden, muss man viel Zeit opfern. Groß darin zu werden, unsern Prinzen kennenzulernen, ist da nicht anders. Es braucht Zeit – viel Zeit. Es erfordert, dass jeder letzte Funke von Energie auf Ihn gerichtet ist. Er kann nicht bequem in unser Leben eingepasst werden, Er muss der Mittelpunkt werden, um den wir unseren Lebensstil errichten. Von dem Augenblick, wenn wir aufwachen, bis wir wieder schlafen gehen, muss Er der Mittelpunkt werden. Und wenn Er das ist, bemerken wir, dass Gottes Träume uns die Schönheit des Lebens selbst aufschließen.

6 Eine weiße Lilie und die Liebe

Die Suche nach dem zukünftigen Ehemann

Man kann sich im Vertrauen auf Ihn darauf verlassen, dass Er die Wünsche auch erfüllt, die Er weckt.

Amy Carmichael

Bis jetzt habe ich die Betonung darauf gelegt, dass es wichtig ist, dass die Liebesgeschichte zu unserem wahren Prinzen Mittelpunkt unseres Lebens, unseres Herzens, unserer Handlungen, Gedanken und Gefühle ist. Keine menschliche Liebesgeschichte könnte sich je mit dem vergleichen, was uns in unserem inneren Heiligtum an Vertrautheit mit Ihm erwartet. Deshalb muss ich es noch einmal betonen, bevor ich mit diesem Kapitel beginne: *Nur wenn wir Jesus Christus lieben und unser Leben ganz um Ihn herum einrichten,* können wir auch menschliche Liebe in ihrer ganzen Klarheit und Schönheit erfahren.

Dennoch spürte ich es, je mehr Zeit ich mit meinem himmlischen Prinzen verbrachte, dass die Sehnsucht in meinem Herzen nach einer menschlichen Liebe und Partnerschaft ein Wunsch war, den Er selbst mir gegeben hatte. Ich wusste, dass mein Herr treu sein würde, dass Er auch für diesen Teil meines Lebens einen Plan hatte. Aber in diesem Warten verschwand der Wunsch nach menschlicher Liebe nicht, vielmehr wuchs er weiter an. Manchmal überrollten mich geradezu Wellen von Sehnsucht nach einer schönen Liebesgeschichte. In solchen Augenblicken wusste ich, dass ich eine Entscheidung treffen musste. Ich konnte diesem Wunsch entweder erlauben, mich zu kontrollieren oder ich erlaubte ihm, mich tiefer in die Arme meines Prinzen zu treiben. Es gab Zeiten, in denen es nur zu einfach gewesen wäre, die Dinge selbst in die Hand zu nehmen – z.B. indem man zufällig an Orten auftauchte, von denen ich wusste, dass es dort genug nette, christliche junge Männer gab, die noch zu haben waren, mit ihnen einen „harmlosen" Flirt zu beginnen und zu sehen, wohin das führt. Aber je stärker die Versuchung wurde, desto intensiver lernte ich, mich näher an meinen Prinzen zu halten. Ich lernte, diese Sehnsüchte nicht allein zu bekämpfen, sondern vielmehr Ihm meine tiefsten Wünsche auszuschütten. Und wenn ich das tat, spürte ich das freundliche Flüstern in meinem Herzen, das mir einen zukünftigen Ehemann versprach und mich lehrte, mich auf die wahre Liebe vorzubereiten.

Sich für meinen zukünftigen Ehemann aufheben

„Genauso, wie du für mich bestimmt warst", lehrte Er mich gütig, *„musst du auch für deinen zukünftigen Ehemann bestimmt sein."* Ich hatte meine Verpflichtung meinem zukünftigen Ehepartner gegenüber immer nur darin gesehen, mich physisch für ihn rein zu halten, eine Verpflichtung, die ich nicht sehr erfolgreich erfüllt hatte. Aber in dem Maße, wie ich lernte, einen lilienweißen Lebensstil für meinen Prinzen zu leben, wurde mir klar, dass meine Verpflichtung meinem zukünftigen Ehemann gegenüber weit über das Physische hinaus gehen musste. Eines Tages stolperte ich über einen Vers in Sprüche 31, dem Kapitel in der Bibel, das eine Frau

mit göttlichem Charakter beschreibt. „Sie erweist [ihrem Mann] Gutes und nichts Böses", wurde da gesagt, „*alle* Tage ihres Lebens" (V. 12; rev. ELB). Die Worte versetzten meinem Herzen einen Ruck. Ich hatte immer nur das Minimum für diese geheimnisvolle Person da draußen getan, die mein zukünftiger Ehemann sein sollte. Aber jetzt entschloss ich mich unter der geduldigen Führung meines Herrn dazu, ein Leben zu führen, das diesen Mann wirklich ehren würde – ihm Gutes und nichts Böses tun – sogar schon bevor er in mein Leben kam.

Mein Inneres war ein Heiligtum für meinen Prinzen geworden und in diesem inneren Heiligtum lernte ich, wirklich für meinen zukünftigen Ehemann bestimmt zu sein. Ich trachtete nicht mehr nach vorläufigen Beziehungen, die mein Herz, meine Gedanken, meine Gefühle und meine physische Reinheit abnutzten. Auch in Freundschaften mit Jungs wurde ich sehr vorsichtig. Ich beschloss, dass ich *nichts* mehr von mir selbst hergeben würde, bevor ich nicht genau wusste, dass er derjenige war, den Gott mir ausgesucht hatte, den Rest meines Lebens mit ihm zu verbringen. Und auch dann sollte es nur unter der sanften Führung meines Herrn Schritt für Schritt geschehen. Dieser Entschluss war nicht immer leicht einzuhalten, besonders als ein paar wirklich tolle, fromme, junge Männer in mein Leben kamen und enge Freunde wurden. Sie waren die ersten Jungs, die ich bisher getroffen hatte, die der Art von Menschen entsprachen, die ich heiraten wollte. Ich kämpfte mit der Angst, dass ich so jemanden wie sie nie wieder finden würde, wenn ich nicht versuchte, dass mit einem von ihnen irgendetwas passierte. Aber meinen zukünftigen Ehemann zu ehren bedeutete, mein Herz, meine Gefühle, meinen Körper und sogar meine Gedankenwelt in Schach zu halten, für ihn in jeder Weise ein lilienweißes Leben zu führen. Ich war mir sicher, dass mein Prinz die Liebesgeschichte auf seine perfekte Weise inszenieren konnte, wenn Er einen von diesen speziellen Jungs für mich im Sinn hatte. In der Zwischenzeit musste ich ihm nur vertrauen. Und Er war absolut zuverlässig.

Abfall und wahre Liebe

„Wie werde ich je meinem zukünftigen Ehemann meine Fehler der Vergangenheit erklären können?", frage Robin, eine kindlich aussehende Neunzehnjährige aus Connecticut. „Wie soll er mir je vergeben können?" Das schlechte Gewissen, das aus ihren Augen sprach, erinnerte mich an die unzähligen jungen Frauen, die ich in den letzten Jahren getroffen hatte, die unter Tränen genau diese Frage stellten. „Ich weiß, dass ich ab heute ein lilienweißes Leben für ihn wählen kann", räumen sie weiter ein, „aber was ist mit all dem, was ich schon weggegeben habe?"

Amber, eine große, athletische Volleyballspielerin aus Utah, hatte noch eine andere Frage: „Was ist, wenn mein zukünftiger Ehemann schon mit anderen Mädchen geschlafen hat? Wie kann ich ihm vergeben? Wie kann ich ihm vertrauen?"

Ich kann mich noch lebhaft an den Abend kurz vor unserer Verlobung erinnern, als ich mich mit Eric hinsetzte und ihm unter Tränen all die Gelegenheiten bekannte, bei denen ich achtlos Teile meines Herzens, meiner Gedanken und meines Körpers hergegeben hatte und damit den reinen Schatz befleckte, der eigentlich nur ihm gehören sollte. Ich wollte nicht, dass irgendetwas unsere Vertrautheit in der Ehe störte und ich wusste, dass ich ihn um Vergebung bitten musste für die Gelegenheiten, in denen ich ihn in der Vergangenheit entehrt hatte. Ich wollte sein volles Vertrauen. Ich erinnere mich, wie ich an jenem Abend zitterte und im Hinterkopf grübelte, wie er mir jemals vergeben könnte. Aber als ich schließlich zu ihm aufschaute, überflutete mich sein Anblick mit Frieden. Seine sanften, liebenden Augen leuchteten mit der gleichen zarten Vergebungsbereitschaft, wie ich sie in den Augen meines Prinzen gefunden hatte. Mir war vollkommen vergeben worden. Er sah mich nicht als einen befleckten Schatz, sondern als eine rein funkelnde Prinzessin – sein wertvolles Geschenk von Gott.

Bald war es dann an mir zu vergeben. Eric erzählte mir bedauernd von all den Gelegenheiten, bei denen er mich als seine zukünftige Ehefrau entehrt hatte, über die anderen Mädchen, die Teile seiner Reinheit beansprucht hatten. Aber mit der freundlichen Hilfe meines Prinzen war ich in der Lage, ihm vollkommen zu vergeben. Eric hatte gelernt, mich mit der unumstößlichen Liebe Christi zu lieben. Auch in seinem Leben hatte es eine Zeit gegeben, als er sich entschloss, seiner zukünftigen Ehefrau in jeder Hinsicht treu zu sein, körperlich, mit dem Herzen und mit den Gedanken. Auch wenn er meinen Namen zu dieser Zeit noch nicht kannte, fing er an, jeden Tag für mich zu beten. Er dachte über meine Gefühle nach, wenn er mit dem anderen Geschlecht Umgang hatte. Er schrieb mir sogar schon Liebesbriefe, bevor er mich kannte! Deshalb stellte ich Erics Gelöbnis völliger Treue nicht in Frage, als wir dann zusammen waren. Es war keine Verpflichtung, die er aus einem Gefühl heraus eingegangen war. Seine Hingabe an mich war ein Spiegel der unaufhörlichen, bedingungslosen Liebe unseres Prinzen. Ich wusste, dass vergangene Fehler uns mit unserem Prinzen im Zentrum unseres Lebens nichts mehr anhaben konnten. An jenem Abend vergaben wir uns gegenseitig durch die mitfühlende Gnade unseres Herrn. Unsere vergangenen Sünden haben seither nie mehr die atemberaubende Schönheit unserer Liebesgeschichte berührt. (Beachte: Wenn Gott dich dahin führt, dass du deinem zukünftigen Ehepartner Unreinheit der Vergangenheit bekennst, ist es normalerweise nicht notwendig oder weise, alle Einzelheiten über sexuelle Sünden zu erwähnen. Untreue einzuräumen und den Ehepartner um Vergebung zu bitten, reicht aus für eine ungehinderte Liebesgeschichte.)

Wenn wir so lilienweiß werden wie unser Prinz, lernen wir, wie er zu lieben: *bedingungslos.* Wir lernen zu vergeben, wie er vergibt: *vollkommen.* Wenn dein zukünftiger Ehemann sein Leben um Jesus Christus einrichtet, wird er so heldenmutig wie sein Herr werden. Dein Prinz wird ihm Augen geben, dich zu sehen, nicht durch eine befleckte Vergangenheit beschädigt, sondern als die lilienweiße Prinzessin, die du geworden bist.

Praktische Schritte, den zukünftigen Ehemann zu lieben

Wenn Jesus Christus jedes Detail einer Liebesgeschichte schreibt und uns lehrt, wie wir so lieben wie er, dann ist eine ungehinderte, wunderschöne Liebesgeschichte möglich, egal welche Fehler wir gemacht haben. Hier gibt es ein paar praktische Tipps, wie man heute anfangen kann, sich auf eine christusorientierte Liebesgeschichte vorzubereiten.

Sich aufheben. Denke im Gebet über deine Verpflichtung gegenüber deinem zukünftigen Ehemann nach. Frage dich selbst: *Hebe ich mich wirklich für ihn auf? Oder erfülle ich gerade das Minimum für ihn, indem ich ein paar physische und / oder gefühlsmäßige Grenzen in mein Leben einbaue?* Ein lilienweißer Lebensstil für deinen zukünftigen Ehemann geht jeden Bereich deines Seins an, deine Gedanken, deine Gefühle, deine Träume, deine Vorstellungen, deine Gewohnheiten und deine Aktivitäten. Es geht nicht darum, Regeln aufzustellen, sondern um den natürlichen Lebensablauf, der verändert und lilienweiß ist, wie unser Prinz. Sich für deinen zukünftigen Ehemann aufzuheben, bedeutet, ihn mit der Art, wie du dein alltägliches Leben führst, zu lieben und zu ehren, schon bevor du ihn triffst. Es ist aufopfernde Liebe und sie ist sicherlich nicht leicht. Oft bedeutet dies, kurzfristige Befriedigung durch die Anerkennung des anderen Geschlechts aufzugeben. Und in der heutigen Zeit kann das sehr schwierig sein.

Trotz der heutigen gesellschaftlichen Betonung weiblicher Unabhängigkeit und gar Überordnung scheinen die meisten von uns jungen Frauen auf der zwanghaften Suche nach männlicher Aufmerksamkeit und Anerkennung zu sein. Wir versuchen verzweifelt, uns selbst zu beweisen, dass wir für das andere Geschlecht begehrenswert sind. Schon sehr jung werden wir darauf getrimmt, so zu gehen, uns zu kleiden, zu flirten, zu reden und zu handeln, dass wir für das andere Geschlecht attraktiv sind. Wir sind darauf programmiert zu glauben, dass wir als junge Frauen nur wenig wert sind, wenn wir nicht ständig von lustvoller männlicher Aufmerksamkeit umgeben sind. Unsere Gesellschaft ermutigt uns, uns offen zu zeigen und sexuelle Erfahrungen zu machen. Wir sind aber auch darauf programmiert, gleichzeitig unser Herz und Gefühl auszuschalten.

Fernsehshows, Filme und Zeitschriften präsentieren heute schöne, junge Frauen, die sich wahllos mit einem Jungen nach dem anderen treffen. Sie werden als die sexysten und stärksten Frauen unserer Zeit dargestellt, die dazu in der Lage sind, einen Jungen sexuell zu „erobern" und dabei ihr Herz von dieser Erfahrung völlig unberührt zu lassen. In Wirklichkeit funktioniert das nicht. Jemandem unser Intimstes zu geben, öffnet immer unser Herz und macht uns unglaublich verwundbar, egal wie sehr wir auch diese „weiblichen" Gefühle zu ersticken versuchen. Wir wurden dazu geschaffen, uns selbst nur einer einzigen Person lebenslang in den Grenzen einer liebenden, vertrauensvollen, verpflichteten, christusorientierten Ehe völlig hinzugeben. Tausende junger Frauen, die versuchen, ein sexorientiertes und doch angeblich unbekümmertes Leben als *Freunde* zu leben, verstümmeln am Ende ihr Herz, ihren Körper, ihren Verstand und ihre Zukunft.

Aber Druck ist allgegenwärtig, oft selbst von den Eltern und christlichen Leitern, zu zeigen, dass wir auf der Suche nach dem anderen Geschlecht sind. „Hast du einen Freund?", war die immer wiederkehrende Frage von Verwandten, Pastoren, Jugendleitern und Freunden, als ich eine junge Erwachsene war. Zusammen mit der lauten und unaufhörlichen Botschaft der Welt um mich herum bekam ich hierdurch zu spüren, dass ich als junge Frau unvollständig war, wenn nicht eine Reihe von Jungs um mich warb. Ich kämpfte mit dem unaussprechlichen Verlangen, jedem zu beweisen, mich selbst eingeschlossen, dass ich für Jungs attraktiv war und dass ich jederzeit einen Freund haben konnte, wenn ich es wollte. So bildeten sich Gewohnheiten.

Flirts. Zur-Schau-Stellen. Liebesabenteuer. Fantasien. Als ich mich dazu verpflichtete, ein für meinen zukünftigen Ehemann bestimmtes Leben zu führen, mussten *all* diese Gewohnheiten sterben. Ich musste mein Verlangen aufgeben, vom anderen Geschlecht anerkannt zu werden und musste vertrauen, dass es mein lilienweißer Lebensstil sein würde, den mein von meinem Prinzen in mein Leben geschickter zukünftiger Mann schön und attraktiv an mir finden würde, nicht ein von der Gesellschaft geformtes Sex-Appeal.

Um für unseren zukünftigen Mann bestimmt zu sein, müssen wir wirklich überprüfen, wie wir zum anderen Geschlecht stehen. Ein paar Gewissensfragen müssen gestellt werden:

- *Suche ich die männliche Anerkennung durch flirten, umarmen, berühren usw.?* (Und wir dürfen die Grenze für uns selbst nicht nur beim Flirten oder physischen Dingen ziehen, wir müssen unser ganzes Benehmen betrachten. Es ist möglich, dass unser Augenaufschlag oder unser süßes, unschuldiges Kichern unsere Methode ist, dass sich die Köpfe nach uns umdrehen!)
- *Ziehe ich die Aufmerksamkeit der Jungs auf mich, indem ich meinen Körper zur Schau stelle?* (Du weißt, worum es geht: sich gerade im rechten Moment bücken, um etwas aufzuheben oder dieses ach-so-tolle Top zu tragen, das der Vorstellungskraft wenig übrig lässt.)
- *Biete ich Jungs gelegentlich mein Herz, meine Gedanken, meine Emotionen und meinen Körper an, indem ich mich in kurzfristige Abenteuer stürze?*
- *Lasse ich meine Fantasie über einen Jungen spielen, den ich anziehend finde?*
- *Gebe ich bei Jungs zu viel von mir her, auch in Freundschaften?*

- *Bin ich bereit, Vergnügen, Aufmerksamkeit, Anerkennung und nur zeitweilige Erfüllung zu opfern, um ein lilienweißes Leben für den Mann zu leben, mit dem ich den Rest meines Lebens verbringen werde?*
- *Bin ich bereit, meinem treuen Herrn zu erlauben, zu Seiner rechten Zeit nach Seiner Art Liebe in mein Leben zu bringen?*
- *Bin ich bereit, Christus den Stift in die Hand zu geben, damit Er meine Liebesgeschichte schreibt und vertraue ich Ihm voll und ganz?*

Eine gute Möglichkeit, deine Entscheidung festzumachen, dass du dich vollkommen für deinen zukünftigen Ehemann aufhebst, ist es, ihm einen Brief zu schreiben. Es muss kein langer Brief sein, nur ein paar sorgfältig gewählte Worte, die deine Verpflichtung zum Ausdruck bringen, dass du einen lilienweißen Lebensstil für ihn leben willst und warum du ihn ganz und gar mit deinem Leben ehren willst. Es ist eine gute Idee, spezielle Entscheidungen aufzuführen, wie du ihn durch Ehre bringen willst. Immer wenn du mit Einsamkeit zu kämpfen hast oder anfängst, deine Entscheidung in Frage zu stellen, nimm dir den Brief wieder vor und lies ihn. Er kann dich an die opferbereite, bedingungslose Liebe erinnern, die dein Prinz dir entgegenbringt. Er kann dir helfen, deine Entscheidung zu erneuern, deinen zukünftigen Mann mit der gleichen Liebe zu lieben.

Den Abfall hinaustragen

Sehr wahrscheinlich hast du in deiner Vergangenheit Dinge getan, die deinen zukünftigen Ehemann nicht ehren, Dinge, die den Schatz befleckt haben, der nur für ihn gedacht war, indem sie die Reinheit deines Herzens, der Gedanken und / oder deines Körpers beeinträchtigten. Wenn du den Vorgaben dieses Buches bis hierher gefolgt bist, hast du diese Sünden wahrscheinlich bereits vor deinen Prinzen gebracht, Seine Vergebung erfahren, Ihm erlaubt, dich rein zu waschen und sie aus deinem Herzen und Leben entfernt. Wenn nicht, möchte ich vorschlagen, dass du das Material durcharbeitest, das schon in diesem Buch erwähnt wurde und unter dem Titel „Inner Sanctuary“ unter „Download“ auf der Website von *setapartgirl* www.setapartgirl.com verfügbar ist.

Heilung beginnt in diesen Bereichen unseres Lebens damit, dass wir unserem Prinzen erlauben, uns rein zu waschen, weißer als Schnee, und die Rückstände der Sünde aus unserem Inneren zu entfernen. Das gleiche gilt für die Dinge, die uns angetan wurden - Vergewaltigung, Missbrauch, Gewalt, auch Belästigungen auf dem Flur. Das Trauma solcher Erfahrungen kann unser Herz einnehmen, unsere Ansicht von Reinheit und unser Potential für eine schöne Liebesgeschichte entstellen. Nur Heilung, die reinigende Berührung unseres Prinzen kann diesen Teil von uns wiederherstellen. Und wenn wir bereit sind, Ihn sein Werk tun zu lassen, werden wir erstaunt sein über die Freiheit, die wir darin finden.

Aber die Frage bleibt, was ist mit deinem zukünftigen Ehemann? Wie bittest du ihn um seine Vergebung für das, was du getan hast? Wie erklärst du ihm den Missbrauch, den du in deiner Vergangenheit erfahren musstest? Wenn er noch nicht in dein Leben getreten ist, ist es eine praktische Möglichkeit, ihm einen Brief zu schreiben. Wenn du in diesem Bereich deines Lebens Fehler gemacht hast, bitte ihn, dir zu vergeben, dass du ihn verunehrt hast. Wenn du eine Vergewaltigung oder Missbrauch erlitten hast, formuliere, was geschehen ist, und schreibe über das reinigende, heilende Wirken deines Prinzen in diesem Bereich deines Lebens. (Dein zukünftiger Ehemann wird denen vergeben müssen, die dir Unrecht getan haben, so wie du ihnen vergeben musstest.)

Wenn dein zukünftiger Mann in dein Leben tritt, dann erlaube Christus, dir zu zeigen, wann der richtige Zeitpunkt ist, ihm entweder den Brief zu geben oder dich mit ihm hinzusetzen, um persönlich mit ihm über deine Vergangenheit zu sprechen. Eine Liebe, die auf Jesus Christus ausgerichtet ist, wird bei jedem Schritt von Ihm geführt und geleitet und Er ist stets vertrauenswürdig darin, uns sanft zu zeigen, was wir sagen und wann wir es sagen. An dem Abend, als ich mit Eric über meine Vergangenheit sprach, war ich mir jeden Augenblick unserer Unterhaltung der uns umgebenden, heilenden und liebenden Gegenwart meines Prinzen bewusst. Obwohl es schmerzhaft war, war es eine Unterhaltung, die Eric und mich nur näher zueinander und zu unserem Prinzen brachte.

Dein zukünftiger Ehemann wird, wenn er ganz Jesus hingegeben ist, einen Blick dafür bekommen, dich als die zu sehen, die dein Prinz aus dir gemacht hat. Mit der Hilfe des Herrn wird er dir vollkommen vergeben können, egal was du getan hast. Mit den Augen Jesu wird er dich nicht als befleckt und beschädigt ansehen, sondern er wird in dir die schöne, christusähnliche, lilienweiße Prinzessin sehen.

Es ist durchaus möglich, dass auch dein zukünftiger Ehemann sich nicht ganz rein gehalten hat für dich. Die meisten von uns träumen davon, einen Mann zu heiraten, der sein Herz, seine Gedanken oder seinen Körper noch keiner anderen Frau geschenkt hat. Das ist ein natürlicher, von Gott gegebener Wunsch. Es ist etwas, das es wert ist, darüber zu beten und darauf zu hoffen und ich habe oft gesehen, dass Gott dieses Gebet erhört hat. Das ist eine Vorgabe, die es wert ist, die Männer in deiner Umgebung zu ermutigen, sie zu erreichen. Aber auch wenn sich deine von Gott geschriebene Liebesgeschichte wie meine mit jemandem erfüllt, der dich nicht immer mit physischer, mentaler und / oder emotionaler Reinheit geehrt hat, wird Er dir die Gnade schenken, vergeben zu können. Du musst deinen Prinzen bitten, dich zu lehren zu lieben, wie Er liebt, zu vergeben, wie Er uns vergab, und deinen zukünftigen Ehemann mit Augen zu sehen, die in ihm nicht sein Versagen und seine Fehler sehen, sondern den heldenhaften Ritter, den Jesus Christus aus ihm formt.

Auf den Punkt gebracht

Unsere mädchenhafte Leidenschaft für Mr. Right kann uns entweder zum Gift oder zum Siegespreis werden. Als junge Frauen empfinden wir alle, dass das Sehnen nach menschlicher Gemeinschaft uns entweder zum Verhängnis werden kann oder zum Schlüssel, der uns alle Schönheit und allen Glanz des Lebens eröffnet. Wir sehnen uns nach einem ritterlichen Prinzen. Unsere Entscheidungen darüber, *wo* wir nach ihm suchen, bestimmen unser Leben. Wenn wir uns dazu entschließen, ihn unter den Angesehenen dieser Welt zu suchen, wird unsere mädchenhafte Leidenschaft schnell zu unserem Gift. Aber wenn wir danach trachten, diese Sehnsucht zu stillen, indem wir unser Leben unserem edlen himmlischen Liebhaber anvertrauen, dann finden wir sowohl den Schlüssel zu ewigem Leben in Liebe zu Christus als auch den Schlüssel zu einer wunderbaren irdischen Liebe zu unserem edlen Ehemann.

Das außerordentliche an irdischer Liebe ist, dass sie von Gott erfunden wurde. Aber nur Er besitzt den Schlüssel, uns ihre Absicht und ihr Potential in unserem Leben aufzuschließen. Gott leitet uns als außergewöhnliche junge Frauen darin an, nicht nur zu Seiner Freude bestimmt zu sein, sondern auch zur zukünftigen Freude eines irdischen Ehemannes. Genauso wie Er von uns erwartet, dass wir alle anderen Liebhaber aus unserem Leben verbannen, um eine Liebesbeziehung zu Ihm erfahren zu können, so leitet Er uns dazu an, dies auch für unseren irdischen Liebhaber zu tun. Wenn wir lernen, dass wir Frau eines Mannes sind mit unserem physischen Körper, mit unserem Verstand und mit unseren Gefühlen, bereiten wir die Bühne für eine irdische Liebesgeschichte, die nicht von dieser Welt ist. Und wenn wir nie ein irdisches Märchen erleben, haben wir das Privileg, für den größten Ehemann bestimmt zu sein, der je gelebt hat, und die erfüllendste Liebesgeschichte aller Zeiten zu erleben. Vertrautheit mit Ihm ist jedes Opfer wert, das wir je bringen können.

EINBLICK IN DIE MÄNNERWELT

Lektion eins

Eine Vision vom Krieger-Dichter

von Eric Ludy

Als junge Frau verbringst du vermutlich einige Zeit damit, darüber nachzudenken, wie wir Jungs ticken. Vielleicht kann man die Antworten auf verblüffende Fragen wie, warum wir Jungs uns an solchen Dingen wie Rülpswettbewerben erfreuen können oder warum wir uns für besonders taff halten, wenn wir schweißdurchnässt sind, in diesem Leben gar nicht so ganz verstehen. Dennoch bin ich ein Mann, der glaubt, dass junge Frauen besser darauf vorbereitet sein können, wie sie in der heutigen Gesellschaft auf junge Männer reagieren.

Leslie hat mich gebeten, dass ich „Einblick in die Männerwelt"-Abschnitte in dieses Buch einfüge, nicht nur um dein Verständnis für junge Männer, sondern auch um dein Verständnis für junge Frauen zu verbessern. Leslie sagt: „Ein zentraler Bestandteil des Prozesses, in dem ein Mädchen zu einer Frau wird, besteht darin, dass sie lernt, die Männlichkeit Christi wirklich zu verstehen und dann zu lernen, den Männern in ihrer Umgebung zu helfen, sich zu christusähnlichen Prinzen zu verändern."

Wenn du diese drei Lektionen über Männlichkeit ernst nimmst, wirst du mehr über Männlichkeit wissen als die meisten Jungs heute (das ist wirklich traurig, ich weiß!). Wenn du das Studium der Männlichkeit zu einem ernsten Bemühen machst, wirst du tatsächlich dazu beitragen können, den Kurs ganzer Nationen zu verändern. Wir als Männer werden uns zu dem erheben, was junge Frauen in unserem Leben von uns erwarten.

Ich hoffe, dass meine Ausführungen dir helfen, heutige Jungs besser zu verstehen – wie wir denken, was wir wünschen und warum wir uns so verhalten, wie wir es tun. Und was noch wichtiger ist, Leslie und ich hoffen, dass diese Kapitel dich als junge Frau dazu anregen, die Männer in deinem Leben dazu zu motivieren, viel bessere Männer zu werden – Männer wie Jesus Christus.

Wahre Männlichkeit kennenlernen

Es ist jetzt schon eine Weile her, als ich das erste Mal auf dem Schlachtfeld von Bannockburn, natürlich auf meinem edlen Ross, neben Sir Robert Bruce zum Angriff ritt. Mit meiner schlumpfblauen schottischen Kriegsbemalung sah ich seltsam aus, etwa so, als wäre ich gerade aus Fraggle Rock entlaufen und ich trug stolz mein kariertes, schottisches, Kleid ähnliches Etwas, als ich meine Faust erhob und „Freiheit!" schrie. Mein Schwert schwingend, wie es nur ein echter Krieger schwingen konnte, forderte ich König Edward zum Kampf heraus: „Willst du was, Eddie Boy?" Ich war ein begeisterter Mann.

Ja, das passierte alles nur in meiner Fantasie, aber als ich das Buch *The Scottish Chiefs* las, war ich zum Kampf bereit. Mein Held William Wallace war gerade durch die Hand der Engländer einen schrecklichen Tod gestorben und sein Vorbild an Tapferkeit und Wagemut brannte mir in der Seele. Ich wollt ihm Folgen, ich wollte für ihn kämpfen und ich wollte an seiner Seite sterben. Als Sir Robert Bruce alle schottischen Patrioten aufrief, mit ihm dem Beispiel von Sir William Wallace zu folgen, ertappte ich mich dabei, dass ich aufstand und sagte: „Ich bin dabei!" Natürlich war es schwierig für mich, tatsächlich dabei zu sein, denn die Schlacht hatte ja schon vor 700 Jahren stattgefunden. Es war eben nur etwas in meiner Fantasie.

Meine Generation von Männern sieht kaum das Zusammenspiel von Mut und Güte, Stärke und Empfindsamkeit, Tapferkeit und Dienstbereitschaft wie wir sie in den glühenden Augen von Sir William Wallace erkennen können. Auf einem Ritt an seiner Seite in eine Schlacht irgendwo im schottischen Hochland erkannte ich zum ersten Mal das Wunder eines Krieger-Dichters. Seine Haltung war ruhig aber intensiv gespannt. Sein Schwert war gezogen, seine Wange blutverschmiert, seine Lippen bewegten sich in stillem Gebet. Er war der Inbegriff der Furchtlosigkeit im Angesicht größter Gefahr. Dennoch war er gleichzeitig die Verkörperung innigster Leidenschaft.

Sir William verkörperte eine Männlichkeit, die Weiblichkeit verehrte und sein Leben zu ihrem Schutz geben würde, eine Männlichkeit, die Mut im Angesicht des Schmerzes als höchste Tugend ansah, eine Männlichkeit, die geistliches Streben wertschätzte, eine Männlichkeit, die Gewissensreinheit und Schutz der Armen und Schwachen hoch achtete. Als ich über ihn las, fragte ich mich immer wieder: *Wer ist dieser Mann? Wie kann ich das bekommen, was er hat?*

Bis heute beeindruckt mich dieses Bild majestätischen Mann-Seins, wie es im Leben von William Wallace dargestellt wird. An die Wand neben dem Monitor meines Computers habe ich einen Zettel gehängt, der mich täglich daran erinnert, was für ein Mann ich werden möchte. Obwohl dieser Zettel nur ein paar hastig hingeschmierte Sätze enthält, geht meine melodramatische Vorstellung zurück in die Vergangenheit, um noch einmal Zeuge des Augenblicks zu werden, an dem diese Sätze niedergeschrieben wurden. (Eigentlich sind sie erst vor ein paar Jahren aufgeschrieben worden für die CD-Beilage des Soundtracks von *Braveheart*, aber das ist ja langweilig!). Ich stelle sie mir als den letzten Atemzug eines blutüberströmten schottischen Edelmanns vor. Er kommt direkt vom Schlachtfeld und spürt, dass ihn das Leben verlässt und schmiert noch diese Worte hin (im Hintergrund lassen schottische Dudelsäcke ihre ergreifenden Töne erklingen):

> *Im Jahre des Herrn 1314 griffen Patrioten Schottlands hungrig und in der Minderheit auf dem Schlachtfeld von Bannockburn an. Sie kämpften wie Krieger-Dichter. Sie kämpften wie Schotten und gewannen ihre Freiheit. Für immer und ewig.*[14]

Das Draufgängerische in diesen Worten, die raue Stärke und Selbstaufopferung, die in diesen wenigen Sätzen zum Ausdruck kommt, berührt etwas tief in mir.

Ein verstaubtes altes Buch, das 1820 geschrieben wurde, bot mir also mehr als nur große Literatur. Es gab mir eine Vision einer Männlichkeit, die ich für mich ersehne. Seit ich Sir William Wallace zum ersten Mal „getroffen" habe, bin ich nicht mehr daran interessiert, einfach ein Mann mit Muskeln und Schnauzbart zu sein (tatsächlich kann ich mir noch nicht einmal einen ordentlichen Bart wachsen lassen, meine Ma sagt immer, ich sei mehr wie ein Golfer als ein Footballspieler gebaut). Ich möchte jetzt ein Mann sein, der Substanz hat. Ich möchte nicht nur ein Junge sein, der mit seiner Männlichkeit spielt, sondern ein Krieger-Dichter, der das auch lebt. Und ich möchte, dass du als junge Frau weißt, dass es viele junge Männer wie mich gibt, die ein Vorbild dessen brauchen, was wir werden *könnten*. Wir wünschen uns, so viel mehr zu sein, als wir es heute tatsächlich sind, wir wissen es nur nicht. Aber die Vision dessen, was wir werden könnten, weckt den Wunsch, dass sich in uns ein Krieger-Dichter entwickelt.

Wie aus einem Mann ein Krieger-Dichter wird

Mir scheint, dass fast jede junge Frau, in der noch Leben steckt, schon darüber nachgedacht hat, ob es immer noch Krieger-Dichter gibt. Kann man solche Sir William Wallaces nur alle 700 Jahre einmal erwarten wie so eine fantastische Sonnenfinsternis oder kann das Rezept für eine „majestätische Männlichkeit" in das Herz und Leben eines jeden jungen Mannes eingebrannt werden?

Dummerweise glauben die meisten jungen Frauen, mit denen ich gesprochen habe, an die Theorie, dass es nur alle 700 Jahre so einen außergewöhnlichen Mann gibt. Tatsächlich bin ich zu der Überzeugung gelangt, dass Mädchen heutzutage ebenso an Krieger-Dichter glauben wie daran, dass der Nikolaus mit der Zunge sein Bauchnabelpiercing berühren kann. Hier nur eine Kostprobe von dem, was ich Mädchen über moderne Männlichkeit sagen höre:

„Vereinfacht gesagt", meint Kirsti, ein lebhaftes junges Mädchen mit einer Gabe fürs Tanzen, „Jungs sind Trottel!" („Ich meine nicht dich, Eric!", fügt sie nach ihrer Äußerung hinzu, aber der Stich hat mich schon ins Herz getroffen.)

„Ich weiß nicht", stichelt eine andere Collegestudentin mit strahlend roten Lippen. „Denken Jungs nicht am liebsten alle fünf Sekunden einmal an Sex?" Sie runzelt die Stirn, rümpft ihre Nase und fügt einen abschließenden Gedanken hinzu, als habe sie gerade eine Niederlage gegen König Edward einstecken müssen. „Ich vermute, Jungs werden immer Jungs sein. Das ist abstoßend, aber so sind sie nun mal!"

Ich glaube, ich weiß, warum so viele junge Frauen so von Männern denken: Die jungen Männer meiner Generation sind durch ein verzerrtes Männerbild geprägt worden. Es ist kein Wunder, dass Männer heutzutage so oft als Trottel hingestellt werden – die Basis ihres männlichen Verhaltens ist egoistisch und selbstgefällig.

Als Mann kenne ich die Verdrehungsabläufe. Weißt du, wir jungen Männer wollen „normal" sein. Was unsere Gesellschaft als normales Verhalten definiert, wird schnell zu unserem männlichen Streben. Irgendwann in der Mittelstufe brachte man mir bei, dass es für die Entwicklung vom Jungen zum Mann normal sei, Sex im Kopf zu haben. Man erzählte mir, auch Frauen sagten das, dass ich als Mann nur eine Sache im Sinn hätte. (Natürlich war diese eine Sache Sex oder vielleicht besser: eine Fixierung auf den weiblichen Körper.) Also, wenn wir als junge Männer normal sein wollen, rate mal, woran wir dann denken.

Vorherrschenden Einfluss auf die Eigenart der modernen Männlichkeit in unserer Gesellschaft haben die Erwartungen der modernen Frauen. Die feministische

Bewegung führte zu einer großen Freiheit der Frauen, aber nicht ohne dafür einen Preis zu zahlen. Die große Tragödie des Feminismus ist die, dass er die Männlichkeit in eine pervertierte Ecke gedrängt hat, in der es nahezu unmöglich ist, Männlichkeit umzusetzen.

Es wäre irreführend zu sagen, dass Männer nicht eine Schwäche im sexuellen Bereich hätten. Aber diese Schwäche wurde in eine Erwartung verdreht. Ein kleines Kind mag eine natürliche Neigung haben, Kekse aus dem Keksregal zu stehlen, aber gute Eltern sagen nicht: „Kinder sind halt so", und korrigieren sie nicht, um später etwas Besseres von ihnen zu erwarten. Männer brauchen jemanden, der an sie glaubt. Sie brauchen jemanden, der ihnen sagt, dass sie über diese Mittelmäßigkeit hinaus wachsen können. Sie brauchen jemanden, der ihnen sagt, dass sie viel mehr als „das Eine" im Kopf haben können. Sie brauchen jemanden, der Erwartungen an ihre Männlichkeit weckt. Ob du es glaubst oder nicht, wir Männer brauchen dich als junge Frau, die uns hilft, aus dem geistigen Rinnstein unserer gesellschaftlichen Normalität herauszufinden.

Leslie inspiriert mich in meinem Streben nach Männlichkeit mehr als irgendeine andere Macht, ausgenommen der Geist Gottes in mir. Ich glaube nicht, dass ich zu viel sage, wenn ich behaupte, dass Leslies Vision von Männlichkeit für mich genauso wichtig ist wie meine eigene Vision von Männlichkeit. Ich sage gerne: „Die Worte meiner Prinzessin machen mich zum Prinzen."

Leslie mit ihrer Vision für mich, dass ich mehr sein kann als ein rülpsendes männliches Wesen, das erwartungsgemäß nur eine Sache im Kopf hat, macht es mir möglich, dass viel mehr aus mir werden kann. In ihrer Vision werde ich zum Weltveränderer, ein Mann unter

Männern, ein Abbild ihres himmlischen Bräutigams, ihres Prinzen und Liebhabers – Jesus Christus. Sie glaubt an das, was Männlichkeit sein kann, sie achtet die Art, wie ich einzigartig geschaffen bin, sie versteht Männlichkeit von der Perspektive Gottes her und sie erwartet von mir, dass ich nach nicht weniger als völligem und ganzem Mann-Sein strebe. Merkwürdigerweise freut sich Leslie genauso wie ich über meine „männlichen" Ergüsse, die um meinen Computermonitor hängen. Während sie für mich zeigen, was ich für mich selbst wünsche, zeigen sie ihr, was sie mir wünscht. Als Frau möchte sie einen Krieger-Dichter, nichts anderes. Sie will einen Mann, der bereit ist, sein Leben für Jesus Christus zu geben, aber sie will auch einen Mann, der seine Herzensregungen artikulieren kann und sensibel für ihre Welt ist. Ihre Sicht auf meine Männlichkeit erleuchtet meine Seele. Ihre Erwartungen sind meine Inspirationen.

William Wallace im Buch *The Scottish Chiefs* stellte tatsächlich Jesus Christus dar. Der Autor bekleidete den beherzten Wallace absichtlich mit der weltverändernden Männlichkeit Jesu Christi. Dieses frische Bild von der Männlichkeit Christi veränderte meine Vision von dem radikal, wie meine persönliche Männlichkeit geprägt sein könnte. Der Autor wollte Erwartungen wecken, was Männer für sich als Minimum ansetzen und was Frauen von ihren Männern erwarten sollten. Das Erstaunlichste ist, dass der Autor, der das Buch geschrieben hat, das meine Vision von Männlichkeit prägte und zu dem ultimativen Männerfilm *Braveheart* anregte, der Autor war ... naja, *eine Sie*! Sie hieß Jane Porter. Eine Frau mit der richtigen Vision von Männlichkeit entzündete in mir die Bereitschaft, all das zu werden, was Gott für mich wollte. Ich könnte wohl sagen, dass die Worte einer Prinzessin mit Namen Jane mir helfen, ein Prinz wie Jesus zu werden!

Umsetzung

Vier gute Möglichkeiten, wie aus jungen Männern Krieger-Dichter werden können:

1. *Mache Prinzen aus den Männern in deiner Umgebung.* Fang mit deinem Vater und deinem Bruder an. Wenn du in der Beziehung mit ihnen lernen kannst, Prinzen zu formen, dann wirst du in der potentiellen zukünftigen Beziehung mit deinem Bräutigam chartverdächtig fantastisch sein. Gib dir Mühe zu zeigen, dass du die Dinge bemerkt hast, die sie gut gemacht haben (z.B. den Rasen mähen, Würstchen grillen, die Küche streichen oder einen Freistoß perfekt platzieren) oder dass du gesehen hast, wo sie ein Männerbild entworfen haben, das du respektierst (hilfreich, couragiert, sensibel, demütig). Mit der Zeit wird deine Vision dessen, was aus einem jungen Mann werden kann, sich noch erweitern und du wirst deinen eigenen Weg finden, wie du aus den Jungs in deinem Leben ein majestätisches Mann-Sein herauslocken kannst. Es sind die Worte unserer Prinzessinnen, die aus uns Prinzen machen. Wir müssen von euch hören.
2. *Fordere Männer zu einem höheren Standard heraus.* Indem du dein Herz beobachtest und auf einen christusähnlichen Krieger-Dichter wartest, kannst du Männer zu einem höheren Standard herausfordern, ohne ein Wort zu sagen. Wenn ein Junge mitbekommt, dass du nach einem christusähnlichen Eh-

renmann Ausschau hältst, kann das für ihn die Motivation sein, die er braucht, um seine eigene Vision von Männlichkeit zu überprüfen. Es ist nicht nötig, für Jungs unnahbar zu sein, die nicht christusähnlich sind. Wenn du nur frisch und fröhlich auf einen solchen Standard vertraust, nach dem du Ausschau hältst, kann das einen Jungen dazu bringen, innezuhalten und zweimal über sein Verhalten nachzudenken. Bestimmte Jungs in deinem Leben stellen eher die Perversion unserer Gesellschaft dar als die inspirierende Männlichkeit Jesu. In dem Fall kannst du bei Gelegenheit von einem höheren Maßstab reden. Kritisieren und predigen hilft da sicher nicht. Stachel sie lieber auf eine fröhliche und freundliche Art zu etwas Besserem an. Hier ein paar Beispiele, wie das aussehen könnte, wobei du sicherlich die Sprache deiner eigenen Art anpassen musst:

a) *Wenn sie in grober Gesellschaft rülpsen oder etwas anderes tun,* sag freundlich so etwas wie: „Ich habe gehört, dass Rülpsen auf die bärtigen, einäugigen, Ochsen anbetenden Frauen von Honolulu anziehend wirkt, aber die meisten anderen Mädchen finden das nicht sehr nett."
b) *Wenn sie zögern, jemandem zu helfen, der Hilfe braucht,* kommentiere das (wieder ganz freundlich) etwa so: „Diese Aufgabe erfordert einen starken Mann mit einem großen Bizeps", dann schau ihn an, nicke und trällere ihm zu: „Ahh, hier gibt es einen Mann mit einem starken Bizeps, der bestimmt den Tag rettet!"
c) *Wenn sie abfällig über Frauen reden,* füge freundlich hinzu: „ Ich habe gehört, dass Männer, die hoch von Frauen reden, am Ende die schönsten Frauen kriegen."

d) *Wenn sie versuchen, dich dazu zu bringen, deine Unschuld zu opfern,* lass sie kurzerhand im Regen stehen und sag im Weggehen so etwas wie: „Du hast das Potential zu einem großartigen Mann. Und wenn du das bist, wirst du die Unschuld einer Frau eher verteidigen als sie zu erobern."

3. *Denke über die Männlichkeit Christi nach.* Lies in der Bibel das Hohelied Salomos und die Offenbarung. Wenn du diese beiden Bücher mit dem Herzenswunsch liest, das Bild einer christusähnlichen Männlichkeit zu entdecken, wird das eine große Wirkung haben. Das Hohelied Salomos zeigt ein Bild Christi als Dichter, als freundlicher Ermutiger und dienender Liebhaber. Die Offenbarung zeigt ein Bild von Christus als Eroberer, Held, Krieger aller Krieger und König aller Könige. Mach dich als junge Frau mit dem ultimativen Krieger-Dichter vertraut, dann wirst du besser verstehen, wie Männlichkeit tatsächlich aussehen soll.
4. *Studiere die Männerwelt.* Wenn du das Studium der Männer zu einem lebenslangen Forschungsprojekt machst, wirst du im Laufe der Zeit eine erstaunliche junge Frau werden. Leg dir ein Tagebuch an und gib ihm einen originellen Titel wie „Meine Männerstudie". Schreib in ihm all deine Gedanken, Beobachtungen und Entdeckungen über christusähnliche Männlichkeit auf. Bitte Gott, dich zu lehren, Männlichkeit wertzuschätzen und so zu sehen, wie er sie sieht. Eine Frau, die Männlichkeit wertschätzt, ist ein Werkzeug Gottes, mit dem er Männer prägt. Tatsächlich führe ich selbst ein Tagebuch über Frauen. Ich weiß, das klingt seltsam, aber es ist so. Ich fing damit vor ein paar Jahren an, damit ich Leslie besser dienen und sie als Frau herausbilden konnte. In die-

sem Prozess habe ich eine unglaubliche Einsicht dafür bekommen, wie Gottes Herz für Frauen schlägt und das veranlasst mich, dich, eine junge Frau, zu ermutigen, herauszufinden, was Gott für dich bereithält. Das ist eins der praktischsten Dinge, die du tun kannst, um dich auf eine Heirat vorzubereiten.

Jane Porter hat mir die Vision einer christusähnlichen Männlichkeit vermittelt und hier und jetzt stehe ich hier, 150 Jahre später, um ihr für ihren unermesslichen Beitrag zu meinem Leben zu danken. Vielleicht solltest du darüber nachdenken, ob du es zu einem deiner Ziele als junge Frau machen könntest, dass dank deiner Selbstaufopferung eine außerordentliche, christusähnliche Männlichkeit in 150 Jahren normaler ist. Als Männer wären wir dir ewig dankbar.

Teil 3
Romantischer Zauber

Das Geheimnis einer außergewöhnlichen jungen Frau

Mein Geliebter gehört mir und ich gehöre Ihm, Ihm, der unter den Lilien weidet.

Hohelied 2,16 NL

7 Der weibliche Zauber

Die verlorene Kunst des Zaubers wiederentdecken

Das weltverändernde und lebenspendende Geheimnis, das über die Jahre verborgen blieb, jetzt aber den Auserwählten Christi bekannt gemacht wurde, besteht nur darin: Jesus Christus, dein himmlischer Prinz, wird deinen irdischen Körper zu Seiner königlichen Residenz machen! Ja, das ist wahr! Dass der Prinz kommt, um in deinem Heiligtum zu leben, das ist das weltverändernde Geheimnis, das in Sein Königreich führt.

Kolosser 1,26.27; Umschreibung[15]

Wolltest du schon einmal woanders leben? Ich musste immer sehnsüchtig seufzen, wenn ich einen Spielfilm einer altmodischen Liebesgeschichte von Jane Austen sah. Ich starrte gebannt auf die schönen Frauen in prächtigen, fließenden Kleidern, die mit attraktiven, edlen Männern über das weite Parkett des Ballsaals Walzer tanzten. Ich glitt dahin in eine ferne Zeit und stellte mir vor, ich wäre dort: Auf der anderen Seite der Tanzfläche steht in der Nähe des Punsch-Tisches der Mann, den ich heimlich liebe. Er ist das perfekte Abbild eines wahren Edelmannes. Verstohlen blickt er zu mir herüber und wendet sich schnell wieder ab, als hätte er den Eindruck, es sei nicht angemessen, so herüber zu starren. Ich tue so, als habe ich ihn nicht bemerkt, aber meine Wangen glühen in stiller Erwartung und Hoffnung, dass dieser vornehme Mann sich für mich interessiert.

Als ich mich am Ende des Festes anschicke zu gehen, kommt er quer durch den Raum herangeeilt, um mir in den Mantel zu helfen. Dann bietet er mir seinen Arm, geleitet mich zu meiner Kutsche und hilft mir freundlich die Stufen hinauf auf den gepolsterten Sitz. In dem Augenblick, als der Kutscher die Zügel anzieht, fragt er höflich, ob er einmal bei mir vorsprechen dürfe. Ich lächle schüchtern, zögere einen Augenblick und antworte sanft: „Ja, gerne." Und während das Pferd über die gepflasterten Straßen klappert, schlägt mein Herz höher im Schauer einer aufkeimenden Romanze. Am nächsten Tag zum Tee kommt unser Dienstmädchen in mein Zimmer, wo ich an meinem Schreibtisch sitze und mit einem Federkiel schöne Gedichte niederschreibe, und verkündet, dass im Salon ein Herr auf mich warte. Mein Herz klopft aufgeregt, aber ich gehe langsam, ruhig und mit Würde die Treppe hinunter. Der Edelmann und ich sitzen uns im Raum gegenüber, nippen langsam an einer zierlichen Teetasse, schauen uns schüchtern an und reden über das Wetter. In dem Augenblick, in dem ich mich erhebe, um das Mädchen anzuweisen, dass sie die Gebäckschale wieder auffüllt, steht er in seinem ritterlichen Benehmen reflexartig auf und bleibt stehen, bis ich den Raum verlassen habe.

In den nächsten Wochen und Monaten blüht unsere Liebesgeschichte auf. Ganz anders als in den modernen Liebesgeschichten landen wir nicht leidenschaftlich herumknutschend in der letzten Kinoreihe. Wir verbringen nicht Stunden am Telefon und erzählen uns unsere tiefsten Träume, Hoffnungen und Wünsche unseres Herzens. Wir umarmen uns nicht zärtlich jedes Mal, wenn wir uns sehen und flüstern uns gefühlvoll etwas ins Ohr. Tatsächlich hat unsere Liebesgeschichte nichts mit der heutigen Halte-nichts-zurück-Version zu tun. Sie ist zart und feinfühlig wie das zarte Aufblühen einer Blume. Unsere Romanze ist umgeben von Wundern und Geheimnissen. Wir verbringen Zeit miteinander, sind aber zurückhaltend, uns unsere wachsende Zuneigung füreinander zu gestehen. Ich achte darauf, dass er nicht viel von meinen inneren Gefühlen sieht. Ich erlaube ihm nicht, mein Herz zu besitzen – oder gar hineinzusehen –, bevor ich nicht absolut sicher bin, dass er es wert ist.

In der Zwischenzeit wird er sich ritterlich darum bemühen, mein Herz zu gewinnen. Er ist sensibel, aufmerksam und geduldig und gesteht seine Liebe nicht öffentlich, wenn er nicht sicher ist, dass ich dazu bereit bin. Er kommt mich besuchen, aber nicht jeden Tag, und lässt mich fragend und hoffend zurück. Gelegentlich schickt er Blumen und manchmal eine schön geschriebene Notiz, in der er mich bittet, ihm die Ehre zu geben, ihn auf einen Ball zu begleiten. Die ganze Zeit ist er der perfekte Ehrenmann und bittet und erwartet nie, dass ich ihm gebe, was er noch nicht das Recht hat zu fordern. Er behandelt mich wie einen wertvollen, zarten Schatz – und er weiß, dass ihm dieser Schatz noch nicht in die Hand gegeben ist.

Dann, an einem Frühlingstag schlendern wir durch den Garten und er führt mich behutsam zu einer Bank an einem rieselnden Bach. Wenn ich mich anmutig hingesetzt habe und mein langes Kleid mich umfließt, kniet er nieder, nimmt sanft meine Hand und gesteht mir seine brennende Bewunderung. „Du bist das Abbild wahrer Grazie, Würde und Schönheit", flüstert er wortgewandt. „Du faszinierst mich schon seit Monaten. Die Zeit, die wir miteinander verbrachten, entfachte in mir den Wunsch, mein Leben damit zu verbringen, mehr von dir zu entdecken." Er würde sich selbst des heiligen Schatzes meines Herzens für unwürdig erachten, aber sein eigenes Herz verraten, wenn er mich nicht bäte, seine Frau zu werden. Ich lächle mit Tränen in den Augen, flüstere „Ja", und schenke ihm dann vollkommen mein zartes Herz – jetzt und für immer. Und auch nach unserer Hochzeit (in einer mit wunderschönen Blumen umrankten Kapelle) behandelt mich mein ritterlicher Edelmann mit äußerstem Zartgefühl und Respekt, öffnet mir die Türen, steht auf, wenn ich den Raum verlasse, schätzt jeden Augenblick mit mir und entdeckt immer mehr Geheimnisse meines Herzens.

Okay, jetzt machst du sicher deine Witze über mich, rollst die Augen und stöhnst sarkastisch. „Träum weiter!" Oder du wünschst dir, du könntest mir den Kopf tätscheln und mir freundlich beibringen, dass ich total irregeworden bin. In unserer heutigen Welt beschimpft alles um uns herum solche Märchen als prüde und altmodisch. Wir haben zu viel von der rülpsenden und aufgekratzten Spezies Mann gesehen, um noch daran zu glauben, dass es ritterliche Ehrenmänner gibt. Vielleicht ist es einfacher zu sagen, dass solche Träume kindisch sind. Ich kenne viele junge Frauen, die äußerlich solche Jane Austen Romanzen verachten. Viele von eben diesen Frauen gestehen mir aber heimlich, dass sie sich tief im Innern nach jenen Tagen sehnen, in denen es noch edle Ritterlichkeit gab. Auch wenn es heutzutage politisch nicht korrekt ist, das zuzugeben, ist etwas dran an den altmodischen Märchen vom „Herzen-Gewinnen", die in so vielen von uns sehnsüchtige Wünsche entfachen. Ich glaube, dass dies so ist, weil solche Geschichten ein wesentliches Element wahrer Liebe in sich tragen, das in der modernen Gesellschaft nahezu verloren gegangen ist. Dieser fast ausgelöschte

Aspekt der Liebe ist etwas, das ich gerne den *romantischen Zauber* nenne.

Die verlorene Kunst des Zaubers

Was ist romantischer Zauber? Zauber bedeutet, zu hüten, was heilig ist, unser innerstes Sein schützen, unser Herz, unsere Gefühle, intimen Gedanken und unseren physischen Körper. Eine Frau mit Zauber bewahrt den Schatz ihres Seins und verwahrt sich für den Einen, der sich als der herausstellt, der ein solches Geschenk wert ist. Weiblicher Zauber ist eine verlorene Kunst. Heute halten wir lieber *nichts* heilig, statt dass wir unser Herz, unsere Gefühle und unsern Körper schützen. Es gilt eher als prüde oder versnobt, Reinheit zu bewahren und sich selbst vorzumachen, es gäbe tatsächlich einen Mann irgendwo da draußen, der dein Herz als einen Schatz ansieht.

Viele Jahre schenkte ich der Lüge Glauben, das weiblicher Zauber unmodern und lächerlich sei. Mein Denken war von der Gesellschaft um mich herum geprägt. Mädchen, die keine Ahnung von ihrem Zauber hatten – sie liefen den Jungs offensiv nach und gaben freiwillig einem Jungen nach dem andern alles, was sie hatten –, diese Mädchen schienen alle männliche Aufmerksamkeit auf sich zu ziehen. Die Gesellschaft erzählte mir immer und immer wieder, dass weiblicher Zauber Mädchen nur unattraktiv für das andere Geschlecht machte. Wie viele andere verzerrte Ansichten meines Lebens war mir diese Mentalität in jungen Jahren vermittelt worden. Ich erinnere mich an eine Unterhaltung unter einigen gleichaltrigen Mädchen, als ich gerade fünfzehn war.

„Ich habe letzte Nacht meine Unschuld verloren“, verkündete Tanya teilnahmslos während sie ein Senftütchen aufriss und es auf ihr Putenbaguette spritzte. Wir saßen in einer kleinen Gruppe im warmen Gras vor der Doppeltür zur Turnhalle und aßen unser Pausenbrot. Wir aßen und faulenzten und versuchten, so viel Sonne wie möglich aufzusaugen, ehe wir wieder für den Rest des Tages in unser kerkerähnliches Klassenzimmer mussten. Unsere Unterhaltung war vorwiegend lustlos, denn es war Mitte des Semesters und unser Gehirn fühlte sich an wie Brei. Tanyas Feststellung steuerte uns aber dann doch in den Bereich des Interessanten und alle Augen richteten sich auf sie, während sie eine kleine Tüte Chips aufriss.

„Gratuliere“, sagte Ashley trocken, „das wird ja auch Zeit, kann ich da nur sagen.“

„So wie du sagen kannst: Kleine Lady, ich hatte Sex mit zwei auf einmal“, antwortete Tanya sarkastisch. Und dann fügte sie triumphierend hinzu: „Nebenbei, ich wette, du hast es bestimmt nie mit drei von seinen Freunden im Zimmer gemacht!“

Da waren wir plötzlich alle wach. Die Mädchen brachen in schallendes Gelächter aus und riefen: „Was? Machst du Witze?!“ Tanya grinste nur über unseren Ausbruch.

„Komm schon, Tanya! Erzähl!“, bettelte Vanessa, stellte ihre Pepsi Light ab und beugt sich vor.

Tanya grinste verschlagen und erzählte, sie habe ihrem Freund Jordan gesagt, dass sie Sex mit ihm haben wolle – und dass es ihr nichts ausmache, wenn seine Freunde dabei wären. (Irgendwie hatte diese verrückte Geschichte etwas mit einer Wette zwischen Tanya und ihrer älteren Schwester Tracy zu tun.) Jordans Eltern waren nicht zu Hause und so betranken sich Tanya,

Jordan und drei seiner Kumpels, legten Aerosmith auf, versammelten sich im Schlafzimmer und ließen dem Laster seinen Lauf.

„Ich glaub das nicht!", lachte Ashley ungläubig und schüttelte ihren Kopf. „Ich würde total *ausflippen*, wenn Seths Freunde dabeistünden und zuschauten. Hat dir das wirklich nichts ausgemacht?"

Tanya zuckte nur mit den Schultern. „Nicht wirklich", antwortete sie gedankenlos, „ich meine, ich bin total zufrieden mit meinem Körper – warum sollte ich mir was draus machen, wer mich beim Sex sieht? Das ist doch keine große Sache."

„Wow, ich bewundere dich", sagte Vanessa wehmütig. „Ich wünschte, ich könnte so entspannt damit umgehen. Ich könnte so was nicht."

Tanya zuckte wieder mit den Schultern. „Du musst nur aufhören, so verklemmt zu sein", sagte sie herablassend.

„Klasse, Tanya, dass du mit deinem Körper so zufrieden bist – ich meine, du bist wirklich erwachsen!", sagte Ashley zustimmend. Sie biss in ihr Frikadellenbrötchen, kaute eine Minute und fragte dann: „Und was hält Jordan danach davon? Ist er jetzt total in dich verknallt oder was?"

Tanya ließ eine Pause und nahm einen langen Schluck aus ihrer Sprite. Sie schien zu versuchen, ein neues Gefühl zu unterdrücken. Ihre Augen wurden trüb und sie schluckte kräftig. Schließlich schaute sie uns zuversichtlich lächelnd an. „Wir haben heute Morgen Schluss gemacht", sagte sie achtlos dahin. „Er mag eine andere."

Die Gruppe war einen Augenblick still, um die unerwartete Information zu verdauen, unsicher, was man sagen sollte. Schließlich murmelte Vanessa mitfühlend: „Hey, tut mir Leid."

Aber Tanya wurde ärgerlich. „Ist mir doch egal", trat sie aufsässig nach. „Ich bin doch keine Heulsuse, die dann schreit: ‚O Jordan, ich hab dir meine Unschuld gegeben – jetzt musst du mich für immer lieben!'" Sie verdrehte die Augen bei dem Gedanken an so einen lächerlichen Gefühlsausbruch.

Ashley nickte zustimmend. „Ja, das ist richtig. Sex sollte nicht so was überschwänglich Gefühlsbetontes sein; es geht doch nur darum, den Augenblick zu genießen. Du solltest frei sein, dich mit verschiedenen Jungs zu treffen, wie *du* willst – lass dich nur nicht von einem von ihnen kontrollieren..."

An dieser Stelle zog ich mich hoch auf meine Füße und verkündete, ich müsste mich zum Volleyball umziehen. Während ich wegging, hielt sich die kleine Gruppe weiter leidenschaftlich gegenseitig zur befreienden und herrlichen Kunst sexueller Bindungslosigkeit an. Mädchen wie Tanya wurden für den Rest von uns zu Vorbildern erhoben. Sie waren erwachsen geworden bis zu dem Punkt, dass sie mit ihren Körpern zufrieden waren; sie hatten vermutlich die volle Kontrolle über ihr eigenes Leben und ihre Gefühle übernommen. Das Ziel war es wohl, so wenig weiblichen Zauber wie möglich zu haben und jene lächerlichen Märchenvorstellungen von Ritterlichkeit und wahrer Liebe über Bord zu werfen.

Glücklicherweise gab es in meinem Leben noch andere Einflüsse, von meinen Eltern und Gemeindeleitern, die keine Mühe scheuten, der unheiligen Botschaft zu wiedersprechen, die ich täglich von der Gesellschaft hörte. „Deine Unschuld ist ein heiliges Geschenk", sagte man mir, „ein Schatz, der gehütet werden muss und den du eines Tages deinem zukünftigen Mann geben wirst."

Trotzdem fehlte etwas im modernen christlichen Ansatz. Christen tendierten dazu, sich darauf zu konzentrieren, dass nur die Unschuld gehütet werden muss. Romantischer Zauber gehörte nicht dazu! Die Unschuld zu bewahren, wurde zu einer technischen Grenze, die von sehr wenig Schönheit und Romantik umgeben war. Vielleicht hing das auch mit meiner geistlichen Unreife zusammen, aber aus den Reinheits-Ermutigungen unseres Jugendpastors, christlichen Beziehungsbüchern oder christlichen Jugendzeitschriften zog ich nur den Schluss, dass ich „das Richtige tat" und meinem zukünftigen Mann ein heiliges Geschenk bewahrte, solange ich technisch gesehen keinen Sex hatte. Offensichtlich war das die höchste Ebene weiblichen Zaubers, die ich erreichen konnte.

Ich war nicht allein mit dieser Annahme. Viele meiner christlichen Freundinnen dachten sich wie ich nichts dabei, in Beziehungen mit Jungs mit ihren Herzen, Gefühlen und Körpern um sich zu werfen und waren dabei der festen Überzeugung, sie hüteten ihr heiliges Geschenk, solange sie technisch ihre Unschuld behielten.

Megan, eine lebhafte Cheerleaderin aus meiner Jugendgruppe, gab ab und zu damit an, dass sie und ihr Langzeitfreund Chris sich so weit „gegenseitig respektierten", dass sie den Sex für die Ehe aufbewahrten. Chris blieb oft bei Megan und sie lagen zusammen die ganze Nacht im Bett in den Armen des anderen, meist wenig bekleidet, aber offenbar hatten sie genügend Selbstkontrolle, um *technisch gesehen* keinen Sex zu haben.

„Unsere Hochzeitsnacht wird etwas ganz besonderes, weil wir noch warten", erklärte Megan glücklich. Aber manchmal dachte ich dann doch, ob es wohl tatsächlich einen so großen Unterschied machte zwischen ihrer Hochzeitsnacht und jeder anderen Nacht, in der sie in den Armen des anderen eingeschlafen waren. Was war es denn, das so besonders an ihrer Hochzeitsnacht sein würde? Megans und Chris' Version vom Bewahren des Heiligen war weit entfernt von den Tagen, als schon Händehalten ein achtsam bewahrtes und tief geachtetes Zeichen von Zuneigung war.

Sarah, eine schöne Rothaarige aus meiner Jugendgruppe, verliebte sich in Kip, einer der heißen jungen Praktikanten unserer Gemeinde. Sie leckte sich schon ein ganzes Jahr die Finger nach ihm, bis er überhaupt in ihre Richtung schaute. Als er endlich doch Interesse zeigte, lief sie wochenlang wie betäubt und euphorisch herum. „Kip hat mich gestern Abend angerufen", schwärmte sie dann atemlos. „Wir haben fünf Stunden geredet! Er ist so süß! Ich hab das Gefühl, ich kann ihm *alles* erzählen!" Und das tat sie auch. In den nächsten zwei Monaten öffnete Sarah Kip ihr Herz wie ein Schleusentor und schüttete all ihre Träume, Wünsche, Hoffnungen, Ängste, Sehnsüchte und intimen Gedanken aus, bis es fast nichts mehr gab, was er noch nicht von ihr wusste. Alles schien perfekt, bis Kip sich für jemand anderes interessierte und Sarah sehr höflich beibrachte, dass die mitternächtlichen Telefongespräche aufhören müssten. Sarah war am Boden zerstört. „Ich weiß gar nicht, warum ich so aus der Fassung bin", vertraute mir Sarah eines Tages an. „Ich hatte doch gar keinen Sex oder so was mit ihm – wir haben uns noch nicht einmal geküsst! Aber irgendwie habe ich immer noch das Gefühl, dass Kip mir etwas genommen hat, das ich nicht zurückbekommen kann." Sarahs völlige Niedergeschlagenheit über den Verlust dieser platonischen Beziehung zeigte mir, dass es viel mehr bedeutete, seinen heiligen Schatz zu bewahren, als nur keinen Sex zu haben.

Eine nach der anderen spiegelten meine christlichen Freundinnen meine eigenen Beziehungserfahrungen: Wir gaben uns achtlos den Jungs physisch oder emotional hin (auch wenn viele von uns technisch Jungfrauen blieben) und fühlten uns doch am Ende ausgenutzt und mit gebrochenem Herzen. Die typisch christliche Art, Heiliges zu bewahren, erinnerte mich an ein kleines Mädchen, das sich in einem heftigen Hurricane an einer Rose festhält – der Wind fegt alle Blütenblätter fort und wenn der Sturm sich gelegt hat, hält sie nur noch den verkümmerten, kahlen Stängel in der Hand, all seiner Schönheit beraubt. Auch wenn ich wusste, dass es schon ein bedeutender Schritt weiter war als Tanyas achtloser, betrunkener One-Night-Stand, so schützte die christliche Sicht nur den *sexuellen Akt* als heilig, nichts anderes. Die moderne christliche Version von Romanze war nirgends von Schönheit, Wunder oder Zauber umgeben. Je stärker ich mich mit diesem Ansatz auseinandersetzte, desto mehr schien er mir bloß eine zweitklassige, verwässerte Version von Romantik zu sein. Sie wies nicht die Spur einer Jane Austen Liebesgeschichte auf.

Wo der Zauber beginnt

Weiblicher Zauber bedeutet viel mehr als nur technisch-physische Reinheit. Weiblicher Zauber beginnt damit, dass wir den wertvollsten Teil unserer Existenz bewahren, die Intimität mit unserem Prinzen. (Und nebenbei, unser Prinz ist der galanteste, ritterlichste Edelmann aller Zeiten!) Wenn wir Zeit in seiner Gegenwart verbringen, werden wir Ihm ähnlicher. Wenn wir Ihm ähnlicher werden, lernen wir zu bewahren, was heilig ist, so wie er es tut. Als Seine wertgeschätzte Prinzessin lernen wir, das Eigentliche unseres Seins zu schützen, statt dass wir es im Matsch zertreten lassen. Wir lernen, unsere intimsten Bereiche nur für die Augen unseres Prinzen zurückzuhalten.

Eric und ich haben ein „Heiligtum" geschaffen, in dem Intimität in unserer Ehe wachsen kann. Unser Zuhause ist ein privater Rückzugsort, den wir von der Außenwelt abgeschlossen halten; es ist ein abgesonderter Hafen, in dem wir wirklich zur Ruhe kommen und Freude aneinander haben können. Wir arbeiten intensiv daran, unser Heiligtum zu schützen. Wir lehnen viele Einladungen und Verabredungen ab, um so die meisten unserer Abende freizuhalten, unsere Beziehung zu pflegen – wir lesen, hören Musik, reden miteinander oder sind einfach nur zusammen. Bestimmte Räume in unserem Haus werden besonders geschützt, wie unser Schlafzimmer. Telefon, Post, Zeitung, Computer, Wäsche, unerledigte Projekte und alles, was mit Arbeit zu tun hat, bleibt immer außerhalb dieses Raumes. Die Atmosphäre in diesem Raum muss sauber, frisch und romantisch bleiben mit Kerzen, ruhiger Musik und Blumen. Freunde oder die Familie kommen nicht in dieses Zimmer. Geschäfte werden nicht in diesem Zimmer diskutiert. Wir versuchen auch, keine Vorgehensweisen oder Lösungen für Alltagsprobleme in diesem Zimmer zu planen. Es ist ein Heiligtum – ein abgesonderter Raum, in dem wir unsere Intimität pflegen. Es muss vor äußeren Einflüssen und Ablenkungen geschützt werden. Es muss vor der Außenwelt verborgen bleiben.

Was passiert, wenn das Heiligtum nicht von der Außenwelt abgeschirmt wird? Stell dir vor, ein Mann und seine Frau wollen einen intimen Abend in einem Haus ohne Wände genießen. Wenn sie sich gerade sanft umarmen, kommt der Bote mit einer großen Peperoni-Pizza vorbei und will von ihnen noch Geld haben. Das kleine Pizzaauto fährt wieder weg und das Paar versucht, da wieder anzufangen, wo es aufgehört hat. Aber als sie sich gerade verliebt in die Augen schauen, brüllt sie aufgeregt ein Staubsaugerverkäufer an: „Was halten sie davon, wenn sie vier Zimmer zum Preis von drei reinigen können?" Nach 15 Minuten haben sie ihn endlich überzeugt, dass sie auf seine Dienste verzichten. Sobald sie ihn los sind, versuchen sie wieder, in eine romantische Stimmung zu kommen. Aber nach ein paar Minuten taucht ihre Nachbarin auf und fragt, ob sie eine Tasse Zucker leihen kann. Als ihr Messbecher voll ist, entscheidet sie, noch ein Weilchen zu bleiben, um zu reden, obwohl das Paar ganz offensichtlich allein sein will.

Überflüssig zu sagen, ohne schützende Wände um ihr Heiligtum wäre Intimität zwischen Mann und Frau nicht möglich. Damit Intimität entsteht, muss unser Heiligtum um jeden Preis geschützt werden und das gilt sowohl in der Ehe als auch mit unserem Prinzen.

Es wird Zeit für uns, dass wir die beharrliche Botschaft unserer Gesellschaft ausschalten, dass nichts heilig sei, was wir besitzen. Ob nun eine moderne Jane Austen Romanze mit ihren ritterlichen Männern und geheimnisvollen Frauen heute möglich ist oder nicht, über eins bin ich mir sicher: Wir können eine viel atemberaubendere, schönere, intimere Liebesgeschichte mit unserem ultimativen, perfekten Edelmann haben. Intimität mit Ihm ist ein wertvoller, unbezahlbarer Schatz, ein Schatz, der es wert ist, ihn mit unserem ganzen Leben zu schützen.

Das Heiligtum schützen

In den Tagen edler Ritter stürmten Feinde bei dem Versuch, ein Königreich zu unterwerfen, ein Schloss. Das Schloss war das Zentrum des Königreichs. Es war der Ort, an dem der König und sein Adel lebten, der Ort, an dem die wertvollen Schätze verwahrt wurden, und der Ort, an dem die Gesetze des Königs erlassen und Pläne ausgeführt wurden. Wenn das Schloss eingenommen wurde, war das Königreich zerstört. Deshalb ist es nicht verwunderlich, dass um jeden Preis ein besonders hoher Maßstab an den Schutz des Schlosses angelegt wurde. Um das ganze Schloss wurden hohe, schützende Mauern errichtet. Ein breiter Wassergraben erlaubte den Leuten, nur über eine Zugbrücke zu kommen und zu gehen, die von besonders aufmerksamen Wachen kontrolliert wurde. Massive Eisengitter mit schweren Ketten verschlossen sicher den Burgeingang. Ein unwirscher Torwächter wachte mit seinem Leben über den Schlüssel. Tag und Nacht waren Legionen der besten Kämpfer des Landes postiert, um Eindringlinge fernzuhalten.

Wir müssen unser eigenes Heiligtum genau so vehement schützen wie ein König sein Königreich. Wenn um unser Heiligtum keine festen Grenzen errichtet werden, kann die Sünde sich all zu leicht wieder einschleichen und die heilige Intimität mit unserem Prinzen zerstören.

Unter der sanften Leitung meines Prinzen lernte ich, um mein Heiligtum schützende Mauern zu errichten. Der erste Schritt war, „Adleraugen" für die Sünde zu entwickeln, die auf der Hut waren wie die Schlosswache, die bei jedem Anzeichen eines herannahenden Feindes Alarm schlägt. Adleraugen zu entwickeln bedeutete, meine Fähigkeit zu verstärken, jedes Anzeichen eines Kompromisses in meinem Leben zu bemerken und die Sünde sofort und komplett anzugehen.

Als ich den Müll beseitigt und andere Liebhaber hinausgeworfen hatte, hatte ich mich mit den offensichtlicheren Sünden und vergangenem Abfall beschäftigt, die große Teile meines Herzens kontrolliert hatten. Jetzt musste ich die Fähigkeit dauernder Wachsamkeit entwickeln, um sicherzustellen, dass alte Gedanken und Gewohnheiten nicht versuchten, sich wieder einzuschleichen. Ich musste auch mit den feineren Kompromissen umgehen lernen, die Teil meines alltäglichen Lebens waren.

Die meiste Zeit meines jungen Erwachsenenlebens hatte ich mein Maß an Anstand an den Leuten um mich herum gemessen. Ich hatte meine technische Unschuld bewahrt, ich hielt mich besser als die meisten Gleichaltrigen, die mit sechzehn schon mit mehreren Jungs geschlafen hatten. An Musik hörte ich in der Regel christliche Bands und war damit besser dran als die meisten Leute in meinem Alter, die kein Problem hatten, sich dreckige, perverse Texte anzuhören. Bei der Ehrlichkeit, naja, da übertrieb ich hin und wieder ein paar Details, „wirkliche Lügen" verbreitete ich aber nicht. Und so ging die Liste weiter. Aber mein Prinz zeigte mir bald, dass mein Maßstab für Anstand nicht bei meiner Umwelt oder geistlichen Leitern lag, sondern einzig und allein bei Seiner strahlenden, fehlerlosen Gerechtigkeit.

Je mehr Zeit ich in der Gegenwart meines Prinzen verbrachte, je mehr Zeit ich damit verbrachte, Sein Wort zu studieren, je mehr Zeit ich in der Stille im Gebet verbrachte, desto mehr wurde mir bewusst, wie ich täglich, stündlich, ja Minute für Minute feine Kompromisse in meinem Leben zuließ. Ich begann, meine Gedanken, Worte und Handlungen bewusst einigen Fragen zu unterziehen: *Ehrt das meinen Prinzen, was ich gerade jetzt sage oder tue? Verherrlicht das Christus, was ich mir ansehe oder worauf ich höre?* Es war keine Form von Verfolgungswahn, der sich in mein friedliches, glückliches Dasein mischte. Vielmehr war es ein neues *Bewusstsein* für die Art, wie ich mein Leben führte, von der tiefen Liebe zu meinem Prinzen motiviert und dem Wunsch, das innere Heiligtum zu bewahren, das Er mir gegeben hatte.

Hier ein paar Beispiele subtiler Sünden, die ich aus meinem Alltag verbannen musste:

Klatsch und Tratsch. Obwohl es nicht meine Art war, schlecht über Leute zu klatschen, hatte ich nichts dabei gefunden, mich an einem etwas belanglosen Gequatsche über jemandes nervige Umgangsformen oder verwirrende Ticks zu beteiligen. Solche Unterhaltungen fingen meist damit an, dass irgendjemand sagte: „Ich will ja nicht gemein sein, weil ich Soundso ja mag, aber habt ihr schon bemerkt, wie sie immer Dasunddas macht?“ Weil solche Unterhaltungen oft unter Gemeindefreunden aufkamen, hatte ich sie für in Ordnung gehalten. Aber schließlich wurde mir klar, dass das nicht Ähnlichkeit mit meinem Prinzen zeigte und ich beschloss, mich nicht mehr an solchem Getratsche zu beteiligen oder darauf zu hören, egal wie harmlos es zu sein schien.

Egoismus. In einer Gesellschaft, die einem ständig die Botschaft „Pass auf dich auf" zukommen lässt, übersieht man leicht die Tatsache, dass Auf-sich-Aufpassen oft nichts anderes als einfacher, altmodischer Egoismus ist. Klar, ich tat während der Woche auch ein paar selbstlose Dinge wie ein kleines Trinkgeld für den Kellner oder ein Auto, das sich in den fließenden Verkehr einreihen wollte, auf meine Fahrspur einbiegen lassen. Bald aber merkte ich, wie egoistisch ich war, wenn es darum ging, eigene Annehmlichkeiten aufzugeben. Wenn meine Eltern die Garage aufräumten oder im Vorgarten arbeiteten und ich es mir auf dem Sofa mit einem Buch gemütlich gemacht hatte, gab ich all zu oft absichtlich vor, nicht bemerkt zu haben, dass sie Hilfe gebraucht hätten. Wenn meine Kleingruppe vom Bibelstudium plante, den Samstag im dreckigen Lager des Obdachlosenasyls die Konserven zu sortieren, fand ich oft eine Ausrede, mich nicht an der mühsamen und ermüdenden Arbeit beteiligen zu müssen und wenn ich auftauchte, stöhnte ich innerlich darüber, dass ich mein Wochenende opfern musste. Als meine Vertrautheit mit meinem Prinzen langsam tiefer wurde, lernte ich, egoistische Haltungen zu erkennen. Ich bemühte mich darum, bereit zu sein, persönliche Annehmlichkeiten aufzugeben, um anderen zu dienen, damit ich Ihm so immer ähnlicher wurde.

Materialismus. Genau wie der Egoismus ist auch der Materialismus so sehr in der modernen westlichen Gesellschaft verwurzelt, dass er in unserem persönlichen Leben oft unbemerkt Eingang findet. In meiner Schullaufbahn bin ich mit Kindern aus gutsituierten Familien aufgewachsen und viele meiner Schulfreunde waren überversorgt mit Designerklamotten, hochtechnischen Geräten und „Spielzeug“ – auch teure neue Autos, sobald sie den Führerschein hatten. Die Tatsache, dass meine Eltern mich nicht so überschüttet hatten, brachte mich zu der Überzeugung, dass ich nicht materialistisch war. Aber dann fiel mir auf, wenn ich am Wochenende durch die Einkaufsstraße ging oder Schönheits- und Modezeitschriften durchblätterte, dass ich nie wirklich zufrieden war mit dem, was ich hatte, dass ich immer mehr wollte. Ich fühlte mich nicht wohl, wenn ich nicht die neuesten Schuhe, Jeans oder Sonnenbrillen hatte und normalerweise fand ich immer einen Weg, diese Dinge zu bekommen. Ich merkte, dass Materialismus ein ungesundes Streben wurde, ein Vorrang in meinem Leben, etwas, das immer wieder meine Gedanken für sich beanspruchte. Ich musste lernen, mich bewusst zu bemühen, mich nicht ständig darauf zu konzentrieren, immer mehr materielle Dinge zu bekommen, sondern mich stattdessen über die wunderbaren, ewigen, kostenlosen Schätze zu freuen, die mein Prinz mir durch das Opfer Seines Blutes gegeben hatte.

Faulheit. Viele von uns klagen immer wieder: „Ich wünschte wirklich, ich könnte, aber ich hab einfach nicht die Zeit, jeden Tag mit Christus allein zu sein!“ Auch wenn wir tatsächlich beschäftigt sind, zeigt eine nähere Prüfung unseres Stundenplans vielleicht doch, dass es eher mangelnde Disziplin als ein Mangel an Zeit ist, der uns davon abhält, Zeit mit unserem Prinzen allein zu verbringen. Als hart arbeitender Kontroll-Typ hätte ich nie gedacht, dass das Wort *Faulheit* auf mich zutreffen könnte. Aber schließlich merkte ich, dass es Faulheit war, die mich davon abhielt, die Disziplin zu entwickeln, zu angemessener Zeit ins Bett zu gehen, um so früh aufstehen zu können, dass ich eine lange, konzentrierte Zeit mit meinem Prinzen verbringen konnte. Es war Faulheit, die mich davon abhielt, wirklich zu lernen, wie ich meine Bibel *studierte,* statt am Morgen nur ein paar Verse zu überfliegen. Es war auch Faulheit, die mich davon abhielt, zu meinen Familienangehörigen tiefere Beziehungen zu suchen. Ich musste lernen, offensiv meine faulen Gewohnheiten abzustreifen und aktiv mein Leben um meine wahre Priorität zu disziplinieren: Vertrautheit mit meinem Prinzen. Wie einem am Anfang das Training für eine tolle Figur schwerfällt, so war es oft schmerzlich und unangenehm, Disziplin zu erlangen. Aber mit der Zeit ersetzte konzentrierte Disziplin die faulen Gewohnheiten. Jeder Bereich meines Lebens, vor allem meine Beziehung zu meinem Prinzen, wurde dadurch ungemein gestärkt.

Selbstmitleid. Selbstmitleid ist eine der gefährlichsten Haltungen, die wir in unserem Leben zulassen können. Es ist eine Sache, wenn wir vorübergehend traurig sind, wenn wir enttäuscht oder verletzt werden. Uns aber beständig in unserem Unglück zu wälzen, uns zu erlauben, dass wir über alles und jedes stöhnen, mit dem wir konfrontiert werden, ist extrem gefährlich. Es macht uns blind für die Bedürfnisse anderer und noch schlimmer, wir konzentrieren uns auf uns selbst statt auf unseren Prinzen. Als ich erst einmal die schwierige Entscheidung getroffen hatte, keine vorübergehenden Jungen-Mädchen-Beziehungen mehr zu suchen, fiel es mir leicht, nachts wach im Bett zu liegen und mich selbst unglaublich zu bemitleiden, dass ich keinen hatte, mit dem ich mein Leben teilen konnte. Als ich mich von vielen meiner oberflächlichen Freundschaften zurückgezogen hatte, konnte ich leicht depressiv werden, weil ich so oft allein war. Mein Prinz lehrte mich zu erkennen, dass diese Gefühlskrisen nicht mehr als hässliches Selbstmitleid waren und dass ich diese inneren Mitleidsorgien bekämpfen konnte, wenn ich mir überlegte, wie ich jemandem Gutes tun und ihm dienen kann. Ich war überrascht, wie viel Freude es machte, wenn ich nur meine Zeit und Energie in andere Leute investierte. Meist waren es nur kleine Dinge, z.B. Zeit mit meinen jüngeren Brüdern zu verbringen, um sie besser kennenzulernen oder etwas für eine bettlägerige Frau in unserer Gemeinde zu kochen. Meine Brüder fingen damit an, ab und zu in einem Krankenhaus in unserem Ort für unheilbar Lungenkranke zu singen. Ich lernte, dass mein Selbstmitleid schnell in Vergessenheit geriet, wenn ich meine Energie daran setzte, Menschen zu dienen (besonders denen, die viel schlimmere Probleme hatten als ich!).

Praktische Schritte zum Schutz des Heiligtums

Auch noch Jahre, nachdem ich begonnen habe, mein Heiligtum zu schützen, muss ich auf feine, unterschwellige Kompromisse in meinem Leben aufpassen. Meine Schwächen sind immer noch da, aber ich arbeite daran, dass mein Leben von dauernder Achtsamkeit geprägt ist. Ich halte ständig Ausschau nach Sünden, die sich einzuschleichen versuchen, um mein Heiligtum durcheinanderzubringen. Ich habe herausgefunden, dass es hilfreich ist, sich ab und zu zurückzuziehen und die Seele zu durchforschen. Nur ein paar Minuten in der Stille mit meinem Prinzen, in denen ich Ihn bitte, mein Herz zu durchsuchen und freundlich auf die Bereiche zu deuten, wo sich Kompromisse einschleichen konnten.

Vielleicht sind die feinen Kompromisse in deinem Leben andere als meine. Aber ungeachtet der individuellen Schwächen muss man Adleraugen entwickeln gegen jede Sünde, die in unser inneres Heiligtum eindringen will. Es ist wichtig, ein ständiges Bewusstsein für unsere Motive, Gedanken, Haltungen, Handlungen und Wörter zu entwickeln, uns beständig zu fragen, ob das, was wir denken, sagen und tun unseren Prinzen widerspiegelt. Wenn wir einen Gedanken, eine Tat oder ein Motiv entdecken, das Christus nicht ähnlich ist, ist es wichtig, dass wir es sofort bereuen und umkehren, Ihn bitten, uns rein zu waschen und unser Leben darauf einstellen, diesen Kompromiss in Zukunft zu vermeiden. Wenn wir es lernen, unseren heiligen Schatz ungehinderter Vertrautheit mit unserem himmlischen Liebhaber ständig achtsam zu schützen, wird die beispiellose Schönheit weiblichen Zaubers unfehlbare Spuren in unserem Leben zeichnen.

Auf den Punkt gebracht

Wir Menschen haben manchmal ein seltsames Bedürfnis, Dinge zu bewahren. Zum Beispiel würden wir uns den Arm brechen, um das ausgetrocknete Kaugummi konservieren zu können, das einmal zwischen Brad Pitts schmatzenden Kiefern hing. Wir würden hunderte Euro bei eBay ausgeben, um einen signierten Fußball der Weltmeisterschaft zu kaufen. Wir würden extreme Strecken zurücklegen, um Dinge zu erhalten und zu bewahren, die wir für sehr wertvoll halten.

Ob du es glaubst oder nicht, Gott hat uns diese menschliche Neigung aus einem wichtigen Grund gegeben. Aber Sünde hat sie verformt und durcheinandergebracht und uns gelehrt, uns an wertlose Andenken zu klammern, während wir die wirklich heiligen Dinge mit Füßen treten. Wenn unser Prinz von unserem Leben Besitz ergreift, ist eins der ersten Dinge, die Er tut, dass Er unseren Sinn für Wert wieder ins richtige Lot bringt. Ich vermute, du könntest dem zustimmen, dass Er Brads Kaugummi an seinen geeigneten Platz bringt (den Mülleimer!) und unsere Augen schult, damit wir erkennen, was *wirklich* von Wert ist. Dann lehrt Er uns, extreme Strecken zurücklegen, um diese höchst wertvollen Dinge zu erhalten und zu bewahren.

Als außergewöhnliche junge Frauen müssen wir lernen, eine Sache höher als alle anderen zu achten: unser inneres Heiligtum. Dieser heilige Raum ist die Residenz unseres Prinzen. Unsere Seele trägt seinen Stempel. Wir müssen den Wert bedenken, diese abgesonderte Atmosphäre für unseren Prinzen zu erhalten, sie ist unser ganzes Leben wert. Wenn unser Heiligtum bewahrt wird, ist auch unsere Liebesbeziehung mit Christus bewahrt. Etwas Wertvolleres gibt es nicht!

8 Die Geheimnisse der Kampfführung

Den Krieg gegen Kompromisse gewinnen

[Geistliches Wachstum] ist eine Frage des Gehorsams... Wenn du dich nur einen Augenblick vom Gehorsam abwendest, sind sofort wieder Finsternis und Tod am Werk.

Oswald Chambers

Als ich sechzehn war, nahm ich in einer ortsansässigen Gemeinde an einem Festessen für Mädchen im Teenyalter teil, bei dem es um das Thema Reinheit gehen sollte. Die Gastrednerin war eine Frau Mitte vierzig mit einem vertrauenerweckenden Ausdruck in ihrem stark geschminkten Gesicht. Das Programm sagte, dass sie von ihrer Liebesgeschichte ein Zeugnis geben werde, wie und warum sie für ihren Mann bis zur Hochzeit rein geblieben war. Die anderen Mädchen an meinem Tisch waren genauso gespannt wie ich, von jemandem zu hören, der es geschafft hatte, den sexuellen Versuchungen zu widerstehen. In der Welt, in der wir lebten, waren solche Erfolgsgeschichten äußerst dünn gesät.

Aufmerksam hörten wir ihr zu, als sie von einem wundervollen christlichen Jungen erzählte, mit dem sie sich im College traf. „Wir fühlten uns wirklich zueinander hingezogen“, sagte sie stolz, als wollte sie darauf hinweisen, dass sich die meisten Paare nur wenig zueinander hingezogen fühlten. „Eines Abends waren wir allein bei mir zu Hause, niemand anderes war da“, fuhr sie fort, „und während wir so zusammen auf der Couch saßen, wurde es doch recht körperlich zwischen uns.“ Weiter sagte sie, dass bevor die Situation „richtig außer Kontrolle geriet“, sie und ihr Freund plötzlich die Garagentür hörten. Ihre ältere Schwester kam zufällig früher vom Softballtraining und gerade im richtigen Augenblick, um sie daran zu hindern, „in Sünde zu fallen“. Das Paar knöpfte schnell wieder die Kleider zu und versuchte verzweifelt, die zerzauste Erscheinung wieder herzurichten, als ihre Schwester durch die Tür kam. Die Rednerin machte eine Pause und lächelte liebevoll bei dieser Erinnerung. „Gott wusste, was wir im Begriff waren zu tun“, erzählte sie uns offen, „und er sorgte für einen Weg aus dieser Lage, so wie Er es in Seinem Wort sagt. Gott hat immer einen Weg für uns, Versuchungen zu meiden.“

Obwohl die Rednerin stolz auf ihre „Erfolgsgeschichte“ war, ist doch die Wahrheit, dass sie und ihr Freund die Versuchung gar nicht gemieden hatten, sie gingen willentlich in die Versuchung hinein und luden die Sünde geradezu ein, von ihnen Besitz zu ergreifen. Ihre Geschichte war kein Beispiel erfolgreicher Reinheit, sie war ein Beispiel für eine erfolgreiche Störung. Heutzutage machen uns Christen oft glauben, Versuchung meiden bedeute nicht mehr als passiv darauf zu warten, dass die Sünde uns findet und dann von Gott zu erwarten, dass er im letzten Augenblick einen Ausweg hat. Aber etwas zu meiden heißt, sich sofort umzudrehen und wegzurennen – nicht gehen – so schnell du kannst in die entgegengesetzte Richtung. Um unser inneres Heiligtum zu schützen, dürfen wir nicht warten, bis die Sünde schon Macht gewinnt, sondern wir müssen lernen, sofort auf jedes Anzeichen einer Versuchung offensiv mit einer „k.o.-Technik“ zu reagieren.

Die k.o.-Technik

Hast du jemals darüber nachgedacht, warum so viele christliche Leiter, die ein äußerlich reines und frommes Leben führen, scheinbar plötzlich in Sünde fallen? Es gibt heute in den Kirchen Amerikas viele herzzerreißende Beispiele: der Pastor, der eine Affäre mit einer Frau aus seiner Gemeinde hat, der Jugendgruppenleiter, der einen Jungen aus seiner Jugendgruppe belästigt, der christliche Sänger, der Pornographie-besessen wird. Auch wenn es plötzlich über uns zu kommen scheint, ist doch die Wahrheit, dass In-Sünde-Fallen ganz und gar nicht plötzlich kommt. Sünde schleicht uns nicht hinterher und gewinnt unerwartet Macht über uns, wir gewähren ihr jedes Mal dann Zutritt, wenn wir nicht vor der Versuchung fliehen.

Der einzige Weg, erfolgreich mit Versuchung zu Sünde umzugehen, ist, ihr keine Gelegenheit zu geben, vor allem von unserem Denken und von unserem Herzen Besitz zu ergreifen. Versuchung kann wie eine eingetopfte Pflanze nicht ohne unsere Hilfe wachsen. Aber in dem Augenblick, in dem wir ihr erlauben, in unserem Herzen Wurzeln zu schlagen und sie mit schwachen Entscheidungen füttern, blüht sie auf und gebiert unter Umständen gemeine, uns kontrollierende Sünde, die unser inneres Heiligtum überwuchert. Die k.o.-Technik funktioniert so: Wir dürfen einer Versuchung nie die Chance geben, in uns zu leben. Jede Versuchung erfordert eine wichtige Entscheidung, mit der wir darüber bestimmen, ob sie am Leben bleibt oder stirbt.

Clare, eine energische junge Frau im 2. Studienjahr, erzählte mir die traurige Geschichte, wie sie ihre Unschuld an einen Herzensbrecher namens Dale verlor.

Clare war jung zum Glauben an Jesus gekommen, war in der Gemeinde aufgewachsen und Anbetungsleiterin in einer christlichen Studentengruppe auf ihrem Campus. Für ihren Ehemann rein zu bleiben, stand für sie nie außer Frage. Sie hatte immer geplant, ihre Unschuld für ihre Hochzeitsnacht zu bewahren und hatte auch in ihrer Gemeinde in einer Mädchen-Bibelgruppe Reinheit gelehrt. Als sie freitags mit Freunden ausging, schlug jemand vor, ins Kino zu gehen – wie es schien eine nette, romantische Komödie, die gerade in die Kinos gekommen war. Als Clare die berührende Liebesgeschichte auf der Leinwand sah, fühlte sie ihre Sehnsucht nach solch einer Intimität und Partnerschaft in ihrem eigenen Leben. Viele Jahre hatte sie mit Unsicherheit über ihr Aussehen und ihre Persönlichkeit zu kämpfen gehabt und oft überlegt, ob sie je einen Jungen finden würde, der sie liebte und verehrte.

Als die Filmheldin die wahre Liebe fand, wurde Clares Herz unruhig. Warum konnte sie so eine Beziehung nicht finden? Sie war es leid, allein zu sein. Wenn eine Sexszene gezeigt wurde, bemerkte Clare, wie zart und liebevoll die Erfahrung erschien und sie fing an, darüber nachzudenken, was denn wirklich dabei wäre, jemandem vor der Ehe physisch seine Liebe zu zeigen. Es wirkte so natürlich und schön. Als sie an diesem Abend das Kino verließ, lächelte sie und unterhielt sich mit ihren Freundinnen, aber innerlich weinte sie vor Sehnsucht nach einem Mann, der sie so lieben würde.

An diesem Abend lag sie im Bett und versuchte zu beten. Stattdessen waren ihre Gedanken auf Wanderschaft, fantasierten über den Jungen aus dem Film, stellten sich vor, dass er ihr mit leidenschaftlicher Sehnsucht in die Augen schaute und zart mit den Fingern über ihre Wangen strich. Ihr Körper wallte vor Verlangen auf. Clare entschied, für so einen Mann würde sie alles tun. Ein Schuldgefühl regte sich in ihrem Herzen in dem Moment, als dieser Gedanke ihr in den Sinn kam. Was war mit ihrem Versprechen, bis zur Ehe rein zur bleiben? Sie sagte zu sich, sie sollte nicht so denken, aber die Überzeugung hielt nicht lange. Noch ein Bild dieses schmachtenden Blicks des Schauspielers vor Augen und sie gab sich schnell einer weiteren Stunde ausführlicher romantischer Fantasien mit ihm hin, bevor sie schließlich glücklich dahin döste und einschlief.

Ein paar Wochen später traf Clare Dale. Als seine durchdringenden blauen Augen ihre trafen, fing ihr Herz vor Verlangen an zu klopfen. Er war selbstsicher, attraktiv und stark, die Art von Mann, über die sie in den letzten Wochen jede Nacht fantasiert hatte. Als Dale sie einlud, mit ihm auszugehen, wurden ihre Knie weich vor Aufregung. Eine leise Stimme im Hinterkopf warnte sie, auf der Hut zu sein, aber Clare achtete nicht darauf. Sie war zu sehr von dem Gedanken überwältigt, dass sich ihre romantischen Träume tatsächlich erfüllen könnten.

Nach einigen Wochen, in denen sie sich mit Dale verabredet hatte, fand Clare sich in einem geistlichen Dilemma. Sie war zwischen ihrem Kindheitsversprechen und ihrem intensiven Verlangen nach Intimität mit Dale gefangen. Er war charmant – zu charmant. Immer wenn sie zusammen waren, fühlte sich Clare wie Wachs in seinen Händen. Wenn sie ihm nahe war, verschwanden Logik und Verstand. Intensive, unkontrollierbare Gefühle und Sehnsüchte schienen ihre Gedanken und ihren Körper zu übermannen. Wenn sie nachts in den Schlaf glitt, sah sie nun Dales Gesicht in ihren exotischen, romantischen Fantasien. Sie wusste, dass es bald nicht mehr nur in ihren Träumen sein würde, dass

Dale sie verführte, sich ihm in leidenschaftlicher Hitze hinzugeben. In ihrem Herzen wusste sie, dass dies ihr Reinheitsversprechen brach, aber jede Faser in ihr rebellierte gegen den Gedanken, Dale abzuweisen.

Clare versuchte, über ihr Dilemma zu beten. Sie versuchte, bei anderen Mädchen ihrer christlichen Studentengruppe Rat zu suchen. Aber je mehr sie über Dale betete, sprach und nachdachte, desto mehr weckte das ihre Vorstellungen. Lebhafte Bilder der Leidenschaft begannen, sich kontinuierlich in ihren Gedanken breit zu machen. Dann lud Dale Clare zu einem Wochenende mit ihm im Strandhaus seines Onkels ein. Clare brauchte noch nicht einmal zehn Sekunden, um ja zu sagen.

„Ich hätte es mir nicht erlauben dürfen, an jenem Wochenende mit ihm zu gehen", jammerte Clare, als sie ihre Geschichte beendete. „Ich war so schwach, dass ich mich der Versuchung hingab, kaum dass wir im Haus waren."

Wann traf Clare wirklich zum ersten Mal ihre Entscheidung? Auf den ersten Blick könnte es der Augenblick gewesen sein, als sie mit Dale allein im Strandhaus war. Oder es war, als er sie bat, mit ihm das Wochenende zu verbringen, da sie ja wusste, wohin das führen würde, wenn sie ja sagte. Aber wenn man ihre Geschichte genauer betrachtet, hat sie meiner Meinung nach schon lange vor diesen beiden wichtigen Momenten der Versuchung nachgegeben. Als sie sich mit ihren Freundinnen den Film ansah, war die Versuchung, mit ihrem Singledasein und ihrem Reinheitsversprechen unzufrieden zu werden. Sie gab nach. Als sie in dieser Nacht im Bett lag, war die Versuchung, ihren Gedanken Fantasien ungezügelter Leidenschaft mit einem verführerischen Mann zu erlauben. Sie gab nach.

Als sie Dale traf und in seine durchdringenden Augen sah, war die Versuchung, nur von Gefühlen geleitet alle Warnungen in den Wind zu schreiben und sich in eine Beziehung mit ihm einzulassen. Sie gab nach. Als sie mit Dale Zeit verbrachte, war die Versuchung, den gesunden Menschenverstand auszuschalten und sich ihren wogenden physischen und emotionalen Sehnsüchten hinzugeben. Sie gab nach. Als sie über Dale betete oder sprach oder nachdachte, war die Versuchung, sich in Gedankenbildern physischer Leidenschaft mit ihm zu ergehen. Sie gab nach. Was als kleine Saat der Versuchung begonnen hatte, konnte in Clares Herzen und Gedanken Wurzeln schlagen. Jedes Mal, wenn sie sich ihr hingab, wurde sie stärker und kontrollierender. Lange vor dem letzten Entscheidungsmoment in Dales Strandhaus hatte die Sünde ihr Leben beherrscht.

In der heutigen Welt ist die Verlockung zur Sünde allgegenwärtig. Wir leben in einer Gesellschaft, die ständig versucht, uns von unserem Prinzen fortzuziehen. Versuchung kommt oft, wenn du sie am wenigsten erwartest – wenn du dich unschuldig mit Freunden unterhältst oder bei einem Film entspannst oder auch, wenn du den Worten eines angesehenen Lehrers lauschst.

Es beginnt mit einer unterschwelligen Stimme im Hinterkopf, die dich mit gefährlichen kleinen Gedanken lockt: *Sieh sie dir an,* sie *macht es und es geht ihr gut damit! Was ist wirklich so falsch an einem harmlosen Flirt?* Oder: *Mein Leben wäre so viel besser, wenn ich nur eine Beziehung zu ihm haben könnte. Er ist vielleicht nicht der perfekte Christ, aber ich wäre bestimmt ein guter Einfluss für ihn, wenn wir zusammen wären.* Oder: *Wenn ein Leiter, den ich respektiere, sagt, dass es okay ist, wer bin ich, ihm zu widersprechen? Der Leiter weiß doch so viel mehr als ich.* Oder: *Ich habe schon so oft versagt – für mich ist es eh zu spät, warum sollte ich mir die Mühe machen, anders zu leben?*

Im ersten Augenblick der Entscheidung – nicht einige Stufen weiter unten – müssen wir der Versuchung den k.o.-Stoß versetzen, bevor sie die Chance hat, in unseren Herzen Wurzeln zu schlagen und zur Sünde heranzuwachsen. In diesem ersten Augenblick müssen wir vor der Versuchung davonlaufen – nicht nur warten und zögern, sondern umdrehen und in die entgegengesetzte Richtung wegrennen. In dem Augenblick, in dem wir anhalten und auf die Stimme der Versuchung hören, statt sie sofort aus unserem Herzen und unseren Gedanken auszuschließen, sät sie ihre Saat in uns aus und beginnt, uns zu kontrollieren. In diesem Leben ist Versuchung unvermeidlich. Doch wenn wir auch nur für einen Moment der Versuchung *nachgeben*, führt dies schnell zu tödlicher Sünde.

Ein junger hingebungsvoller Collegestudent, John Stam, der später sein Leben für Christus auf dem Missionsfeld in China verlor, schrieb einmal über die zwei Wege, zwischen denen wir uns entscheiden müssen, wann immer wir mit irgendeiner Versuchung zur Sünde konfrontiert werden. Den ersten Weg nennt John „Sieben schreckliche Schritte abwärts“ und beschreibt jeden Schritt auf diesem Weg. Hier die Beschreibung:

Erster Schritt:	Eine achtlose Haltung gegen Sünde einnehmen.
Zweiter Schritt:	Der Sünde nachgeben.
Dritter Schritt:	Gewohnheitsmäßig der Sünde nachgeben.
Vierter Schritt:	Sich der Sünde hingeben.
Fünfter Schritt:	Gott loslassen für ein Leben in Sünde.

Sechster Schritt: Ein Werkzeug Satans werden, um andere zur Sünde zu verleiten.

Siebter Schritt: Die Hölle. Und du musst nicht sterben, um dort zu landen. Die Hölle ist sowohl Charakter als auch Ort. Wer alles hasst, was Gott liebt, ist jetzt in der Hölle und die Hölle ist in ihm oder ihr.

Den zweiten Weg nennt John „Sieben ruhmreiche Schritte aufwärts“ und wieder beschreibt er jeden Schritt. Im Folgenden werden sie beschrieben:

Erster Schritt: Eine ablehnenden Haltung gegenüber der Sünde entwickeln - beschließen, dass die Sünde keine Kontrolle über dich bekommt.

Zweiter Schritt: Sünde durch Vertrauen auf Christus überwinden. Erfolgreich vor der Versuchung fliehen – den Wunsch oder die Möglichkeit der Sünde ablehnen.

Dritter Schritt: Ein Lebensstil des Sieges über die Sünde. Gewohnheitsmäßig den Wunsch oder die Möglichkeit der Sünde ablehnen. Die Stärke, die aus einem Sieg erwächst, hilft, die nächste Versuchung zu überwinden.

Vierter Schritt: Entdecke das „beständige Leben“, das „siegreiche Leben“, das „erneuerte Leben“. Über die Jahre hinweg haben viele verschiedene Christen dem viele Namen gegeben, aber kurz gesagt ist es ein Leben vertrauten Umgangs mit der Gnade Christi und der Stärkung, die erwächst, wenn Sein Geist vollen Zugang zu deinem Leben erhält.

Fünfter Schritt: Eingang in eine noch tiefere Gemeinschaft mit Christus. Es fing mit deinem Vertrauen auf Gott an, nun vertraut Gott dir Seine königlichen Reichtümer an. Du bist zu Seiner Freude und Seinem Dienst erwählt.

Sechster Schritt: Jemand werden, den Gott beruft, große und mächtige Dinge für Sein Königreich zu tun. Ein heiliges Dasein führen, das Christus mehr als das eigene Leben schätzt und bereit ist, für die Erfüllung der Gebote des Königs zu leiden und zu sterben.

Siebter Schritt: Der Himmel. Und du musst nicht sterben, um dorthin zu gelangen. Der Himmel ist sowohl Charakter als auch Ort. Wer hingebungsvoll liebt, was Gott liebt, ist jetzt schon im Himmel und der Himmel ist in ihm oder ihr.[16]

Eine ganze Weile dachte ich in meinem Leben, dass es eine normale christliche Erfahrung sei, immer und immer wieder mit den gleichen Sünden zu kämpfen. Als mein Prinz anfing mich zu lehren, wie ich mein inneres Heiligtum schützte, bemerkte ich, dass es nur zwei Wege gab, für die ich mich in der Versuchung entscheiden konnte: „Sieben Schritte abwärts" oder „Sieben Schritte aufwärts". Und ich konnte nicht auf beiden Wegen gleichzeitig sein. Statt nur zu hoffen, dass ich nicht auf der falschen Straße landete, fing ich an, mein Herz und meine Gedanken umzuschulen, den allerersten Schritt nach unten zu erkennen, eine achtlose Haltung gegenüber der Sünde einzunehmen. Am Anfang war das schwierig, weil die christliche Kultur, von der ich umgeben war, oft eine achtlose Haltung gegenüber der Sünde einnahm, wie z.B. die denkwürdige Sprecherin auf meiner Festveranstaltung für Mädchen über Reinheit. Statt zu merken, dass sie und ihr Freund nie hätten in diese Situation kommen dürfen, war sie nur glücklich darüber, dass sie im letzten Augenblick stoppen konnten.

So zu denken, schien unter christlichen Leitern, die ich kannte, normal zu sein. Die allgemeine Botschaft, die ich von ihnen aufnahm, war die: „Kümmere dich nicht darum, ein verklemmter Heiligkeitsfreak zu sein! Geh ruhig raus und leb ein normales Leben! Sieh dir die gleichen Filme an, hör die gleiche Musik, geh zu den gleichen Partys und tu' alles, was jeder andere auch macht, aber versuche, nicht die wirklich schlimmen Dinge zu tun, wie vorehelichen Geschlechtsverkehr und Drogen. Und wenn du ab und zu versagst, hey, das ist schon okay. Gott liebt dich trotzdem, Er wird dir vergeben, wenn du Ihn darum bittest." Wenn es zu Tratsch, Egoismus, Unehrlichkeiten, Faulheit, Arroganz oder gar verführerischem Verhalten kam, schienen diese Leiter nicht viel zu sagen zu haben. Tatsächlich beobachtete ich diese Dinge regelmäßig in *ihrem* Leben. Auch wenn etwas harmlos aussah oder wenn ich sah, dass andere Christen etwas ohne eine Spur von Schuldgefühlen taten, musste ich mich selbst darin üben wegzugehen, wenn es nicht dem Wesen Jesu Christi entsprach. Nicht, dass ich nie mehr gesündigt hätte – weit gefehlt! Aber Sünde kontrollierte nicht mehr mein Leben. Je mehr ich es lernte, sofort vor der Versuchung zu fliehen, desto mehr war mein Heiligtum geschützt und desto mehr entdeckte ich die wunderbare Vertrautheit mit meinem Prinzen.

Als nächstes lernte ich, den ersten Schritt auf dem Weg nach oben zu gehen, eine ablehnende Haltung gegenüber der Sünde einzunehmen. Mein Heiligtum zu schützen war nicht allein Verteidigung sondern auch Angriff. Mit der täglichen Entscheidung, dass Sünde keine Kontrolle über mich gewinnen sollte, war ich bereit, die k.o.-Technik gegen Versuchungen anzuwenden. Ich lief nicht vor Versuchungen weg, um Sünde zu vermeiden. Es war vielmehr ein ruhmreicher Schritt auf dem Weg nach oben, dem Weg, der mich dahin führte, mehr und mehr von meinem Prinzen in meinem inneren Heiligtum zu entdecken. Und mit jedem Erfolg, den ich verbuchen konnte, gewann ich an Stärke und Schwung für den nächsten.

Praktische Schritte des Widerstands gegen Versuchung

> *Du denkst, dass es nicht von dir abhängt, deine Vorstellungskraft zu kontrollieren ... aber es hängt sehr wohl von dir ab! Wenn du all die ruhelosen und unproduktiven Gedanken abschneidest, die du kontrollieren kannst, wirst du viele Gedanken reduzieren, die unwillkürlich kommen. Gott wird über deine Vorstellungskraft wachen, wenn du deinen Teil dazu beiträgst, indem du deine launischen Gedanken nicht ermutigst.*
>
> *François Fénelon*

Bei vielen Versuchungen ist die Flucht ein physischer Akt, wie sich ein Alkoholiker entscheidet, an der Bar vorbeizugehen ohne zu halten oder ein junger Mann sich entscheidet, sofort wegzusehen, wenn eine Plakatwand mit Damenunterwäsche nach seiner Aufmerksamkeit schreit. Es ist wichtig, diese Art von Versuchung in deinem Leben erkennen zu lernen und bereit zu sein, im entscheidenden Augenblick physisch wegzugehen, sich abzuwenden oder wegzuschauen. Aber oft ist Flucht vor Versuchung kein physischer sondern ein mentaler Akt. Denke noch einmal an Clares Geschichte. Vom Augenblick im Kino bis hin zu ihren Mitternachtsträumereien spielten sich die meisten Versuchungen in ihrem eigenen Kopf ab.

Viele von uns kämpfen mit beständigen Gedanken an ihre Wertlosigkeit, ihre Unzufriedenheit, ihren Ärger und ihre Angst. Diese Gedanken sind eine andere Form von Versuchung, die Versuchung, Lügen über uns selbst, über andere oder über unseren Prinzen zu glauben. Martin Luther hat einmal geschrieben: „Du kannst die Vögel nicht davon abhalten, über deinen Kopf zu fliegen, aber du kannst sie daran hindern, ein Nest in deinen Haaren zu bauen." Vielleicht können wir nicht verhindern, dass uns die Gedanken in den Kopf kommen, aber wir können sie hindern, dort zu *bleiben,* indem wir sie hinauswerfen, sobald sie kommen. Diesen Gedanken nachzugeben und ihnen zu erlauben, in unseren Köpfen herumzuschwirren, ermöglicht es ihnen, in unseren Herzen Wurzeln zu schlagen und anzufangen, unser Leben zu kontrollieren. Denke daran, dass es nicht nur reine Defensive ist, unser inneres Heiligtum zu schützen, wir müssen auch offensiv spielen. Und einen der besten Angriffszüge, die wir machen können, ist es, vor dem Eingang unserer Gedanken einen Wachposten aufzustellen. Statt passiv allen und jedem beiläufigen Gedanken zu erlauben hereinzuspazieren und herumzuhängen, solange sie wollen, müssen wir aktiv damit anfangen, jeden Gedanken wegzuwerfen, der nicht unseren Prinzen Jesus Christus widerspiegelt.

Oft wird ein unchristlicher Gedanke sehr hartnäckig versuchen, unseren Kopf zu besetzen, ob es nun ein selbstverachtender Gedanke von Wertlosigkeit ist, brennender Hass gegen irgendjemanden, lähmende Zukunftsangst oder die nagende Sehnsucht, mit der Sünde zu experimentieren. In dem Augenblick, in dem wir ihn hinauswerfen, wird er schon wieder an der Eingangstür stehen, wild anklopfen und verlangen, wir sollen ihn ein- und für eine Weile bleiben lassen. Dann ist es Zeit, das große Geschütz zu ziehen.

GESCHÜTZ 1: *Wahrheitsserum.* Lügen werden durch Wahrheit vernichtet. Wenn wir versucht werden, Lügen über uns selbst, andere oder unseren Prinzen zu glauben, ist es Zeit, unsere Gedanken mit so viel Wahrheit zu füllen, dass die Lügen keine Lust mehr haben werden, reinzukommen und es sich bequem zu machen – tatsächlich werden sie gezwungen, in die andere Richtung zu laufen! Unsere Gedanken mit Wahrheit zu füllen bedeutet, unsere Gedanken mit der Schrift zu füllen. Im Augenblick der Versuchung können wir die Lüge ignorieren und stattdessen bei den Worten unseres Prinzen in der Bibel verweilen. Nicht zu jeder Tages- und Nachtzeit ist es praktisch, die Bibel herauszuziehen, deshalb ist das *Auswendiglernen* der Schrift ein hervorragendes Werkzeug in den ernsten Augenblicken mentaler Versuchung.

Bevor du bei der bloßen Erwähnung von Auswendiglernen der Schrift erstarrst, lass dir versichern, dass es gar nicht so schwer und mühsam ist, wie es klingt. Jeder kann lernen, wie man das macht! So wichtig es auch ist, die Worte der Schrift zu lernen, noch wichtiger ist es, bei der machtvollen, geheimnisvollen Wahrheit hinter diesen Worten zu verweilen. Wenn du deine Gedanken mit der Schrift füllst, konzentriere deine Bemühungen darauf, darüber nachzudenken, welche praktischen Auswirkungen die Worte deines Prinzen auf dein Leben haben.

Wenn wir einmal damit begonnen haben, unsere Gedanken mit der Wahrheit zu füllen, indem wir die wunderbaren, Leben spendenden Worte unseres Prinzen auswendig lernen, werden wir uns fragen, warum wir so lange damit gewartet haben. Eine gute Möglichkeit ist es, mit dem Auswendiglernen einiger Psalmen zu beginnen. (Ich liebe z.B. die Psalmen 27, 32, 34 und 37.) Wann immer wir mit Versuchung konfrontiert werden, können diese Worte der Wahrheit zu starken Waffen werden, mit denen wir unchristliche Gedanken wegwerfen können. Je mehr wir unsere Gedanken mit Wahrheit füllen, desto mehr nehmen die Lügen ab.

GESCHÜTZ 2: *Schlag unter die Gürtellinie.* Geradeso wie wir einen sehr realen Helden und Retter in unserem Prinzen Jesus Christus haben, so haben wir einen sehr realen Feind, Satan. Unser Feind wünscht sich nichts mehr, als unser inneres Heiligtum zu zerstören und uns so weit wie möglich von unserem Prinzen wegzuziehen. Er hasst uns und er hasst Jesus Christus noch viel mehr. Satan weiß um unsere persönlichen Schwächen. Das sind die Bereiche, auf die er sich gerne stürzt und hofft, uns dazu zu verleiten, der Versuchung nachzugeben und schlussendlich von der Sünde kontrolliert zu werden. Wenn wir damit zu kämpfen hatten, in einer Zeit der Einsamkeit oder des Alleinseins zufrieden zu bleiben, versucht Satan oft, uns durch Depression oder Verzweiflung niederzudrücken. Wenn wir in unserer Vergangenheit seelische Verletzungen oder Missbrauch erleiden mussten, greift Satan oft mit Gefühlen der Wertlosigkeit oder Gedanken der Bitterkeit gegen die Menschen an, die uns verletzt haben. Wenn wir eine Schwäche für irgendeine Abhängigkeit (sexuell, Drogen oder anderes) haben, pflanzt Satan oft ein Verlangen nach einem Schuss deiner Droge vor die Tür deiner Gedanken.

Aber wir sind seinen Taktiken nicht hilflos ausgeliefert. Unser heldenhafter Prinz steht uns zur Seite, und Er siegt immer gegen unseren Feind. Unser Prinz hat uns viele Waffen gegeben, die wir gegen unseren Feind einsetzen können, und eine der effektivsten dieser Waffen ist das Gebet. Ich rede nicht von einem Gebet in der Defensive, in dem wir unseren Prinzen bitten, uns die Stärke zu geben, in der Anfechtung zu fliehen. Ich rede auch vom offensiven Gebet, das darum bittet, dass unser Prinz mit seiner unaussprechlichen Stärke und Macht den Feind unserer Seele vernichtet. Es gibt nichts, was der Satan mehr hasst, als zuzusehen, wie ein verlorener Sünder Jesus Christus kennenlernt. Wenn unser Feind uns angreift, ist einer der besten Wege, ihn unter der Gürtellinie zu treffen, speziell für nicht gerettete Menschen in unserem Leben zu beten, dass sie Jesus Christus finden.

Ein Jahr bevor Eric und ich heirateten, arbeitete er mit seiner Schwester zusammen in einem Dienst. Eric und Krissy waren ein vollmächtiges Team und es dauerte nicht lange, bis Satan merkte, welchen Einfluss ihre Einheit auf das Leben derer hatte, mit denen sie zusammenarbeiteten. Bald merkten sie, dass sie immer wieder angefochten wurden, sich über Kleinigkeiten auseinanderzusetzen. Sie erkannten es als Angriff ihres Feindes. Sie beschlossen, immer wenn sie versucht wurden, der Frustration über den anderen nachzugeben, statt der Verwirrung auszuweichen, dass sie für die Rettung ihres Nachbarn Charlie beten wollten. Diese vereinten Gebete lösten die Spannung zwischen ihnen und es dauerte auch nicht lange, bis der Angriff auf ihre Beziehung ganz aufhörte. Sie hatten den Feind geschlagen, wo es ihn schmerzte, indem sie das Gebet als Offensivwaffe nutzten. Am Ende des Jahres hatte Charlie Jesus kennengelernt und die Beziehung zwischen Eric und Krissy war stärker als je zuvor.

Wir müssen in unserem Leben die Bereiche ausmachen, wo wir am meisten verwundbar sind. Kämpfen wir mit Depressionen? Sind wir schwach im Bereich sexueller Verführungen? Wann immer uns Satan an unseren verwundbaren Stellen angreifen will, können wir die Gelegenheit nutzen, ihn unter der Gürtellinie zu treffen, indem wir für jemanden beten, von dem wir wissen, dass er Jesus braucht. Es ist wichtig, diese Technik nicht nur einmal auszuprobieren, sondern zur Gewohnheit in unserem Leben werden zu lassen. Wenn unser Feind sieht, wie konsequent wir diese Taktik anwenden, wird er sich eilig davonmachen und wir könnten ein anderes Leben erkennen, das in diesem Prozess für ewig verändert wurde!

Feste Grenzen schaffen

Die Schauspielerin Portia Nelson hat ihre Lebensgeschichte in ein paar Sätzen in ihrem bekannten Gedicht „Autobiographie in fünf kurzen Kapiteln" eingefangen. Im ersten Kapitel geht sie die Straße hinunter und fällt in ein tiefes Loch auf dem Gehweg. „Es braucht ewig, um einen Weg da heraus zu finden", sagt sie. Im nächsten Kapitel geht sie die gleiche Straße entlang und tut so, als sähe sie das Loch nicht. Sie fällt wieder hinein und muss kämpfen, um wieder herauszukommen. Schließlich geht sie die gleiche Straße entlang und schafft es, um das Loch herum zu gehen. Aber das ganze fünfte Kapitel erzählt von ihrer letzten Lösung: „Ich ging eine andere Straße."[16]

Wir haben alle unsere persönlichen Löcher im Gehweg – Bereiche von Schwäche, in denen wir stolpern und fallen und in der Beziehung zu unserem Prinzen den Boden unter den Füßen verlieren. Auf die meisten von uns trifft die Geschichte von Portia Nelson zu. Wir sehen das Loch, überzeugen uns selbst davon, dass wir über das Loch steigen können und fallen dann doch hinein. Oder vielleicht machen wir große Anstrengungen, das Loch zu meiden, blicken die ganze Zeit über unsere Schulter und wünschen uns vom Loch bestochen, wir könnten nur ein bisschen näher herantreten. Nur wenige von uns denken über eine andere Möglichkeit nach: eine andere Straße zu nehmen.

Nicole, eine frühreife Collegestudentin aus Florida, hat ein anderes Problem. „Ich will ja vertrauensvoll auf meinen zukünftigen Ehemann warten", schrieb sie in einer Email, „aber immer wenn ich mir romantische Filme ansehe, möchte ich am liebsten gleich hinausgehen in eine Beziehung! Ich werde so ungeduldig und lande dann doch in diesen dummen, Kurzzeitbeziehungen mit Jungs, die mich nur ausnutzen wollen."

Dann ist da Michelle, ein flüsterndes Computergenie aus Tennessee. „Mein Leben ist so hektisch, dass ich kaum Zeit zum Schlafen finde", erzählte sie mir vor kurzem. „Ich fange früh morgens an und höre erst mitten in der Nacht auf: Schule, Arbeit, Sport und Freunde.

Es gibt wirklich nichts, das ich aus meinem Leben streichen könnte, aber kürzlich bemerkte ich, dass ich nie Zeit für Gebet und Bibelstudium habe. Es ist schwer, geistlich zu wachsen, wenn ich so beschäftigt bin."

Andrea ist eine begabte Studentin mit Schwerpunkt Theaterwissenschaft an einem College in Colorado. Sie hat seit einigen Jahren Essstörungen. „Jedes Mal, wenn ich im Lebensmittelladen oder an der Tankstelle in der Schlange an der Selbstbedienungskasse stehe, fange ich an, in den Zeitschriften zu blättern", gestand sie mir. „Ich seh' all diese schönen, dünnen Models und fühle mich fett und hässlich. Dann gehe ich nach Hause und beschließe, eine Woche nichts zu essen."

All diese jungen Frauen fallen immer wieder in das Loch im Gehweg, auch wenn sie sich bemühen, um das Loch herumzugehen. Ihre Probleme sind sehr unterschiedlich, aber die Lösung ist für alle gleich: *Nimm eine andere Straße*! Sie müssen an der alten bekannten Straße mit dem gefährlichen Loch im Gehweg eine Straßensperre errichten. Adleraugen gegen Sünde zu entwickeln, vor Versuchungen fliehen zu lernen und das Geheimnis des offensiven Gebets und des Auswendiglernens der Schrift sind unglaublich wichtige Wege, unser inneres Heiligtum zu schützen. Aber es gibt noch eine entscheidende Möglichkeit, unser Heiligtum zu schützen: praktische, eingebaute, tägliche Sicherungen gegen Kompromisse in unser alltägliches Leben einzufügen. Kurz gesagt, versperre die falschen Straßen, damit du frei bist, die richtigen zu gehen.

Mit der Hilfe meines Prinzen lernte ich, mir meiner Bereiche besser bewusst zu werden, in denen ich anfällig war zu stolpern. Wie ich schon erwähnte, standen oben auf der Liste Tratsch, Egoismus, Faulheit, Selbstmitleid und Materialismus, bei denen ich die Tendenz zu Kompromissen hatte. Ich schaute mir mein alltägliches Leben genauer an, meine Gewohnheiten, Zeitvertreibe, Freundschaften und äußeren Einflüsse und fragte mich selbst: *Gibt es etwas in meinem Leben, das zu meiner Tendenz zu Kompromissen in diesen Bereichen beiträgt?* Ich war überrascht, worauf ich dabei stieß. Manche Auslöser für Kompromisse waren offensichtlich: Am Wochenende Stunden in den Einkaufszentren zu verbringen und in Zeitschriften zu blättern, förderte ganz bestimmt meine materialistischen Tendenzen. Ich errichtete ein paar praktische Grenzen um diesen Bereich: Ich fing an, meine Wochenenden im Voraus zu planen, damit es nicht jeden Samstag darauf hinauslief, dass ich durch die Gänge der Läden spazierte. Und ich hörte auf, mir Zeitschriften zu kaufen, die mich ständig anschrien, ich solle mir noch mehr kaufen.

Andere Auslöser für Kompromisse waren verdeckter. Es brauchte eine Zeit, aber dann bemerkte ich, dass der Fernseher sehr dazu beitrug, dass ich einen Hang zum Egoismus hatte. Alle Personen in den Shows, egal wie realitätsfern ihre Geschichten auch sein mochten, waren zuerst auf sich selbst, ihre eigenen Bedürfnisse, Sorgen und Probleme fixiert. Unbewusst fing ich an zu glauben, dass dieser egozentrische Lebensstil normal und akzeptabel war und ich fand dies dann auch unterschwellig in meinem Leben. Auch die ganze Werbung überzeugte mich davon, dass mein Leben besser würde, wenn ich dies tat oder jenes bekam. Allzu oft merkte ich, dass auch ich nach der Mode ging.

Ich beschloss, für das Fernsehen eine Grenze zu errichten. Ich war nie ein Stubenhocker, der nur vor der Glotze saß, aber ich hatte es mir zur Gewohnheit gemacht, mehrere Abende in der Woche vor ein paar Sitcoms zu entspannen oder, wenn mir langweilig war, durch die Kanäle zu zappen. Kürzlich hatte ich die wahre Geschichte von David Wilkerson gelesen, dem Gründer von Teen Challenge und Pastor der Times Square Church in New York. Er war ein einfacher Prediger im ländlichen Pennsylvania gewesen. Jeden Abend hatte er für ein paar Stunden ferngesehen, praktisch um zu entspannen und teilweise auch, um Bezug zur Gesellschaft zu behalten. Eines Abends kam ihm ein sonderbarer Gedanke: Was wäre, wenn er den Fernseher abschaffte und stattdessen die zwei Stunden jeden Abend betete? Um es kurz zu machen, er probierte es aus. Er verkaufte seinen Fernseher und kniete nieder und von diesem Augenblick an passierten unglaubliche Dinge in seinem Leben und Dienst. Davids Leben wurde zu einem beispiellosen Abendteuer, das Millionen Leben beeinflusste.[17]

Seine Geschichte inspirierte mich, genauso zu entscheiden. Ich hörte fast völlig mit dem Fernsehen auf und nutzte die Zeit, um meinen Prinzen noch tiefer kennenzulernen. Ich richtete eine praktische Barriere auf, nicht weil ich glaubte, dass Fernsehen unbedingt schlecht ist, sondern weil ich den subtilen, unchristlichen Einfluss gesehen hatte, den es auf meine Ansichten und meine Haltung hatte, um nicht davon zu reden, wie es meine wertvolle Zeit stahl. Ich dachte, es würde ein großes Opfer bedeuten, aber ich vermisste es schon bald nicht mehr. Ich hatte so viel mehr Zeit für die Dinge, die wirklich wichtig waren, und selbstlose Ansichten über das Leben zu bekommen war einfacher, wenn ich nicht an Sitcom-Vorbildern klebte.

Noch heute, viele Jahre nachdem ich anfing zu lernen, mein inneres Heiligtum zu schützen, muss ich aktiv und beständig daran arbeiten, praktische Grenzen um mein Leben herum aufrecht zu erhalten. Heute kommen die Auslöser für Kompromisse nicht mehr von Zeitschriften oder vom Fernsehen, heute kommen sie gewöhnlich in der Form von Geschäftigkeit, Anrufen, Emails, Terminen. Eric und ich haben festgestellt, dass es heutzutage im christlichen Dienst allzu leicht passiert, dass man so sehr damit beschäftig ist, andere auf Jesus Christus hinzuweisen, dass man darüber vergisst, *sich selbst* täglich mit Ihm in Beziehung zu setzen. Etwa ein Jahr, nachdem wir mit unserem Dienst begonnen hatten, wurde unser Leben so fieberhaft geschäftig, dass wir merkten, dass wir dringend Grenzen um unser Leben brauchten, um unsere Ehe und unsere Beziehung zu Jesus Christus zu schützen.

Die Grenzen waren einfach, aber die Resultate veränderten unser Leben. Wir setzten Anfang und Ende für unseren Arbeitsplan fest, damit wir nicht noch bis in die Nacht hinein arbeiteten. Wir schalteten nach Stunden unser Telefon und unser Handy ab. Wir sahen bestimmte Zeiten in der Woche vor, um auf Emails zu antworten, statt auf jede Nachricht einzeln zu reagieren, wenn sie kam. Wir beschränkten unsere Redner-Engagements auf eine bestimmte Anzahl im Jahr. Wir setzten keine dienstlichen Treffen an Wochenenden oder Abenden an. Wir planten für jeden Morgen eine festgesetzte Zeit für Gebet, Bibelstudium und persönliches geistliches Wachstum ein. Wir legten für jede Woche eine Zeit fest, in der wir uns aufeinander konzentrierten. Wenn Eric und ich diese praktischen Grenzen respektieren, bleiben unsere Prioritäten im Lot und unser Leben ist inmitten einer chaotischen Welt ausgeglichen. Es gibt die Löcher im Gehweg noch und sie warten auf uns, aber wir haben beschlossen, eine andere Straße zu nehmen.

Grenzen schaffen in der Praxis

Schau dir dein tägliches Leben genau an, deine Gewohnheiten, deinen Zeitvertreib, deine Freunde und deine äußeren Einflüsse. Frage dich selbst, in welche Löcher im Gehweg du öfter beinahe oder tatsächlich fällst. Welche praktischen Grenzen kannst du in deinem Leben errichten, um frei zu sein, eine andere Straße zu nehmen? Die Auslöser für Kompromisse in deinem Leben müssen nicht unbedingt Sünde sein. Aber wenn irgendeine Freundschaft, eine Beziehung, ein Einfluss oder eine Aktivität dazu neigt, dich *von Jesus weg*zuziehen oder dich zu hindern, Sein Lilienweiß widerzuspiegeln, dann ist das ein Zeichen dafür, dass du in diesem Bereich deines Lebens eine Grenzlinie ziehen musst.

Bitte deinen Prinzen, dir zu zeigen, welche praktischen Grenzen du in deinem Leben errichten musst, um dein inneres Heiligtum zu schützen. Denke daran, es könnte sein, dass eine Grenzlinie, die du für dein Leben beschließt, gegen etwas sein könnte, was du bisher als normal erachtet hast. Z.B. könnte es sein, dass deine Freunde oder Mitarbeiter von dir erwarten, dass du immer über Email, Piepser oder Handy erreichbar bist. Aber das muss nicht bedeuten, dass du nicht darüber nachdenkst, deine Erreichbarkeit für die Außenwelt einzuschränken. Vielleicht kommt es dir komisch vor, früher als alle anderen ins Bett zu gehen, damit du am Morgen deine Stille Zeit mit deinem Prinzen einhalten kannst. Aber das heißt nicht, dass du es nicht tun solltest. Vielleicht versteht niemand um dich herum deine Entscheidung, dein Leben für deinen zukünftigen Ehemann aufzusparen. Lass dich nicht durch irritierte Bemerkungen oder verständnislose Blicke deiner Umwelt von deinem Ziel abbringen. Eine Lilie versucht nicht, wie die Dornen um sie herum zu sein. Sie konzentriert sich darauf, zu sein, wozu sie geschaffen wurde – absolut bestimmt für ihren heldenhaften Liebhaber.

Ein Bild des Außergewöhnlichen

Korea, 1939

Esther war eine strahlende junge Koreanerin, die gerade als Musiklehrerin an einer christlichen Schule begonnen hatte, als sich ihr Leben in einem einzigen Augenblick der Entscheidung für immer veränderte. Eines Morgens, als die Schule gerade anfing, kam eine Frau mit ernstem Blick zu ihr. Esther schaute auf. Es war die Schulleiterin. Sie sagte zu ihr, dass die Japaner, die Korea kontrollierten, Schüler und Lehrer aus allen Schulen der Region aufforderten, zum Schrein der Sonnengöttin Amaterasu Omikami zu reisen, um dort anzubeten. „Richte dich mit deinen Schülern darauf ein, wir müssen pünktlich dort sein", sagte die Frau bestimmt. Widerstrebend spannte sich Esthers Kiefer bei diesen Worten. Wie konnte sie als hingebungsvolle Nachfolgerin Christi einwilligen, an einem Götzenschrein anzubeten? Bei dem Gedanken allein drehte sich ihr der Magen um.

Die Leiterin sah irritiert den Widerstand in Esthers Gesicht. „Denkst du, du bist hier der einzige Christ?", schrie sie aufgebracht. „Denkst du, du bist die einzige, die ihren Kopf nicht vor heidnischen Göttern beugen will? Wir hassen es alle, so etwas tun zu müssen, aber wir werden von einer Macht verfolgt, die zu skrupellos ist, um ihr zu widerstehen. Wenn wir nicht bei diesem japanischen Schrein anbeten, werden sie diese Schule schließen!“ Esther dachte über die Worte der Leiterin nach. Sie sah die Angst in den Augen der anderen Frau. Sie verstand, in welchem Dilemma die Schule war. Die Leiterin fühlte wie viele andere koreanische Christen in der Stadt, dass sie keine andere Wahl hatten, als mit den japanischen Machthabern zu gehen, um sich und ihre Familien vor Gefängnis, Folter und Tod zu schützen. Aber was war mit den Worten Jesu Christi, der sagte: „Ich bin der Weg, die Wahrheit und das Leben“ (Joh 14,6)? Wie konnten sich diese christlichen Leiter direkt gegen Ihn stellen, indem sie mit dem Götzendienst Kompromisse schlossen?

Die Leiterin wartete immer noch auf eine Antwort. Als Esther stumm blieb, verhärtete sich ihr Gesicht. „Du verstehst also, in was für Schwierigkeiten du die Schule bringst, wenn du nicht kooperierst“, sagte sie harsch, „aber das interessiert dich wohl nicht. Du denkst nur an dich selbst!“

Schließlich fing Esther an zu reden. „Okay, ich gehe zum Schrein“, sagte sie ruhig und ging zur Treppe.

Die Leiterin eilte hinter ihr her. „Und du wirst auch an dem Schrein anbeten, ja?“, fragte sie ängstlich. Esther antwortete nicht.

Auf dem langen Weg zum Schrein, ihre Schüler schweigend hinter ihr, durchforstete Esther ihr Herz. Sie wusste, wenn sie den Anbetungsort erreichte, war sie gezwungen, eine lebensverändernde Entscheidung zu treffen. Sie blickte in den weiten Himmel über den Bergen und dachte an Schadrach, Meschach und Abed-Nego, die sich vor der Statue des babylonischen Königs Nebukadnezar beugen sollten. Die drei jungen Männer hatten entschieden, dass sie lieber sterben und damit Gott ehren wollten, wenn Er beschloss, sie nicht vor dem Feuertod zu retten.

In diesem Augenblick wusste Esther, was sie tun würde. Alle anderen Christen hatten entschieden, man könne sich äußerlich vor dem Götzen beugen, wenn man nur im Herzen weiter Christus anbetete. Esther aber konnte solch einen Kompromiss nicht schließen. Sie würde sich vor keinem anderen als dem wahren Gott beugen. Den japanischen Kriegsherren die Stirn zu bieten, bedeutete höchstwahrscheinlich Folter und Gefängnis, aber Esther entschied, dass sie ihr junges Leben nicht für sich selbst lebte. Sie gab es ganz ihrem Prinzen Jesus Christus hin. Sie betete leise. *Heute auf dem Berg vor der großen Menge werde ich verkünden, dass es keinen anderen Gott als Dich gibt.*

Esthers Gruppe kam als letzte am Schrein an. Eine riesige Menge hatte sich versammelt und stand in geraden, ehrerbietigen Reihen, regungslos vor Angst unter den grausamen Blicken der japanischen Polizisten. Einige der Anführer schauten Esther und ihre Schüler missbilligend an, während sie sich dem Rest der Anbeter anschlossen. Esthers Herz schlug heftig vor Angst bei dem Gedanken an das, was sie im Begriff war zu tun. Unbehagen überkam sie und sie wiederholte das Vater Unser immer und immer wieder. *Herr*, betete sie, *ich bin so schwach! Bitte hilf mir, das zu tun. Pass Du auf mich auf, wenn ich für Dich einstehe.*

„Achtung!", verkündete die Stimme eines Beamten. Die Menge stand still und unterwürfig da. „Unsere tiefste Verbeugung für Amaterasu Omikami!" Als er diese Worte ausrief, beugte die ganze Gruppe feierlich den Oberkörper vor dem Schrein. Esther war die einzige, die aufrecht stehenblieb und in den Himmel schaute. Die Angst und Unsicherheit, die sie noch vor Augenblicken erfasst hatten, waren von ihr gewichen. Ruhe und Frieden überfluteten sie. Sie hatte getan, was ihr Prinz von ihr erbeten hatte. Auf dem langen Marsch zurück zur Schule setzte Esther ihre Unterhaltung mit ihrem Meister fort. *Ich habe getan, was du getan hättest,* betete sie inbrünstig. *Jetzt überlasse ich dir den Rest. Ich bin heute auf dem Berg gestorben, jetzt lebst nur noch Du durch mich. Ich lege alles in Deine Hände.*

Als Esther wieder in der Schule ankam, warteten bereits vier Polizeibeamte auf sie. Jahre schwersten Leidens für ihren Herrn würden ihr jetzt bevorstehen. Aber etwas war an diesem Tag vor dem Schrein mit Esther geschehen, etwas, das sie für immer veränderte. Sie hatte keine Angst mehr vor dem, was Menschen ihr antun konnten. Ihr Leben war nur ein Werkzeug in den Händen ihres Herrn. Während andere ihrer Angst nachgaben, hatte sie dafür geradegestanden, das zu schützen, was in ihrem Leben das Heiligste war, ihre Beziehung zu ihrem Prinzen Jesus Christus. Das war ein Schatz, den sie bewahren musste, auch wenn es ihr Leben kostete.

Esther war bereit, sich von allen anderen jungen Frauen ihrer Generation abzuheben, indem sie furchtlos schützte, was heilig war. Daraus folgte, dass Gott ihr Leben unglaublich gebrauchte. Sie verbrachte sechs grauenvolle Jahre in japanischen Gefängnissen und veränderte dabei das Leben sowohl von Gefangenen als auch von Wächtern durch ihr wunderbares Vorbild an aufopfernder Liebe zu ihrem Prinzen. Ihre unglaubliche Geschichte wurde in einem Buch in Korea veröffentlicht, ein beispielloser religiöser Bestseller, der in den Herzen zahlloser Christen Mut und Hoffnung weckte.[18]

Heute gibt es wenige Beispiele von jungen Frauen, die ihre Sicherheit, ihr Wohlbefinden und ihr ganzes Leben opfern, um die Wahrheit Jesu Christi zu schützen. Die meisten jungen Christinnen in unserer heutigen Gesellschaft schrecken vor dem Gedanken zurück, ein wirklich herausgehobenes Leben für ihren Prinzen zu leben, geschweige denn für Ihn zu sterben. Aber in jeder Generation gibt es einige wenige, die sich anders entscheiden. Sie entscheiden sich, ihre heilige Beziehung mit ihrem Prinzen heldenhaft zu schützen, egal was es kostet. Willst du eine davon sein?

Auf den Punkt gebracht

Auch wenn unser inneres Heiligtum ein Raum von unvergleichlichem Frieden und Ruhe ist, ist es doch erklärtes Ziel hinterhältiger, täglicher Angriffe des Feindes. Als heilige junge Frauen müssen wir uns darauf einstellen, vor den subtilen Manövern unseres Feindes Acht zu haben. Unser Feind kennt unsere Schwächen sehr genau. Er ist listig und teuflisch durchtrieben. Versuchung ist eine seiner übel wollenden Waffen, die er durch die Jahrhunderte wie eine Kriegsaxt benutzt hat. Er weiß, wenn er uns von unserer Wachsamkeit ablenken kann, bedeutet das für ihn die Möglichkeit, uns zu zerstören. Wenn wir nicht energisch die Tür unseres Herzes zuschlagen, wenn er anklopft, wird er in unsere heiligsten Räume gleiten und die Saat geistlichen Verfalls in unsere Herzen säen.

Aber unser Prinz lehrt uns als Seine Heiligen, unser geistliches Leben nicht in der Defensive zu leben. Vielmehr leitet er uns an, wie wir geistlich energisch und offensiv leben. Wir mögen einen Feind haben, der uns zerstören will, aber wir können lernen, unserem Feind alles zu nehmen, womit er uns schaden kann, und es unserem Prinzen zu geben, damit Er es zu größerer geistlicher Tiefe und Stärke verwandelt. Für uns heilige junge Frauen kann alles, was unser Leben angreift, zu einer Möglichkeit für einen größeren Abdruck Christi auf unserer Seele werden. Dieser Kampf findet in jedem Augenblick statt, bei jeder Entscheidung und bei jeder Herzensneigung. Wenn wir lernen, diese Augenblicke unserem Prinzen zu geben und unserem Feind die Tür zuzuschlagen, welch herrliche Wachstumsmöglichkeiten hat dann jeder von uns jeden Tag!

9 Der weibliche Zauber und die Liebe

Die Suche nach dem zukünftigen Ehemann

Die unverheiratete junge Frau konzentriert ihr irdisches Dasein um die Angelegenheiten ihres himmlischen Prinzen und ihr Lebensziel ist es, für Ihn völlig ausgesondert zu sein, körperlich und geistlich.

1. Korinther 7,34, Umschreibung[19]

Danielle ist eine freundliche Achtzehnjährige mit grünen Augen und roten Haaren und kommt aus Oregon. Sie wuchs in einer christlichen Familie auf und leitet in ihrer Gemeinde eine Jugendgruppe. Sie hat nie eine Beziehung gehabt. Sie wurde auch noch nie geküsst. Deshalb ist sie unglaublich frustriert. Kürzlich enthüllte sie mir einige ihrer Gefühle in einer Email. „Es gibt doch heutzutage keinen, der noch nie geküsst wurde!", schreibt sie ärgerlich. „Was mach ich denn nur? Lebe ich denn noch im finsteren Mittel-alter?" Sie vertraute mir an, dass sie nicht glaubt, dass sich zu bewahren heutzutage auf irgendeinen Jungen Eindruck macht. *Wer würde schon ein Mädchen haben wollen, das noch nie geküsst wurde, ja, noch nie einen Freund hatte?* fragt sie sich jeden Abend, wenn sie im Bett liegt. „Jungs werden wahrscheinlich glauben, dass ich nur die zweite Wahl bin, die keiner haben wollte", schreibt sie in ihrer Verzweiflung. Danielle ist bereit, sich in eine Affäre mit dem nächstbesten Jungen einzulassen, nur um der Welt zu beweisen, dass sie keine Ausschussware in Sachen Beziehung ist.

Casey ist eine junge Akademikerin, der es ähnlich geht. Schon sehr jung entschied sie sich dafür, sich für ihren zukünftigen Ehemann zu bewahren, aber jetzt zweifelt sie nur noch an ihrer Entscheidung. „Meine Eltern und Freunde sagen mir immer wieder, ich solle ausgehen und jemanden finden, bevor es zu spät ist und damit aufhören, auf den perfekten, frommen Mann zu warten!", erzählte sie mir frustriert. „Jetzt sagen sie mir, ich solle mich in Bars und Clubs herumtreiben, um einen Jungen zu treffen!", fügt sie mit verwirrtem Kopfschütteln hinzu. „Und Männer in meinem Leben sagen zu mir, dass *kein* Mann eine Frau, die mit 25 noch Jungfrau ist, als Geschenk ansieht!" Casey ist versucht, ihr Reinheitsversprechen in den Wind zu schießen, um ihrer Familie und ihren Freunden zu beweisen, dass sie nicht nach einem lächerlichen, unrealistischen Ideal Ausschau hält.

Wie passt weiblicher Zauber in eine Welt, die nichts mehr heilig hält? Wie soll eine junge Frau ihr Herz und ihren Körper für ihren zukünftigen Ehemann eifersüchtig als einen Schatz bewahren, wenn fast alle Männer heute keine Mühe scheuen, sie zu überzeugen, dass solch ein Schatz wertlos ist? Ich könnte Danielle und Casey mit einer vorhersagbaren frommen Antwort auf ihre Verzweiflung ermutigen: „Mach dir nichts draus. Eines Tages wirst du einen Mann finden, der absolut glücklich sein wird, dass du dich nie einem anderen gegeben hast. Dein zukünftiger Ehemann wird deine Opfer, die du jetzt für ihn bringst, zu würdigen wissen." In dieser Aussage steckt viel Wahrheit. Wenn Gottes Plan für das Leben einer jungen Frau Heirat ist, wird Er einen Mann in ihr Leben bringen, der *Sein* Wesen spiegelt, einen Mann, der ihre Reinheit als einen unglaublichen Schatz erkennt.

Wofür es sich zu warten lohnt

Weiblicher Zauber ist kein ungern gegebenes Versprechen körperlicher oder emotionaler Reinheit. Weiblicher Zauber wird nicht in von Zweifeln geplagten, einsamen Nächten des Selbstmitleids entwickelt, in denen man darüber nachdenkt, ob sich irgendjemand irgendwann zu uns hingezogen fühlt. Weiblicher Zauber ist keine gesetzliche Überbescheidenheit, in der wir unser Frausein unter langen, formlosen Röcken und Schleiern verbergen. Weiblicher Zauber ist eine feste, unbeugsame Stärke und Gewissheit, die unmittelbar aus der Erkenntnis unseres Prinzen fließt und unsere Beziehung zu Ihm um jeden Preis schützt.

Eine junge Frau mit weiblichem Zauber bewahrt ihr inneres Heiligtum nicht, um eines Tages einen Mann zu finden, der es zu würdigen weiß. Sie fragt nicht: „Ist es dieses Opfer wirklich wert?" Eine junge Frau mit weiblichem Zauber, die ihr Herz, ihre Gedanken und ihren Körper eifersüchtig vor einer Verunreinigung durch die Welt schützt, tut dies vielmehr als eine natürliche Folge ihrer Liebe zu ihrem wahren Prinzen.

Die meist gestellte Frage junger Frauen an mich ist die: „Gibt es da draußen wirklich Jungen, die es wert sind, dass wir auf sie warten?" Wenn man das Gehabe typischer Jungs in der heutigen Gesellschaft beobachtet, kann das unglaublich entmutigend sein! Vielleicht bist du eine der unzähligen jungen Frauen, die sich diese Frage immer und immer wieder gestellt haben. Aber bevor ich mich dieser Sache annehme, möchte ich *dir* eine viel wichtigere Frage stellen: „Möchtest du aus Liebe zu deinem Prinzen dein inneres Heiligtum heilig halten und ein ausgesondertes Leben führen, auch wenn du nie einen Mann finden würdest, für den es sich zu warten lohnt?“ Wie ich schon am Anfang des Buches erwähnte ist meine Liebesgeschichte mit Eric nur ein kleines Abbild der viel wunderbareren Liebesgeschichte, die ich mit meinem wahren Prinzen Jesus Christus fand. Und auch wenn ich Eric nie getroffen hätte, auch wenn ich nie eine schöne Liebesgeschichte mit ihm erlebt hätte, nie überhaupt geheiratet hätte, allein ein besonderes Leben für meinen Prinzen zu leben, wäre so viel mehr wert als das.

Wenn eine junge Frau keine Haltung entwickelt, dass alles, was sie tut, allein für ihren Prinzen ist, kann sie die Kunst wahren weiblichen Zaubers nicht entfalten. Bevor du hier weiterliest, möchte ich dich dringend bitten, dir tief in deinem Herzen diese Frage zu stellen: *Will ich wirklich allein für meinen Prinzen etwas Besonderes bleiben, egal was in meiner Zukunft passiert?* Wenn unser Prinz der Hauptgrund für alle unsere Entscheidungen wird, fließt unerschütterliche Zuversicht und Stärke in unser Leben.

Die moderne Narrenepidemie

Nun aber zurück zu der immer wiederkehrenden Frage: Gibt es da draußen wirklich Jungen, für die es sich zu warten lohnt? Gibt es wirklich heute noch Jungen, die besondere, lilienweiße junge Frauen als wertvollen Schatz betrachten? Diese Fragen sind durchaus zulässig. Die Männer scheinen heute mehr von jungen Frauen wie Tanya angezogen zu sein, dem Mädchen von meiner High School, die so zufrieden mit ihrem Körper war, dass sie es zuließ, dass sich eine Menschenmenge um sie versammelte, als sie mit ihrem Freund Sex hatte. Selbst christliche Jungs scheinen mehr auf die

Mädchen zu achten, die unermüdlich flirten, ihren Körper schamlos offen zeigen und sich selbst öffentlich für Kurzzeitbeziehungen verfügbar machen.

Als ich jung war, ermahnten mich meine Eltern mit Aussagen wie: „Männer mögen keine Frauen, die zu angriffslustig sind. Du solltest einen Jungen nicht anrufen, lass *ihn* dich anrufen. Du solltest keine Beziehung anfangen, lass *ihn* dir sagen, dass er an dir interessiert ist." Aber als ich die Mittelstufe erreicht hatte, war ich zu der Überzeugung gekommen, dass diese Ratschläge total altmodisch waren. Die Mädchen, die bei den Jungs ankamen, waren nie diejenigen, die ruhig im Hintergrund saßen und schüchtern darauf warteten, dass die Jungs zu ihnen kamen. Die Mädchen, die alle männliche Aufmerksamkeit auf sich zogen, waren diejenigen, die all ihre Zeit, ihre Bemühungen und Energien dareinsetzten, durch ihren Flirt die Jungs zu bekommen, die sie wollten. Die Jungs schienen das nicht zu abgedreht zu finden, wenn man sie geradeheraus anmachte. Sie schienen es geradezu zu mögen! In der siebten Klasse drückte mir eines Tages Aaron, der lockige Basketballer, der sein Schließfach neben mir hatte, einen kleinen Zettel in die Hand. „Hier ist meine Nummer", sagte er mit einem Augenzwinkern. „Ruf mich an, okay?" Meinen Eltern zufolge mochten es Jungs nicht, wenn Mädchen sie anriefen, aber hier war einer, der mich bat, ihn anzurufen und mir seine Nummer gab. Ich beschloss, dass meine Eltern wohl Jungen gemeint hatten, die mit dem *Tyrannosaurus Rex* ausgestorben waren.

Zu viele von uns machen den Fehler, der Haltung der Männer in unserer Gesellschaft nachzugeben und zu erlauben, dass unser weiblicher Zauber mit Füßen getreten wird. In der High School hatte ich schnell den Dreh raus, dass man kicherte, wenn die Jungs im Flur meinen Körper untersuchten oder mir im Bus oder im Unterricht perverse Kommentare ins Ohr flüsterten. Diese Art von Vorkommnissen wurde immer normaler je älter ich wurde. Ich hatte nicht den Wunsch, wie die scheuen, prüden jungen Frauen zu sein, die sich darüber aufregten, wenn Jungs sie wie ein Sexobjekt behandelten. Es ging das Gerücht, dass diese Mädchen „etwas hatten", vermutlich waren sie entweder nicht mit ihrem Körper zufrieden oder sie hatten Angst vor Sex, folglich wurden sie von Jungs *und* von Mädchen mit kühler Verachtung bestraft.

Und so hatten meine romantischen Liebesabenteuer wenig Zauber. Als ich vierzehn war, brachte mir Brandon, mein erster „ernsthafter" Freund dies bei unserer ersten offiziellen Verabredung bei. Das war bei einer Party bei meiner Freundin Brook im Keller. Die anderen Partygäste waren zufälligerweise sechs andere Pärchen und ich lernte schnell, dass man nicht zum Reden, Popcornessen und Musikhören zusammenkam, sondern um sich für die meiste Zeit des Abends mit seiner besseren Hälfte in einer Ecke zu verkrümeln und herumzuknutschen. Als Brandon mich in eine abgelegene Ecke des Kellers führte, spürte ich ein bisschen Schuldgefühl, denn ich wusste, dass meine Eltern so einer Party bestimmt nicht zugestimmt hätten. Aber was sollte ich tun? Einfach gehen? Eine Szene machen? Das einzige Mädchen sein, das prüde protestierte? Diese Möglichkeit gab es in meinem Gehirn nicht.

Am Ende des Abends waren meine Kleider zerknittert, mein Haar war zerzaust und ich roch stark nach Brandons Duftmarke. Ich stand in Brooks Badezimmer und schaute mich schuldbewusst im Spiegel an, peinlich berührt versuchte ich vergeblich, die Spuren der nächtlichen Aktivitäten zu verwischen. Aber in diesem

Augenblick ging die Tür auf. Kelly und Stacy, zwei beliebte Cheerleader, die auch auf der Party waren, standen da und sahen sich meine extrem zerzauste Erscheinung an. Kelly eilte mit einem aufgeregten Kreischen auf mich zu. „Ach du liebe Güte! Du und Brandon, ihr seid wirklich zur Sache gegangen!“, kicherte sie fröhlich und winkte Stacy heran, dass sie selber sehen sollte.

Als am nächsten Tag die Schule anfing, war mein Beliebtheitsgrad gestiegen. In der ersten Stunde waren wir im Computerraum, und sobald uns der Lehrer mit unserer Programmieraufgabe allein ließ, rutschten zwei von Brandons Kumpeln zu mir herüber und grinsten mich breit an.

„Hab gehört, dass Brandon und du gestern Abend ziemlich beschäftigt wart“, sagte der eine mit einem wissenden Augenzwinkern.

„Mann, der hat Glück“, verkündete der andere und musterte mich von oben bis unten. „Wenn ihr zwei Schluss macht, lass es mich wissen, okay?“

Ich war überrascht über die neugefundene Anerkennung, die mir meine Knutsch-Session mit Brandon eingebracht hatte. Bald entdeckte ich, dass ich umso mehr akzeptiert wurde, je weniger zurückhaltend, vorsichtig und verlegen ich war. Und so warf ich fast all meinen weiblichen Zauber aus dem Fenster. Ich lernte, schamlos mit Jungs zu flirten und mich in vorübergehende Sexabenteuer einzulassen, meinen Körper in engen, verführerischen Klamotten zu zeigen, mich in lockere Beziehungen zu stürzen und mich physisch und emotional einem Jungen nach dem anderen zu geben – und dann bei meinen Freundinnen damit zu prahlen. Als ich älter wurde, ließ ich es zu, dass diese Narrenepidemie, die meine Welt überrannt hatte, völlig bestimmte, wie ich mich in der Gegenwart von Jungs benahm, wie ich sprach und mich kleidete.

Neulich habe ich von einer Mittelschule gehört, die allen Eltern einen Brief geschrieben hat, um auf ein Problem aufmerksam zu machen, das die Schulverwaltung mit „Oralsex-Epidemie“ unter Schülern umschrieb. Eine große Zahl von Mädchen der sechsten bis achten Klassen übten für ihre männlichen Klassenkameraden regelmäßig in den Klassenräumen, auf den Fluren, auf dem Gelände, in den Duschen oralen Sex aus, wobei die Partys am Wochenende noch nicht erwähnt waren. Das ist kein Problem einer bestimmten Mittelschule. Ich habe von diesem Sexualtrend von verschiedenen jungen Mädchen im ganzen Land gehört.

„Das ist doch nicht dasselbe wie Sex“, sagte Wendy, eine fehlgeleitete dreizehnjährige Softballspielerin, mit dem Brustton der Überzeugung bei einer offenen Diskussion über dieses Thema. „Das ist doch eine viel bessere Möglichkeit für Mädchen, den Jungs zu geben, was sie wollen, ohne selber dabei schwanger zu werden oder Geschlechtskrankheiten zu kriegen.“

„Jungs brauchen noch nicht einmal mehr danach zu fragen“, fügte Alyssa, Wendys zwölfjährige Freundin hinzu. „Mädchen machen das schon automatisch, auch mit Jungs, die sie gar nicht kennen. Auf diese Weise wird ein Mädchen von allen akzeptiert.“

Unsere heutige Welt ist weit entfernt von den alten Zeiten romantischen Zaubers, als edle Ritter noch die heilige Unschuld beschützten. Aber soll das denn heißen, dass wir den weiblichen Zauber ohne einen zweiten Blick darauf in den Wind schießen sollen?

Als ich meinen Prinzen traf und mein inneres Heiligtum errichtete, musste ich in Bezug auf das andere Geschlecht völlig umgestaltet werden. Da sich mein

Umgang mit fast allen Jungs in meinem Leben auf Flirt und sexuelle Abenteuer konzentrierte, war es schwierig, auch in lockeren Freundschaften mit Jungs weiblichen Zauber zu bewahren. Ich hatte es gar nicht bemerkt, wie sehr ich im Umgang mit ihnen flirtete, um mir und der Welt zu beweisen, dass ich für das andere Geschlecht attraktiv sein konnte. Diese Art Geplänkel freiwillig aufzugeben, führte dazu, dass ich mich isoliert und unsicher fühlte. Aber jedes Mal, wenn ich versucht war, in meine alten Verhaltensmuster zurückzufallen, drängte ich mich noch näher an meinen Prinzen. Er erinnerte mich liebevoll daran, dass ich seine Lilie zwischen Dornen war und dass die typischen Verhaltensmuster anderer jungen Frauen nicht zu mir, seiner ausgesonderten Prinzessin, passten.

Mein Prinz zeigte mir noch weitere Möglichkeiten, wie ich meinen weiblichen Zauber schützen konnte. Ich fing an, darauf zu achten, wie ich mich in der Gegenwart von Jungen kleidete. Ich fing an, darauf zu achten, wie ich mit Jungen sprach. Ich fing an, darauf zu achten, wie viel ich Jungen gegenüber von mir offenbarte. Ich fing an, darauf zu achten, wie viel Zeit ich mit Jungen verbrachte. Ich fing an, darauf zu achten, Jungen nicht mein Herz zu öffnen.

Als ich schließlich lernte, meine Weiblichkeit zu schützen, statt sie in den Wind zu schreiben, passierte etwas Erstaunliches. Ich traf überhaupt zum ersten Mal Männer, die weiblichen Zauber wertschätzten und schützten. Ich hatte es gar nicht wahrgenommen, dass es solche Männer gab. Es schockierte mich geradezu, dass ich plötzlich mit einer ganz neuen Art von Männern in Kontakt kam. Aber wenn ich zurückschaue, macht das durchaus Sinn. Warum sollte jemand mit höheren Ansprüchen von mir Notiz nehmen, wenn ich all meine Energie dareinsetzte, der Welt zu beweisen, dass ich gerade so wie alle anderen achtlosen jungen Frauen da draußen war, indem ich mein Herz, meinen Verstand und meinen Körper einem Jungen nach dem andern hinterherwarf? Aber als ich anfing, meine Weiblichkeit zu schützen und anders zu leben als die anderen jungen Frauen in der Gesellschaft, tauchten Jungen in meinem Leben auf, die sich dazu verpflichtet hatten, anders zu leben.

Ich sah diese Jungen nicht als potentielle Beziehungen, sondern als wahre Freunde und Brüder in Christus. Sie behandelten mich mit absolutem Respekt und Würde. Unser Umgang miteinander hatte nichts zu tun mit dem beiläufigen Flirten, das ich im Umgang mit den anderen Jungs immer gehabt hatte. Unsere Freundschaft konzentrierte sich um Jesus Christus. Sie versuchten nicht, mich zu sich zu ziehen, sie versuchten nicht, mich dazu zu verleiten, ihnen Teile meines Herzens oder Körpers zu geben. Stattdessen ermutigten sie mich in meiner Jesusnachfolge.

Wenn du immer noch die verwirrende Frage stellst: „Gibt es da draußen Jungen, die es wert sind, auf sie zu warten?", dann lass mich dir versichern, auch mitten in unserer großen Epidemie von Narren *gibt es* noch moderne Ritter! Zugegeben, sie sind dünn gesät. Aber nachdem ich einige Jahre durch unser Land und andere Länder gereist bin und mit unzähligen jungen Erwachsenen zu tun hatte, bin ich wirklich beeindruckt von einigen heldenhaften, christusähnlichen Krieger-Dichtern.

„Aber ich sehe nie solche Jungen!", protestierst du vielleicht. Der Grund liegt wahrscheinlich darin, dass Krieger-Dichter, die Christus ähnlich sind, sich normalerweise nicht mit den anderen Narren vermischen. Sie leben ein abgesondertes Leben, so wie unser Prinz es uns geboten hat. Man findet sie nicht häufig in der normalen Menschenmenge an Orten, wo sich Jungen und Mädchen sonst treffen. Sie laufen Mädchen nicht nach, sie versuchen nicht, ihre Einsamkeit in Beziehungen zu befriedigen. Krieger-Dichter, die wie Christus sind, findet man eher auf ihren Knien an verborgenen Orten mit ihrem König, auf dem Schlachtfeld des Dienstes am Menschen oder sie studieren eifrig die Wege ihres Herrn.

Auch wenn du keinen Krieger-Dichter siehst, der Christus ähnlich ist, solltest du deine Ansprüche nicht senken und dich nicht mit weniger zufrieden geben als mit einem Mann, der über die Haltung und das Wesen seines Prinzen Jesus Christus nachdenkt. Unser Prinz schützt und ehrt unsere Weiblichkeit und ein christusähnlicher Mann wird das auch tun. Für einen christusähnlichen Krieger-Dichter ist weiblicher Zauber nicht etwas, das erobert oder verspottet werden muss, sondern eine schöne, faszinierende Qualität, die immer wertgeschätzt und geachtet werden sollte. Auch wenn eine junge Frau sich nach menschlicher Partnerschaft sehnt und unter der Vorstellung des Alleinseins leidet, glaube ich immer noch, dass es besser für sie ist, allein zu bleiben, als sich mit weniger zufrieden zu geben. Wenn es zu einer Beziehung kommt, sollte es dein Ziel sein, auf jeden Fall deinen weiblichen Zauber zu schützen und auf den Mann zu warten, der deinen heiligen Schatz mit seinem Leben bewacht.

Wahre Liebe erproben

„Aber wie kann ich wissen, dass eine Beziehung die richtige ist?", stimmen die vielen Frauen im Chor ein, die immer noch auf eine von Gott geschriebene Liebesgeschichte warten. Hier eine gute Nagelprobe für jede Beziehung in unserem Leben, egal ob es um eine Freundschaft oder eine andere Art von Beziehung geht. Wenn wir prüfen, welchen Einfluss die Beziehung auf uns hat, müssen wir uns selbst fragen: *Hilft diese Person mir dabei, mein inneres Heiligtum zu schützen? Bringt mich diese Beziehung meinem Prinzen näher?*

Kurz vor meiner Liebesgeschichte mit Eric trafen er und mein Vater sich eines Morgens in einem Restaurant. Es war eine denkwürdige Unterhaltung, die sich schon stark auf meine Beziehung zu Eric auswirkte, noch bevor sie begonnen hatte. Mein Vater erzählte Eric an diesem Tag viele Dinge, aber eine Aussage stach heraus: „Ich weiß, dass deine Freundschaft mit Leslie von Gott ist", sagte mein Vater, „weil sie, seit du in ihrem Leben bist, Jesus Christus immer näher gekommen ist."

Als ich später über diese Worte nachdachte, war ich erstaunt, wie viel Wahrheit darin steckte. Vom allerersten Tag an, an dem ich Eric Ludy getroffen hatte, hatte er nichts anderes getan, als mich anzuregen, meinem wahren Prinzen immer weiter zu folgen. Er lebte ein Leben leidenschaftlicher Hingabe an seinen Herrn. Jesus Christus mit seinem ganzen Herzen, seiner Seele, seinem Verstand und seiner ganzen Kraft zu folgen, schien das Herzensanliegen seines Lebens zu sein. Immer, wenn ich mit ihm zusammen war, schien sein geistliches Feuer mein eigenes zu entzünden. Nachdem ich mit ihm zusammen gewesen war, fand ich mich gewöhnlich auf den Knien, studierte intensiv meine Bibel und verdaute all die neuen Gedanken und Einsichten, die er in mir angeregt hatte. Im Verlauf unserer Freundschaft hatte Eric nie versucht, meine Aufmerksamkeit auf sich zu ziehen, sondern mich immer auf meinen wahren Prinzen Jesus Christus zurückverwiesen. Er half mir aktiv dabei, mein inneres Heiligtum zu schützen.

Auch als unsere Romanze offiziell begann, führte er mich weiter zurück in die Arme meines Prinzen. So aufgeregt ich auch darüber war, Eric in meinem Leben zu haben, lernte ich doch, mich nicht auf diese neu entdeckte menschliche Liebe zu stützen, um Erfüllung und Sicherheit zu finden. Obwohl Gott mich mit einer wunderschönen menschlichen Liebesgeschichte so gnädig gesegnet hatte, war die Basis für mein Leben doch immer noch die Vertrautheit mit Ihm in meinem inneren Heiligtum. Auch jetzt nach vielen Ehejahren liegt Erics erstes Ziel immer noch darin, mich jeden Tag, den wir zusammen sind, näher zu Christus zu führen. Er hilft mir weiterhin, den heiligsten Teil meines Daseins zu schützen, mein inneres Heiligtum der Intimität mit meinem wahren Prinzen.

Jede Phase einer Liebesgeschichte, die wirklich von unserem Prinzen herbeigeführt ist, ob es eine Freundschaft oder eine Romanze ist, fördert nur unsere Vertrautheit mit Ihm. Wenn uns eine Beziehung nicht immer näher zu Ihm führt, wird daraus schnell ein Verwirrspiel der anderen Liebhaber. Leider fangen zu viele von uns an, ein inneres Heiligtum für unseren Prinzen zu errichten und werden dann doch wegen einer romantischen Beziehung völlig aus der Bahn geworfen. Eine romantische Beziehung kann da durchaus von Gott initiiert sein, aber wenn wir uns nicht mehr auf unseren Prinzen sondern auf unsere menschliche Liebesgeschichte konzentrieren, hören wir auf, unser Heiligtum zu bewahren. Dann liegt unser ganzes Fundament für den Erfolg in Schutt und Asche. Eine Beziehung, die uns näher zu unserem Prinzen führt und sorgsam unser inneres Heiligtum schützt, ist der Schlüssel, um eine Romanze zu entdecken, wie sie ursprünglich gedacht war: ein kleiner Vorgeschmack des Himmels auf Erden.

Praktische Schritte zum Schutz weiblichen Zaubers

Schau dir dein Leben einmal genauer an und frage dich selbst folgende Fragen:

- Habe ich der Gesellschaft erlaubt, mich davon zu überzeugen, dass mein weiblicher Zauber wertlos ist?
- Habe ich Teile meines Herzens, meiner Gedanken, meiner Gefühle oder meines Körpers hergegeben oder sexuelle Gefälligkeiten zugelassen, um die Anerkennung von Jungen zu erhalten?
- Habe ich die achtlose Haltung heutiger junger Frauen angenommen, indem ich sexuelle Aufmerksamkeit der Jungs durch meine Art zu handeln oder mich zu kleiden erregte?
- Habe ich mich mit weniger zufriedengegeben als einem Jungen, der Christus ähnlich ist, weil ich nicht wirklich glaube, dass mein Prinz mir jemand Besseren zu Seiner richtigen Zeit und in seiner Art in mein Leben schicken kann?

Wenn dein Prinz dir liebevoll verschiedene Bereiche in deinem Leben zeigt, in denen du zugelassen hast, dass dein weiblicher Zauber beeinträchtigt oder zerstört wird, dann ist es hilfreich, diese aufzuschreiben. Bitte Gott um Vergebung und darum, dass er dich völlig rein wäscht von diesen Sünden. Dann denke im Gebet über einige praktische Schritte nach, wie du die geheiligten Bereiche deines Seins schützen kannst.

Seinen weiblichen Zauber zu schützen, erfordert viel Aufmerksamkeit und Zeit. Eine der praktischsten Möglichkeiten, damit anzufangen, sein Herz zu bewahren, ist die, die unablässige Stimme der Gesellschaft abzuschalten, die Botschaften ausruft, um uns zu verleiten, im Nachhinein unser Bekenntnis zu unserem Prinzen und einem zukünftigen Ehemann anzuzweifeln. Manchmal sind wir so an den Einfluss unserer Gesellschaft gewöhnt, dass wir es gar nicht bemerken, wie sie unsere Haltung zum weiblichen Zauber angreifen. Filme, Fernsehen, Zeitschriften, Plakatwände, Kleiderwerbung, Shampoowerbung, Bücher, Musik, Lehrer und Freunde sind nur ein paar der häufigsten Möglichkeiten, durch die die Gesellschaft versucht, uns glauben zu machen, dass weiblicher Zauber altmodisch ist. Sie versuchen, uns davon zu überzeugen, dass es für eine Frau eine viel bessere Möglichkeit zu leben ist, wenn sie nichts zurückhält. Wir müssen die Einflüsse in unserem Leben genau überprüfen. Noch einige wichtige Fragen an unsere Seele:

- Gibt es Stimmen, die ich ignorieren muss?
- Gibt es Shows oder Filme, die ich mir nicht mehr ansehen sollte?
- Gibt es Orte, die ich nicht mehr aufsuchen sollte?
- Gibt es Menschen, mit denen ich meine Zeit nicht mehr verbringen sollte?
- Gibt es bestimmte Kleidungsstücke, die ich besser nicht mehr tragen sollte?
- Gibt es Lieder, die ich mir nicht mehr anhören sollte?

Denke daran, dich nicht darauf zu beschränken, nur weltliche Bereiche in deinem Leben zu überprüfen. Leider hat heute auch in viele christliche Kreise eine schockierende Missachtung des weiblichen Zaubers Einzug gehalten. Als ich in verschiedenen Jugendgruppen der High School war, schien es mir oft, dass der nette Jugendpastor jede Woche seine Stunde in der Annahme begann, dass wir alle dem anderen Geschlecht erlegen seien.

„Okay, also was solltest du tun, wenn du diesen Freitagabend mit einem wirklich scharfen Typ ausgehst", sagte er dann, „und er möchte, dass du mit ihm auf dem Rücksitz seines Autos einen kleinen Purzelbaum schlägst?"

Wenn irgendjemand von uns wirklich offen nach anderen Maßstäben lebte, z.B. nicht jeden Freitagabend nach einer heißen Verabredung zu jagen, schrieb uns der Jugendpastor ab als unnormalen Teenager, der sich erst mal schlau machen sollte, und ignorierte uns von da an. Natürlich haben nicht alle Jugendleiter heute diese Haltung, ich bin dankbar, dass es auch solche gibt, die sehr zur Heiligung ermutigen. Trotzdem hat sich in viele Kirchen eine subtile Missachtung der Bemühung um Heiligung eingeschlichen. Unglücklicherweise gilt das nicht nur für den Oberstufenbereich.

Vor kurzem sprach ich mit einer jungen Frau an einem bekannten christlichen College. „Wenn du keinen Partner hast", erzählte sie mir frustriert, „behandelt dich jeder hier, als wäre mit dir etwas nicht in Ordnung, auch die Fakultät. Sie machen sich um dein Verhalten mehr Gedanken, wenn du allein bist, als wenn du *dich durch die Betten schläfst*!"

Zwei junge Frauen erzählten mir neulich, dass sie sich über die Atmosphäre Sorgen machten, die in der

Megakirche aufgebaut wurde, zu der sie gehörten, eine angeheizte Abendveranstaltung für die Ü-20-jährigen. „Es scheint hauptsächlich eine Fleischbeschau für christliche Jungs und Mädchen zu sein, um sich gegenseitig zu begutachten", beobachtete eine von ihnen. „Ich mag wirklich die Anbetung und die Botschaft, aber ich fühle mich immer, als würden mich die Jungs die ganze Zeit mustern!", fügte die andere hinzu.

Eine übersprudelnde Zwanzigjährige aus Kalifornien erzählte mir einmal, dass sie nicht mehr zu entscheiden wusste, welche Kleider sie noch tragen konnte und welche nicht. „Ich habe wirklich versucht, darauf zu achten, wie eng mein T-Shirt oder wie kurz mein Rock war", bekannte sie mir, „aber dann gehe ich in die Gemeinde und sehe, wie andere Mädchen richtig kurze, enge Kleider tragen und niemand stört sich daran. Und dann gehe ich auf Konzerte, wo christliche Sänger, die ich respektiere, auch solche Klamotten tragen. Also frage ich mich jetzt, ob ich nicht etwas überempfindlich war."

Wenn wir eifrig darauf bedacht sind, unseren weiblichen Zauber zu bewahren, unsere Herzen, unsere Gedanken und unseren Körper, muss uns klar sein, dass sogar bestimmte christliche Einflüsse in unserem Leben in Frage gestellt und gar ausgeschaltet werden müssen. In meinem eigenen Leben musste ich erkennen, dass die meisten christlichen Treffen für meine Altersgruppe mich normalerweise nicht näher zu meinem Prinzen brachten. Sie boten mir nur noch mehr Möglichkeiten, mein inneres Heiligtum zu gefährden. Ich will auch betonen, dass es *viele* Ausnahmen davon gibt, ich gebe nur *meine eigene* Erfahrung weiter! Ich beschloss für mich, an Gottesdiensten und Gruppenstunden teilzunehmen, die für alle Altersgruppen offen waren und sich auf Jesus Christus konzentrierten, statt zu Gruppen zu gehen, die sich nur um die Ängste der jungen Generation kümmerten. Und ironischerweise freundete ich mich gerade in dieser neuen christuszentrierten, altersoffenen Umgebung schließlich mit jungen Leuten meines Alters an, die wirklich ihr Leben um Christus errichteten und mich ermutigten, dies auch zu tun.

Wenn ich sage, dass wir jede Freundschaft, jede Beziehung oder jeden Einfluss auf unser Leben ausblenden müssen, der uns von unserem Versprechen lösen will, unser inneres Heiligtum zu bewahren und unseren weiblichen Zauber zu schützen, dann meine ich nicht, dass wir uns von unserer Umwelt abschotten müssen. Wir sind nicht nur dazu berufen, Lilien zu sein, sondern *Lilien unter den Dornen*, die die Ähnlichkeit unseres Prinzen inmitten einer perversen Generation widerspiegeln. Es gibt einen ausgewiesenen Unterschied zwischen einer Lilie und den Dornen, die die Lilie umringen. Unser Heiligtum wird nicht dadurch gefährdet, dass wir von unchristlichen Menschen oder Einflüssen umgeben sind, sondern durch unser Zugeständnis an diese unchristlichen Menschen oder Einflüsse, dass sie auf unsere Art zu handeln und zu denken einwirken. Wenn wir anfangen wahrzunehmen, dass wir das Lilienweiß unseres Prinzen verlieren und mehr wie die Dornen um uns herum denken und handeln, dann ist es Zeit, die Szene zu wechseln, um unser Heiligtum zu schützen.

Ich habe einmal gehört, wie ein Jugendleiter von einer Unterhaltung erzählte, die er mit einer schönen jungen Frau geführt hatte, die seinen Rat suchte. Das Mädchen traf sich mit einem gut aussehenden Athleten und hing sehr an dieser Beziehung. Aber ihr Freund fing an, sie zu drängen, Dinge zu tun, die sie nicht wollte. Er wollte, dass sie ein Outfit trug, bei dem einiges zu sehen war. Er schrieb ihr Briefchen, in denen er beschrieb, was er an ihrem Körper mochte. Er versuchte auch, sie physisch zu verführen, wenn sie zusammen waren. Sie wollte die Beziehung nicht verlieren, aber sie empfand, dass er ihrem Herz und ihrem Körper empfindlich schadete.

An diesem Punkt suchte sie den Rat des Jugendleiters. Der Leiter riet ihr, bei ihren Versprechen zu bleiben und ihrem Freund zu sagen, dass sie sich bei seinen Vorstößen nicht wohlfühlte. „Du wirst sehen, er wird nachgeben", versicherte er. Das Mädchen nahm den Rat an, widerstand ihrem Freund und schaffte es, die Beziehung für ein weiteres Jahr ohne Kompromisse fortzuführen. Dann trennten sie sich und gingen ihre eigenen Wege. Das Mädchen war immer noch Jungfrau, als sie einige Jahre später heiratete. Klingt wie eine tolle Geschichte, was? Auf den ersten Blick sieht es so aus, als habe das Mädchen erfolgreich ihren weiblichen Zauber bewahrt. Aber diese junge Frau hätte noch so viel mehr haben können.

Weiblicher Zauber ist keine Frage, an einem Rest von Heiligkeit festzuhalten mitten in einer Beziehung zu jemandem, der das respektiert. Denke daran, weiblicher Zauber kann nur aus einem sorgsam bewahrten und eifrig geschützten inneren Heiligtum der Intimität mit unserem Prinzen fließen. Wenn eine Freundschaft oder Beziehung unser inneres Heiligtum nicht fördert und unseren weiblichen Zauber respektiert und ihm dient, gehört sie nicht in unser Leben. Wir müssen bereit sein, *um jeden Preis* alles zu tun, um das Heiligtum in uns zu schützen.

Auf den Punkt gebracht

Märchenprinzen gibt es tatsächlich in dieser Welt. Es sind Männer, die unseren Märchenprinzen im Himmel, Jesus Christus, widerspiegeln. Für uns heilige Frauen muss sich der Maßstab für unseren irdischen Liebhaber an dem Wesen unseres himmlischen Liebhabers ausrichten. Wir müssen Ihm gestatten, unser Auge zu schulen, die Schönheit und Stärke eines inneren Lebens zu sehen. Wir müssen lernen, Rechtschaffenheit, selbstlose Liebe, Mut, Mitgefühl und eine vertraute Beziehung mit Jesus zu erkennen. Und wenn wir das erkennen, werden wir nicht mehr mit weniger zufrieden sein, als mit Männern, die die königliche Grazie Jesu widerspiegeln. Wir werden Gottes ausgewählte Männer erkennen, weil sie von unserem Prinzen geprägt wurden. Sie sind zu einem Dienst für den Prinzen berufen, wie wir es sind.

BLICK AUF DIE MÄNNERWELT

Lektion zwei

Wie Männer zu Kriegern werden

von Eric Ludy

Auf die Gefahr hin, dass ich meine Generation von Jungs einigen ungemütlichen Prüfungen aussetze, möchte ich eine Frage stellen, die von einem Mitglied der männlichen Spezies nicht oft gestellt wird: Wissen Jungs heute noch, was zu tun ist, um das Herz einer Frau zu gewinnen?

Als ich diese Frage kürzlich in einem College stellte, entgegnete ein rothaariges Mädchen mit brombeerfarbenen Fingernägeln: „Sie haben keine Ahnung!", während eine blauäugige Schwester aus einer Studentinnenverbindung sarkastisch murrte: „O, ja, genau!"

Gut, lasst uns mal ein paar Jungs fragen und sehen, wie sie diese Frage beantworten würden.

Chad, ein fanatischer WrestleMania-Anhänger (jährlicher Ringer-Wettkampf; *Anm. d. Übers.*) mit Nasenring und vorbildlicher Teilnahme in der Jugendgruppe seiner Gemeinde, antwortete vorsichtig: „Wofür musst du das wissen?" Als er herausfand, dass seine Antwort vielleicht in einem Buch auftauchen würde, nahm er sich Zeit für seine Antwort. Nach ein paar gewichtigen Augenblicken stotterte er schließlich: „O, ich weiß nicht!" Er kratzte sich heftig am Arm, als hätte er die

Windpocken und sagte dann: „Ich nehm an, sie mögen Blumen und so'n Zeug."

Ein stämmiger Neunzehnjähriger mit dem Spitznamen Bubba gab die interessanteste Antwort. Bubba stellte eine Glatze zur Schau, trug Baggyjeans und kaute Kaugummi (Hubba Bubba?), als hinge sein Leben davon ab. Er verkündete: „Mädchen haben gar keine Ahnung, was sie überhaupt wollen, Mann!" Er kaute ein paar Mal mit den gigantischen Mundbewegungen einer Kuh auf seinem ausgelutschten Kaugummi herum und fügte dann mit spürbarer Irritation in der Stimme hinzu: „Die sind total durcheinander!"

Als Mann kann ich mich leicht in Bubbas Welt hineinversetzen. Ich habe Bubbas Verwirrung auch schon empfunden. Und genauso wie bei Bubba war meine Wahrnehmung der Weiblichkeit völlig verdreht. Unglücklicherweise steht unserem Kaugummi kauenden Freund ein dumpfes Erwachen bevor. Viele wohlmeinende Männer sind über die Jahre hin in die „Frauen sind völlig durcheinander"-Falle getreten. Aber die Wahrheit ist, dass *Frauen wirklich wissen, was sie wollen*. Warum kommen Frauen heute also rüber, als herrschte bei ihnen nur Verwirrung? Wenn sie wirklich wissen, was sie wollen, warum sagen sie es uns Jungs nicht? Es gibt zwei wichtige Gründe:

1. Leslie sagt es so: „Junge Frauen sind heute mit einer Männlichkeit konfrontiert, die so weit von ihrem Ideal entfernt ist, dass sie den Eindruck haben, ihre Erwartungen seien wahrscheinlich unrealistisch, ihre Messlatte für männliches Verhalten ist zu hoch und vermutlich zu gut, um wahr zu sein." Wir Menschen neigen dazu, uns Enttäuschungen zu ersparen. Da macht die heutige junge Frau keine Ausnahme. Es ist gefühlsmäßig viel angenehmer

für eine junge Frau, ihre gegenwärtigen Wünsche zu unterdrücken, als ihre Träume lebendig zu erhalten und, wenn sie nicht in Erfüllung gehen, emotional zu verkrüppeln. Aber auch die Frau, die ihre Wünsche innerlich zu unterdrücken versucht, kann sie nicht aus ihrem Herzen verbannen. So finden wir eine verwirrte moderne Frau vor, die sich im einen Augenblick Männer wünscht, die Krieger-Dichter sind, und im nächsten Moment die Tatsache leugnet, je von einem Mann etwas anderes erwartet zu haben, als dass er ständig rülpst und sich kratzt.

2. Der zweite Grund ist, wie mein College-Kumpel es zu beklagen pflegte, „Mädchensache." Leslie drückt es wieder am besten aus: „Wir Mädchen neigen zu der Annahme, dass Männer wissen sollten, was wir wollen, ohne dass wir es ihnen sagen müssten. Tatsächlich gehen wir so weit anzunehmen, dass ein Mann, der nicht die geringste Ahnung von unseren unausgesprochenen Wünschen zu haben scheint, eben kein Interesse hat." In unserer Ehe stieg die Vertrautheit sprunghaft an, als Leslie erkannte, dass meine Unkenntnis über ihre Wünsche nichts mit Desinteresse zu tun hatte, sondern eher mit einem Mangel an Kommunikation darüber, wer sie war und wie sie funktionierte. Wenn ein Junge das Herz einer Frau nicht versteht, wird er nie wissen, wie er es gewinnen, schützen und achten kann. Nur eine Frau kann ihm das beibringen. Wenn du als junge Frau stumm bleibst, können wir als Männer nur raten.

Männer haben gelernt, dass sie Frauen nie verstehen werden, wie sehr sie sich auch anstrengen. Das ist eine sehr gefährliche Lüge. Es stimmt, dass eine von Gott geschaffene Weiblichkeit immer ein gewisses Geheimnis für einen Mann bewahrt, aber Männer *können* lernen, wie man eine Frau versteht und ihr Herz nährt. Dass Jungs herausfinden, wie sie dein Herz gewinnen, ist nicht nur für dich als junge Frau wichtig. Es ist für unseren Erfolg als Männer entscheidend, ob wir nun je heiraten oder nicht.

In den wunderbaren Aufbau echter Weiblichkeit ist ein goldener Schlüssel eingraviert. Dieser Schlüssel erschließt uns das Erfolgsgeheimnis von Beziehungen in Familie, Freundschaft, mit der zukünftigen Braut und vor allem mit Christus.

Zwei fehlende Zutaten

Mein Vater hat es gut gesagt, als er mir erzählte: „Eric, werde Student deiner Frau und du wirst wissen, was es heißt, ein Mann zu sein.“ Männlichkeit in Reinform ist der perfekte Anwalt blühender und strahlender Weiblichkeit. Wenn Männer richtige Männer werden, geben sie Frauen frei, das zu sein, was Gott von ihnen wollte, statt dass sie Weiblichkeit durch ihre eigene Selbstsucht unterdrücken.

In dieser Untersuchung über die Männer und in der nach Kapitel 12, möchte ich gerne entfalten, wie du Männern helfen kannst, zwei ganz wichtige Aspekte von Männlichkeit zu entdecken, wie sie Christus ähnlich ist:

1. *Wie man ein Krieger ist.* Ein Krieger ist mehr als nur ein Verteidiger der Wahrheit und Gerechtigkeit und Kämpfer für die Schwachen. Ein Krieger ist auch darin geschult zu schützen, was in einer Frau heilig und unschuldig ist.

2. *Wie man ein* Poet *ist*. Ich spreche nicht davon, nur ein Überbringer von Rosen, Ringen und Reimen zu sein. Ein wahrer Poet ist geschult, das innere Heiligtum des Herzens einer Frau zu verstehen und die gleiche Vertrautheit mit Christus in seinem eigenen Herzen herzustellen.

Diese Qualitäten sind beide wichtig für den ganzen Mann. Lass mich in dieser Untersuchung die erste dieser zwei Qualitäten in den Mittelpunkt stellen: wie aus jungen Männern Krieger werden.

Wie aus Männern Krieger werden

Genauso wie junge Mädchen davon träumen, eine Prinzessin zu werden, träumen kleine Jungs davon, Krieger zu werden. Als ich elf war, verbrachte ich meine Zeit damit, mir vorzustellen, wie ich meine Schule retten könnte, wenn sie von bösen Buben besetzt wurde. Ich hatte einen ziemlich komplizierten Plan, den ich über mehrere Monate hin entworfen hatte, während ich, ahem, „meine Hausaufgaben machte".

Meine Strategie bestand darin, mich irgendwie von der schreienden, pubertierenden Menge zu lösen und unter die Dachsparren der Turnhalle zu kriechen (mir schien es logisch, dass die bösen Buben uns wie Vieh in der Turnhalle zusammenpferchen würden). Ich würde vorsichtig wie ein Affe mit Löwenherz einen Weg durch die Dachsparren bis über den Kopf des Anführers der bösen Buben suchen. Cindy McFarland würde nach oben schauen und mich entdecken und ich würde den Finger bestimmt an den Mund halten, als wolle ich sagen: „Psst, sei leise, dein Held kommt!" Dann würde ich unter den verwunderten Blicken aller Schüler von den Sparren herunterfliegen und den Anführer der bösen Buben bewusstlos schlagen und dann würde ich mit ein paar Karate Kid-reifen Hieben (ich stellte mir eben vor, ich könnte auch Karate) die anderen bösen Buben außer Gefecht setzen. Am Ende würde Cindy McFarland an meine Seite eilen und seufzen, wie es nur eine Heldin kann: „Eric Ludy, du bist mein Held!"

Uns Männern ist der Wunsch, ein Krieger zu sein, tief in unser Strickmuster eingewoben. Warum wachsen also nicht mehr Männer zu Kriegern heran? Nun, aus dem gleichen Grund, warum so viele junge Männer, die einen Golfball wie Tiger Woods schlagen wollen, nie Weltmeister im Golf werden. Das Rohmaterial mag da sein (okay, vielleicht nicht unbedingt genug, um der nächste Tiger Woods zu werden), aber wir brauchen mehr. Uns ist alles gegeben, um Krieger zu werden, nur eine wichtige Zutat fehlt: die *Grundausbildung*.

Wenn wir heranwachsen, erhalten wir Jungs unseren Trainingsplatz, unser persönliches Übungsfeld, auf dem wir zu Ehrensoldaten ausgebildet werden. Die meisten von uns bemerken nie, dass der Hindernisparcours unserer Jugend von Gott dazu gedacht ist, uns auf unser zukünftiges Heldentum vorzubereiten. Als kleine Jungen denken wir, dass wir ein blutiges Schlachtfeld brauchen, Streubomben oder einen bösen Jungen in der Turnhalle der Schule, um den Krieger in uns zu wecken. Aber die Wahrheit ist, wenn wir es nicht lernen, den Krieger in uns während unserer persönlichen Trainingszeit zu wecken, werden wir wie die Angsthasen rennen, wenn die Schlachten, Bomben und bösen Buben kommen.

Dieses Übungsfeld sieht für jeden jungen Mann anders aus, aber die Grundausrüstung, um seine Mut-„Muskeln" zu trainieren, ist im Wesentlichen die gleiche. Es gibt vier Trainingseinheiten:

1. *Sich für die kleinen Leute einsetzen.* „Muskeln" der Barmherzigkeit und des Mitgefühls werden im Herzen eines jungen Mannes ausgebildet, wenn er lernt, die zu beschützen, die sich nicht selbst schützen können (wie das Kind, das gehänselt wird). In dem Maße, wie ein junger Mann dem Geist Gottes in ihm erlaubt, die Muskeln des Mitgefühls und der Gerechtigkeit zu formen, wird er die Welt heldenhaft prägen.
2. *Den Ausgestoßenen ein Freund sein.* Die Unberührbaren zu lieben statt zu miss-achten, ist ein Maß an Ähnlichkeit zum Edelmut Christi, das nur von wenigen in der heutigen Generation erreicht wird.
3. *Mütter und Schwestern schützen.* Die Tapferkeit eines Soldaten steht in direkter Beziehung dazu, wie er seine Frauen zu Hause schützt und ehrt. Wie ein junger Mann sich als Beschützer in seiner Familie übt, ist ein Vorbild dafür, wie er zum Beschützer seiner zukünftigen Frau und Töchter und der Frauen seiner Umgebung wird.
4. *Unschuld verteidigen.* Ein wahrer Krieger wacht über die Vertrautheit seines Herzens mit Christus und über die Freude an seiner zukünftigen Braut. Aber darüber hinaus schützt er die Reinheit und Unschuld aller jungen Frauen. Wenn ein junger Mann lernt, auf das zu verzichten, was ihm kurzzeitig Vergnügen bereitet, um die Heiligkeit seiner Ehe zu achten und zu schützen, ist er vorzüglich vorbereitet, die Wahrheit des Evangeliums zu schützen. Das ist wirklich eine verlorene Kunst in der Ausbildung

junger Männer. Wir wurden als Jungen gelehrt zu erobern, statt die Unschuldigen zu schützen. „Mann, war die noch Jungfrau?“, war die Frage, die scheinbar täglich bei den Schließfächern der Jungs den prahlenden „Eroberern“ gestellt wurde. Diese verzerrte Männlichkeits-Mentalität hat die Männer nicht nur in der Romantik geschwächt, sondern auch geistlich verkrüppelt. Weil die männliche Seele den Wert der Unschuld verloren hat, erkennen wir nicht, wie wichtig es ist, die Unschuldigen in unserem Leben zu schützen. Das Heiligtum so vieler junger, gottesfürchtiger Männer hat heute keine Vertrautheit mehr und ist von Sünde überrollt, nur weil junge Männer nicht mehr gelehrt wurden, welchen Wert es hat, das Unschuldige zu schützen.

Emotionale Bedürfnisse schützen

Unter den groben Fehlern in der Romantik, auch in sehr gesunden, gottesfürchtigen Beziehungen, gibt es einen Fehler, den Leslie und ich so oft wie den Sonnenaufgang sehen. Und dieser Fehler hängt damit zusammen, dass es heute an ausgebildeten Kriegern mangelt.

Männer haben in den meisten Fällen keine Ahnung, wenn es um die wahren Bedürfnisse des weiblichen Herzens geht. Statt bereit zu sein, mit der Zeit das Herz eines Mädchens sorgsam und respektvoll zu gewinnen, indem man ihr zuhört, etwas über sie erfährt, mit Bedacht etwas für sie tut und sich sicher ist, dass sie wirklich dazu bereit ist, wenn man zum nächsten Schritt übergeht, neigen Männer dazu, über das Stadium des emotionalen Werbens hinwegzufegen, als ob das völlig unnötig wäre.

Nirgends wird das in diesem Land besser deutlich als in den Ehen. Verheiratete Frauen wissen, dass es einen ganzen Tag braucht, in Liebe zusammenzukommen (sie muss ihr Herz darauf vorbereiten, es erwärmen und dann bereit sein, es auszuschütten). Auf der anderen Seite würden dir verheiratete Männer erzählen, dass es fünf Minuten dauert (wahrscheinlich schlafen deshalb viele von ihnen nicht mehr lange mit ihren Frauen, wenn die Flitterwochen vorüber sind). Das Herz einer Frau wird langsam erwärmt und ihre physischen Sinne werden mit der Zeit angeregt, während ein Mann sofort physisch und emotional erregt werden kann. Wenn Männer ihre eigenen Gefühle und physischen Wünsche zum Maßstab für den Fortgang der Beziehung nehmen, treffen sie normalerweise auf ein befremdliches Zögern.

„Na, was soll das?", stöhnt fast jeder Junge, mit dem ich über romantische Beziehungen gesprochen habe. Vom Blickwinkel des heutigen Jungen erkennen wir nicht, dass es zwischen Männern und Frauen einen weiteren Unterschied gibt, außer dem kleinen biologischen Unterschied, von dem wir annehmen, dass er durch so etwas wie dieses seltsame Östrogen angelegt wurde. Männer wissen nicht, wie man das Herz einer Frau schützt, weil sie nicht erkennen, dass es sich so sehr von ihrem eigenen unterscheidet. Dies ist ein weiterer Bereich, in dem Frauen uns helfen können, Krieger zu werden, Männer, die darauf achten, das Verwundbare zu verteidigen.

Männlichkeit ist am besten, wenn sie Frauen das Gefühl gibt, in ihrer Unschuld beschützt zu sein und sicher im langsamen Erwärmen ihres Herzens. Das alles gehört dazu, der Krieger zu werden, zu dem Gott Männer beruft.

Umsetzung

Lass uns also praktisch werden. Auch wenn du als junge Frau nicht das einzige Werkzeug bist, mit dem Gott uns zu Männern formt, bist du mit Sicherheit eins der wichtigsten. Du bist eine von Gott ausgelegte Landkarte in unserem Leben, um uns zu helfen herauszufinden, wie wir zur Stadt Groß Mannsein kommen. Aber weil Männer nicht gerne zugeben, dass sie je orientierungslos sind und oft lieber tagelang mitten in der Pampa steckenbleiben, als auf einer Landkarte nachzusehen, ist die Frage, wie du als junge Frau uns dazu bringen kannst, auf unsere Karte zu schauen. Wir wollen uns vier Wege ansehen, wie eine junge Frau für die aufstrebenden Krieger in ihrem Leben effektiver als ein Kartenhalter sein kann:

1. *Sei Inspiration*. Lebe die Art Weiblichkeit, die einen Mann dazu anregt, sie zu beschützen. Großenteils werden Männer zu Rittern in strahlender Rüstung, wenn sie eine hübsche Maid ansehen. Wenn ein Mann der seltenen Schönheit einer erwählten jungen Frau begegnet, wird er angeregt zu verteidigen, was sie schön macht und am Herzen ihres Seins heilig ist.
2. *Rede*. Ein Mann kann eine Frau nur verstehen, wenn sie ihm hilft, sie zu verstehen. In der Ehe ist diese Tatsache absolut entscheidend, aber sie ist auch für alle anderen Arten von Beziehungen zwischen Männern und Frauen wichtig. Väter und Brüder sind dabei ein gutes Übungsfeld. Gib deinem Vater und deinen Brüdern eine Einführung darin, wer du bist und wie du funktionierst. Dazu musst du anfangen zu kommunizieren. Wenn du das Gefühl hast, dass einer von ihnen unsensibel ist, lass sie es lie-

bevoll wissen. Wenn du das Gefühl hast, dass du ein bisschen Trost von deinem Vater brauchst, bitte ihn freundlich, dich zu trösten. Wenn einer von ihnen versucht, deine Probleme zu lösen, statt dir nur zuzuhören, sag ihm, dass du niemanden brauchst, der deine Probleme löst, sondern dass du jemanden brauchst, der versucht, dich zu verstehen und deine Gefühle zu bestätigen. Wenn dann Mr. Right in dein Leben stolpert, bist du schon geübt. Ein Mann kann nur auf etwas reagieren, um das er *weiß*.

3. *Lass dich retten*. Heute haben Männer ihren Sinn für Tapferkeit hauptsächlich deshalb verloren, weil sie keine Gelegenheit haben, ihn zu entwickeln. Frauen fühlen sich heute oft von Männern bedroht, die ihnen helfen wollen. „Ich bin eine Frau! Ich kann das allein!", ist der Schlachtruf des modernen feministischen Regiments. Genauso wie Männer ziemlich blöd aussehen, wenn sie ohne Landkarte zur Stadt Groß Mannsein kommen wollen, werden auch Frauen nicht an ihr Ziel kommen, wenn sie nicht bereit sind, die Karte zu lesen, die Gott ihnen gegeben hat, die Männlichkeit. Männer hörten auf, Frauen Türen zu öffnen, als sie dafür geohrfeigt wurden. Sie hörten auf, ihren Mantel über Pfützen zu legen, als sie dafür für chauvinistisch gehalten wurden. Aber diese einfachen Dinge, einer Frau Ehrerbietung und Wertschätzung zu zeigen, sind Babyschritte im Vergleich zu etwas viel Größerem, ein aufopfernder Krieger zu werden. Wenn du als Frau Männern erlaubst, dir zu dienen, dann erlaubst du Männern, Mann zu sein. Wenn du einem Mann erlaubst, ein Held zu sein, dann entfachst du in ihm das Wesen dessen, was aus einem Mann einen William Wallace macht. Leslie erlaubt es mir oft, sie zu „retten": Ich

zerquetsche Wanzen für sie, ich wärme ihr im Winter das Auto auf, wenn sie damit los muss, ich hole ihr ein Glas Wasser, wenn sie abends kuschelig im Bett liegt, ich übernehme die Telefonate, die sie nicht mag, ich mach sogar die Toiletten sauber (klingt das nach angeben?). Der Grund, warum ich das alles gerne mache, ist der, dass sie mir das Gefühl gibt, ihr Held zu sein, wenn ich das tue. Leslie ist nicht weniger wert, wenn sie mich für sie Schlachten schlagen lässt. Tatsächlich ist sie in meinen Augen sogar von größerem Wert!

4. *Ermutige.* Jungs leben von Ermutigung wie ein Welpe von Welpenfutter. Und das Wort einer Frau hat für das Leben des Mannes eine besondere Kraft. Man kann fast sagen, dass der Sinn des Mannes für seine Männlichkeit direkt proportional ist zu den ermutigenden Worten der Frau in seinem Leben, die ihn zum Mann machen. Wenn die einfachen tapferen Taten eines jungen Mannes vom weiblichen Auge wahrgenommen werden und wenn die weibliche Stimme Worte sagt wie „Wow!“ und „Das ist unglaublich!“, dann werden junge Männer zu Ehrenmännern. Die Ermutigung einer jungen Frau hat die Kraft, einen Mann aus dem Tal von Nietenhausen auf heilige Höhen zu versetzen.

Als Jungs sind wir nicht darin trainiert worden, Weiblichkeit zu schützen, wir sind nur trainiert worden, sie zu erobern. Aber ein Krieger, der Christus ähnlich ist, versucht nicht, selbstsüchtig Hindernisse zu überwinden (wie Frauen mit Moral). Stattdessen wird er zum Hindernis, das allen Formen von Unreinheit und Ungerechtigkeit im Weg steht. Ein Krieger beklagt sich nicht über heilige Grenzen, er gibt sein Leben, um diese zu schützen. Gib dich nicht mit weniger zufrieden. Sei den Männern in deinem Leben eine Hilfe, zu wirklich christusgeformten Kriegern zu werden. Damit wirst du dazu beitragen, Männlichkeit, wie wir sie kennen, neu zu definieren.

Teil 4
Liebevolle Ehrfurcht

Die Leidenschaft einer außergewöhnlichen jungen Frau

Sein Mund ist voll Süße - alles an Ihm ist begehrenswert.

Hohelied 5,16 (NLB)

10 Intimität schaffen

Mit deinem Prinzen in die Tiefe gehen

Du wirst mich fragen, ob ich zufrieden bin? Hast du alles bekommen, was du wolltest? Gott bewahre. Aus tiefster Seele kann ich sagen, dass ich jetzt mit Jesus zufrieden bin. Aber es gibt auch ein Bewusstsein dafür, wie viel reicher die Offenbarung noch sein kann über den unaussprechlichen Reichtum Seiner Gnade. Wir wollen nie zögern zu sagen, dass dies nur der Anfang ist.

Andrew Murray

Vor nicht langer Zeit war ich bei einer Unterhaltung dabei, in der einige ältere verheiratete Frauen einer reizenden, jungen, zukünftigen Braut Eheratschläge gaben.

„Wenn dein Mann dich bittet, seinem Urteil zu vertrauen", bot eine Frau an, „dann versuch, deine Augen nicht so zu verdrehen, dass er es mitkriegt!"

„Ja, das ist gut", stimmte eine andere zu. „Dreh dich erst um und verdreh dann die Augen!"

Nachdem sich das Schmunzeln gelegt hatte, bot eine Frau von dreißig Jahren einen Leckerbissen an: „Ich weiß, im Augenblick denkst du, dass die Ehe absolut wunderbar ist", sagte sie und schaute die errötende Braut dabei ernst an, „aber du musst realistische Erwartungen haben. Männer fangen gleich nach den Flitterwochen an, ihre Frauen zu ignorieren. Vergiss also all das Gerede von wegen ‚für immer glücklich'. Du wirst bald richtig hart arbeiten müssen, damit er dich überhaupt wahrnimmt!" Dieser Feststellung folgte ein Chor herzlicher Zustimmung.

„Denk daran, dass du einen Höhlenbewohner heiratest", meldete sich eine andere Frau zu Wort, die gerade ihren zwanzigsten Hochzeitstag gefeiert hatte. „Alles, was Männer wirklich interessiert, ist Essen und Sex!" Darauf folgte eine neue Runde Gelächter und heftiges Kopfnicken.

Obwohl dieses Wortgeplänkel von Frau zu Frau spielerisch und harmlos schien, konnte ich mir nicht helfen, daran zu denken, wie diese Darstellung der Ehe auf eine zukünftige Braut wirkte. Sie war eine junge Frau, die beschlossen hatte, ein heiliges Leben zu führen und vertrauensvoll auf ihren zukünftigen Ehemann zu warten. Sie hatte sorgsam die Reinheit ihres Herzens, ihrer Gedanken und ihres Körpers für diesen einen Mann bewahrt. War dieses trübselige Bild vom Eheleben alles, was sie erhoffen konnte? War sie dazu verdammt, in einer mittelmäßigen Liebesgeschichte festzuklemmen, wenn die Flitterwochen einmal vorüber waren und mit einem Höhlenbewohner-Ehemann zusammenzuleben, der kaum ihre Existenz wahrnahm, außer wenn er Essen oder Sex haben wollte? Die Frauen schienen es nicht einmal bitter oder übel zu nehmen, was aus ihren Ehen geworden war. Sie hatten bloß vor der Tatsache resigniert, dass das wohl alles war, was die Ehe zu bieten hatte. Sie dachten, sie taten der jungen Braut einen Gefallen, wenn sie sie warnten, sich nicht einer Enttäuschung auszusetzen, wie sie es einmal getan hatten, als sie ein Für-immer-glücklich-Ende erwartet hatten.

Gib dich nicht mit weniger zufrieden

Bevor Eric und ich heirateten, bekam Eric viele ähnliche Ratschläge für die Ehe. Die Leute warnten uns, unsere Hoffnungen nicht zu hoch zu hängen, realistische Erwartungen zu haben, zu wissen, dass nach der Flitterwochen-Phase eine Menge Ernüchterung auf uns zukam. Wir hatten aber auch gesehen, dass der Autor der Liebe jedes Detail unserer Liebesgeschichte bisher so wunderbar geschrieben hatte und wir mussten uns fragen, ob es irgendeinen Grund gab, warum Er plötzlich in dem Augenblick, in dem wir „Ja, ich will" sagten, damit aufhören sollte, für uns eine wunderbare Romanze zu schaffen.

Ungefähr sechs Monate vor unserer Hochzeit bestätigte uns ein Ehepaar, das seit fünfundzwanzig Jahren verheiratet war, was wir fühlten. „Es mag sein, dass ihr von den Schwarzsehern da draußen viel gehört habt darüber, dass die Romantik nach den Flitterwochen stirbt", sagten sie, „aber wir möchten, dass ihr wisst, es muss nicht so sein." Das Paar sah sich zärtlich an, nahm die Hand des anderen und fuhr fort: „Als wir heirateten waren wir so verliebt – und jetzt fünfundzwanzig Jahre später lieben wir uns *noch viel mehr*, als wir es damals taten. Gebt euch nie mit weniger zufrieden."

Eric und ich haben diese tiefgründige Aussage dieses Ehepaars stets in Erinnerung behalten: *Gebt euch nie mit weniger zufrieden.* Wir entschieden vor unserer Hochzeit, dass Jesus Christus immer das Zentrum unserer Liebesgeschichte sein sollte und dass wir in unserem Leben immer nach tieferer Liebe und Romantik streben wollten. Diese Haltung war der Schlüssel für unsere Beziehung und sie hat dazu geführt, dass unsere Vertrautheit jedes Jahr tiefer wurde. Ja, eine starke Ehe aufzubauen erfordert viel Zeit und harte Arbeit, aber wenn Christus im Zentrum steht und wir uns nicht mit weniger zufriedengeben als Sein Bestes, wird es mit der Zeit immer schöner. Jeden Tag bin ich unglaublich dankbar, dass Eric und ich beschlossen haben, die „Gib dich nicht mit weniger zufrieden"-Haltung in unserem Eheleben einzunehmen.

Als heutige Generation von jungen Frauen ist uns nicht viel Hoffnung für die Zukunft mitgegeben. Wenn es um Alleinsein, Ehe, Weiblichkeit oder auch um eine tiefere persönliche Beziehung zu Jesus Christus geht, erzählt man uns oft: „Das ist alles, was du erwarten kannst, gewöhn dich also daran." Zusätzlich zu dem, was wir hören, berührt uns auch, was wir sehen. Die Generation unserer Eltern ist von Scheidung, Depression und schweren Familienkonflikten geschüttelt. Unsere eigene Generation ist voll Angst, Misshandlung, Essstörungen und jungen Männern, die von Sucht, Zorn und Gewalt bezwungen wurden. Und solche Statistiken über Scheidung, Gewalt, Depression und Essstörungen unterscheiden sich gewöhnlich in christlichen Kreisen nicht von denen der restlichen Welt. Es ist nicht verwunderlich, dass die Mehrheit von uns düstere Aussichten auf unser gegenwärtiges und zukünftiges Leben hat.

Aber wir müssen nicht nach dem mittelmäßigen Standard unserer Umwelt leben. Alleinsein, Ehe und Frausein müssen keine dumpfe, niederdrückende Plackerei sein. Diese Bereiche können auch einen kleinen Vorgeschmack vom Himmel auf Erden sein, wenn wir nur nach dem Besten streben, was Gott für uns hat, und uns nicht mit weniger zufrieden geben. Das gleiche gilt für unsere Vertrautheit mit unserem Prinzen. Die wunderbare Romanze mit Ihm hat keine Grenzen.

Es gibt immer mehr von Ihm zu lernen, immer mehr, wofür wir Ihn anbeten, und immer mehr, was wir mit Ihm erfahren. Täglich können wir seine liebevolle, ausgestreckte Hand ergreifen und Ihm immer weiter folgen in die wunderbaren, unbegrenzten Tiefen einer nie endenden, himmlischen Liebesgeschichte. Wenn unser Prinz das Zentrum unserer Existenz ist, sind die Möglichkeiten unermesslich. Leben wird zu einem aufregenden, unendlichen Abenteuer. *Gib dich nie mit weniger zufrieden!*

Bis zu dieser Stelle haben wir in diesem Buch das *Errichten* unseres inneren Heiligtums besprochen: Wir müssen den Müll und andere Liebhaber, die unser Herz durcheinanderbringen, hinauswerfen und unserem Prinzen gestatten, uns zu Seinen weißen Lilien zu formen. Wir haben auch über den *Schutz* unseres inneren Heiligtums gesprochen: Wir müssen aktiv bewahren, was in unserem Leben, Handeln, in unseren Gedanken und Haltungen heilig ist. Aber die Einrichtung und der Schutz unseres inneren Heiligtums ist nur der Anfang einer wunderbaren Romanze mit unserem Prinzen. In der Intimität mit Ihm können wir in unserem inneren Heiligtum noch so viel mehr entdecken. Die wahre Bedeutung und der wahre Sinn unseres inneren Heiligtums ist es, täglich tiefere Vertrautheit mit unserem Prinzen zu pflegen. Vor diesem Ziel halt zu machen ist wie ein Haus zu bauen, aber nie einzuziehen oder einen Apfelbaum zu pflanzen, aber nie die Früchte zu probieren.

Täglich, denn leidenschaftliche Intimität mit unserem Prinzen kommt nicht von selbst, sie muss gepflegt werden, um zu wachsen. Es ist genauso, wie in einer Ehe die Intimität gepflegt werden muss. Eric und ich hatten während der ersten Woche unserer Ehe eine wundervolle Zeit der Intimität. Wir zeigten uns, wie sehr wir uns liebten, wir verbrachten jeden Augenblick miteinander, stellten einander Fragen, um einander immer besser zu verstehen. Aber kannten wir uns wirklich nach einer Woche der Intimität? Reichte die Nähe dieser Woche aus für den Rest unserer Ehe? Was würde geschehen, wenn wir von da an keine bedeutsame Zeit mehr miteinander verbrachten, uns keine Fragen mehr stellten und keine Erfahrungen mehr teilten? Unsere Intimität würde schnell sterben. Unser Verständnis für einander würde sich allmählich auflösen. Um sich wirklich zu kennen und einander zu vertrauen, müssen wir unsere Intimität kontinuierlich und aktiv fördern.

Das gleiche gilt für unsere Beziehung zu unserem Prinzen. Es geschieht oft, dass wir uns eine kurze Zeit auf Ihn konzentrieren, um ihn tiefer kennenzulernen, dann werden wir aber abgelenkt und die Intimität stirbt. Nach einiger Zeit wird unser Verständnis von Ihm nur noch von dem genährt, was wir von anderen Leuten hören, statt von dem, was wir persönlich *erfahren* haben.

Hast du schon einmal beobachtet, dass in den meisten Anbetungsgottesdiensten Leute mit ernsten Gesichtern abgelenkt dasitzen und gedankenlos mehr aus Pflicht als ehrlicher Verehrung ihres Prinzen singen? Auch in ausdrucksstärkeren Gemeinden habe ich mit vielen Anbetern gesprochen, die zugeben, dass sie ihre Augen nur schließen und ihre Hände nur heben, weil das von ihnen erwartet wird. Ich glaube, dass der Mangel an echter und herzlicher Anbetung, die wir heute oft sehen, von einem Mangel an Christen kommt, die ihren Herrn wirklich *kennen.* Anbetungsleiter versuchen oft, das Geschehen unterhaltsamer zu gestalten, indem sie coole Gitarrensolos oder Nebel und Licht auf der Bühne einbauen. Aber bloße Unterhaltung kann wahre herzliche Anbetung nicht ersetzen.

Etwas fehlt in den meisten modernen Anbetungsgottesdiensten, etwas, das ich *liebevolle Ehrfurcht* vor unserem Prinzen nenne. Wir singen viele Lieder über unsere eigenen Fehler und Wünsche, wir richten viele persönliche Bitten an den Himmel und vielleicht erreichen wir auch einen emotionalen Höhepunkt in der Anbetung, indem wir tanzen, springen und im Takt klatschen. Es gibt eine Zeit und einen Ort, wo wir Spaß haben, kleine belanglose Liedchen über das Baden oder Rückenkraulen zu singen. Aber wie oft schalten wir den Rest der Welt aus und stehen sprachlos vor Verwunderung und Ehrfurcht vor der unglaublichen Majestät unseres Prinzen? Wie oft singen wir von Seiner unglaublichen Liebe und seinem Opfer, ohne dass wir uns dafür schämen, dass uns dabei Tränen der Dankbarkeit über das Gesicht laufen? Wie oft fallen wir in Ehrfurcht auf unser Gesicht, fassungslos über seine wunderbare Macht und erstaunt über Seine unbegrenzte Liebe?

Ich habe nie verstanden, was Anbetung ist, bis ich tiefe, tägliche Vertraulichkeit mit meinem Prinzen in meinem inneren Heiligtum erfuhr. Als ich wirklich anfing, Ihn *kennenzulernen,* konnte ich plötzlich nicht mehr anders, als Ihm von meiner Anbetung zu singen oder vor ihm in Ehrfurcht auf die Knie zu fallen. Ernste, liebevolle Ehrfurcht vor meinem Prinzen wurde zu einer natürlichen Folge meiner Intimität mit Ihm, nicht nur in Anbetungsgottesdiensten, sondern auch als ein täglicher *Lebensstil der Anbetung*. Wenn wir anhaltende Intimität mit unserem Prinzen pflegen, fließt daraus mühelos Ehrerbietung für Ihn.

Komm näher

Wer Gott kennen will, muss Ihm Zeit schenken.

A.W. Tozer

Normalerweise meinen wir, dass eine persönliche Beziehung zu Christus darin besteht, zur Kirche zu gehen und ein paar Mal in der Woche in der Bibel zu lesen. Die meisten von uns bekommen es gar nicht mit, dass eine tiefere Vertrautheit mit Ihm überhaupt wachsen kann und selbst wenn wir es für möglich halten, wissen wir nicht, wie wir es anstellen sollen. Die meisten würden doch eher ihre Zeit und Energie in Dinge stecken, die greifbarer sind, Probleme mit den Jungs, Herausforderungen durch Freundschaften oder schwerwiegende Entscheidungen über unsere Zukunft. Dennoch kann erstaunlicherweise jede nur erdenkliche Sache, mit der wir je konfrontiert werden, in der tiefen Vertrautheit mit unserem wahren Prinzen geklärt werden.

Das lernte ich nicht lange, nachdem ich mein inneres Heiligtum für meinen Prinzen eingerichtet hatte. Ich hatte verschiedene schwierige Entscheidungen getroffen, um mein Leben auf Ihn auszurichten. Für jemanden in meinem Alter lebte ich ein ziemlich unnormales Leben. In keinem Lebensbereich folgte ich dem empfohlenen Erfolgsrezept. Hunderte quälender Fragen verfolgten mich. *Werde ich je heiraten? Wenn ja, wie und wann werde ich meinen zukünftigen Ehemann finden? Was soll ich mit meiner Zukunft anfangen? Soll ich auf's College gehen? Soll ich eine Karriere einschlagen oder in den vollzeitlichen Dienst gehen? Werde ich irgendwann gute Freunde finden? Was, wenn es darauf hinausläuft, dass ich die nächsten zwanzig Jahre bei meinen Eltern lebe?* Als ich all diese Sorgen und Überlegungen meinem Prinzen vorlegte, antwortete er einfach und ruhig.

„Rück näher zu mir“, sagte er mit sanfter Stimme und winkte mich zu sich heran. Ich hatte auf Antworten gehofft. Doch er lud mich nur vage ein. Aber etwas in dieser Einladung machte mich neugierig. Ich war schon viele Schritte in ein abgesondertes Leben gegangen und nun bat Er mich, noch näher zu kommen und noch mehr von Ihm zu lernen.

Ich war nicht sicher, *wie* ich es anfangen sollte, eine noch tiefere Beziehung zu Ihm aufzubauen. Die Welt der Christen hatte mir ein paar Regeln beigebracht, wie ich ein christliches Leben führen konnte und hier und da hatten sie Botschaften über die Vorteile einer Beziehung zu Christus eingestreut. Aber zu der Frage, wie man wirklich vertraut wird mit Ihm, hatte sie nicht viel anzubieten. Als Kind hatte ich in Ferienbibelschulen einige Bibelverse auswendig gelernt, je mehr Verse du aufsagen konntest, desto mehr Süßigkeiten bekamst du. Ich hatte in Anbetungsgottesdiensten viele Lieder über Jesus gesungen, Lieder, die verkündeten: „Du bist meine Zuflucht“ oder „Du bist mein Ein und Alles.“ Aber ich dachte immer noch darüber nach, ob diese Verse tatsächlich die Realität meiner Beziehung zu meinem Prinzen wiederspiegelten.

Als ich spürte, wie Er mich näher zu sich rief, bat ich Ihn, mir zu zeigen, wie ich das anstellen sollte. Aber Er gab mir kein kompliziertes Rezept an die Hand. Er führte mich sanft in seine Gegenwart, Schritt für Schritt. Und als ich immer näher an Ihn heranrückte, schienen all meine Gedanken und Sorgen, denen ich nachgejagt war, dahinzuschmelzen. Er war das einzige, was zählte.

Praktische Schritte zum Aufbau einer Vertrautheit mit unserem Prinzen

Studiere sein Wort. Ich hatte mir immer gedacht, Bibelstudium bestünde darin, dass ich die Bibel aufschlug, mir einen Vers herauspickte, drei bis fünf Minuten darüber nachdachte und dann ein kurzes Gebet murmelte, um der Sitzung einen offiziellen Charakter zu geben. Die Bibelstudien für Fortgeschrittene in der Sonntagschule oder Jugendgruppe waren nicht besser. Normalerweise las der Leiter einen coolen Vers vor wie „Alles kann ich durch Christus, der mir Kraft und Stärke gibt." (Phil 4,13; Hfa) und ging dann in eine aufmunternde Rede von etwa fünfzehn Minuten über, in der er erklärte, dies bedeute, wir sollten immer vor Volleyballspielen oder wichtigen Prüfungen beten.

Als ich eine tiefere Vertrautheit mit meinem Prinzen suchte, merkte ich, dass eine der besten Möglichkeiten, Ihn besser kennenzulernen, die war, Sein Wort besser kennenzulernen. Statt nur hier und da ein paar Verse zufällig herauszupicken, beschloss ich, dass ich die Bibel als Ganzes viel besser verstehen musste. Zunächst erschien mir das eine einschüchternde Aussicht zu sein. Die Bibel war ein umfangreiches Buch in einer verwirrenden Sprache, von der ich nicht wusste, ob ich sie verstehen könnte. Teilweise schien sie auch unglaublich trocken und langweilig zu sein. Aber mir wurde bewusst, dass jedes Wort in der Schrift von meinem Prinzen geschrieben war und deshalb war nichts davon unwichtig, jede Seite brachte einen wichtigen Aspekt Seines Wesens zum Ausdruck.

Ich überließ mich also dem Studium seines Wortes. Ich merkte, dass ich mich viel länger als fünf bis zehn Minuten am Tag zurückziehen musste, um wirklich die

Bibel zu studieren. Auch wenn es bedeutete, besonders früh aufzustehen, widmete ich jeden Morgen mindestens ein bis zwei Stunden dem Lesen, Studieren und Meditieren der Schrift. Besonders hilfreich war es, mir Ziele zu setzen wie, die vier Evangelien oder die ersten Bücher des Alten Testaments durchzuarbeiten. Ich fing an, verschiedene Übersetzungen der Bibel zu benutzen, um die volle Bedeutung dessen zu bekommen, was ich da las. Ich las z.B. das Kapitel in der Lutherübersetzung, dann noch einmal in der Gute Nachricht Bibel und dann noch einmal in der Neues Leben Bibel. Oft passierte es mir, dass mir etwas, das ich in einer Übersetzung nicht verstanden hatte, in einer anderen Version lebendig wurde. Ich fand es auch nützlich, ein ausführliches Begriffslexikon zu benutzen, das mir die originalen griechischen und hebräischen Bedeutungen jedes Wortes der Bibel erklärte. Ich unterstrich mir bedeutsame Wörter in den Versen, die ich las, und schlug dann ihre volle Bedeutung im Lexikon nach. Ich war erstaunt, wie reich die Schrift wurde, als ich anfing, die volle Bedeutung dessen zu verstehen, was ich las. Immer wenn ich die Bibel aufschlug, legte ich mein besonderes Augenmerk darauf, das Wesen meines Prinzen tiefer zu verstehen. Ich kam Ihm unglaublich viel näher und lernte Ihn so viel besser kennen, indem ich meine Gedanken und mein Herz mit seinem ewigen Wort füllte.

Es gibt auch noch andere Schichten, die wir in der Bibel studieren können: Wir können die Kulturen und Zeitperioden studieren, in denen die Worte niedergeschrieben wurden, die Grundsprachen, in denen sie geschrieben sind und wir können mehr über die Kunst effektiver Beobachtung, Interpretation und Anwendung der Worte der Schrift lernen. Wenn du dazu bereit bist, möchte ich dich ermutigen jeden dieser Bereiche auszuschöpfen. Die Bibel ist unendlich in ihrer Tiefe und ihrem Wissen über unseren Prinzen.

Die Kunst des Tagebuch-Führens. Als ich sieben war, machte ich mir mein eigenes Tagebuch mit Papier, einem Locher und blauem Schleifenband, ich glaube, es war in einem Workshop im Sommercamp. Ich fand mein neues Tagebuch aufregend und konnte es nicht erwarten, darin zu schreiben. Ein paar Tage später kritzelte ich mit einem Rotstift meine erste wortgewandte, wenn auch falsch geschriebene Einleitung: „Heute war ich im Zoo. Wir haben die Gieraffen gefütert und ein Claun malte mein Gesiecht an. Dann sind wir nach hause gekomen und haben Makaroni mit Kese gegessen. Das war der schönste Tag in meinem leben." (Seitdem habe ich öfter versucht, „den schönsten Tag meines Lebens" mit einem Zoobesuch, Gesichtsmalerei und einem McCheese wieder aufleben zu lassen, aber es ist nicht dasselbe, wenn du nicht mehr sieben bist.) Dieses Tagebuch enthielt vier weitere Einträge über mein unglaubliches Leben als Siebenjährige, die ich dir aber ersparen möchte. Bis auf dieses kurzlebige Meisterwerk meiner Kindheit war mir Tagebuch-Führen dann allerdings fremd.

Während ich danach strebte, zu einer tieferen Vertrautheit mit meinem Prinzen zu gelangen, merkte ich oft, dass meine Gedanken zu wandern begannen, wenn ich versuchte, zu Ihm zu beten oder darüber nachzudenken, was ich in Seinem Wort gelernt hatte. Kaum dass ich auf den Knien war, um meinen Prinzen zu bitten, dass Er mich Ihm ähnlicher machte, schweifte ich schon ab ins Land der Phantasie. Fünf Minuten später wurde mir dann bewusst, dass ich dabei war, eine To-do-Liste für meine Arbeit aufzustellen, zu überlegen, was ich zu einem Treffen am Abend anziehen würde oder mir auszumalen, welches Schicksal die Figuren in meinem Roman ereilte, den ich gerade las. Die Neigung zur Ablenkung war sehr frustrierend für mich. Dann las ich ein Buch, das mich dazu anregte, meine Gebete, Gedanken, Fragen und Einsichten aus der Schrift in einem Tagebuch festzuhalten. So kaufte ich mir einen einfachen Spiralblock und beschloss, es auszuprobieren.

Statt nur mein Gebet zu sprechen, schrieb ich es nieder wie einen persönlichen Brief an meinen Prinzen. Nun musste ich Worte für meine Gefühle, Wünsche, Ängste und Überlegungen meines Herzens finden, so dass sie nicht mehr nur vage, unausgeformte Gedanken blieben. Dabei erinnerte mich das Schreiben der Gebete an Ihn daran, dass ich eine persönliche Beziehung zu Ihm hatte, statt dass ich Ihn als ein entferntes Wesen im Himmel sah. Das Tagebuch-Führen half mir auch, Seine Stimme klarer zu hören, da ich Seine leisen Anstöße in meinem Herzen auf Papier festhielt.

Für mich ist das Tagebuch immer noch ein wichtiger Teil meiner Beziehungspflege mit meinem Prinzen. Jeden Tag schreibe ich Ihm nach einer Zeit des Lesens in seinem Wort meine Gebete: meine Fragen, meine Sünden, Einsichten, die ich gewonnen habe, und Weisungen oder Führungen, die ich von Ihm erfahren habe. Die Kombination von Bibelstudium und persönlichem Tagebuch vertieft meine Vertrautheit mit Ihm wie nichts sonst. Ein zusätzlicher Vorteil ist, dass ich zurückblättern und auf viele Jahre Tagebucheintragungen blicken kann, in denen ich sehe, wie treu mein Prinz meine Gebete beantwortet hat, wie er mich leise unvergessliche Lektionen gelehrt und mich sanft zu einer Lilie geformt hat, die weiß ist wie Er.

Entdecke christliche Literatur. Wenn du heute in einen christlichen Buchladen gehst, findest du eine Menge christlicher Selbsthilfebücher, christliche Romane und Werke über christliche Theologie. In diesen Büchern verbergen sich viele wunderbare Dinge. Ich finde es schade, dass die heutige christliche Kultur großenteils vergessen hat, wie unglaublich stärkend und ermutigend das Lesen über eine persönliche geistliche Reise eines Lebens sein kann, das ganz in der Nachfolge Jesu Christi stand. Als ich anfing, meine tiefere Vertrautheit mit meinem Prinzen zu fördern, waren mir christliche Biographien eine große Hilfe auf meinem Weg. Es tröstete und inspirierte mich, wenn ich von den Kämpfen und Triumpfen, dem Lachen und Weinen und den Tälern und Siegen von Männern und Frauen las, die mir auf dieser Reise vorangegangen waren.

Besonders frustrierend ist für viele von uns, dass es so wenig christusähnliche Mentoren gibt, die uns in unserem Streben nach Heiligung führen. Neulich erzählte mir Julie, eine junge Hochschulabsolventin aus Michigan, von ihrer Frustration. „Wenn ich überhaupt eine ältere Frau finde, zu der ich wirklich aufschauen kann, dann ist sie meist zu beschäftigt, noch Zeit mit mir zu verbringen." Mandy, eine College-Studentin aus Washington, erzählte mir ihre Ansicht darüber: „Die meisten älteren Christen führen nicht so ein geistliches Leben, wie ich es möchte. Ich kann keine Fußspuren erkennen, denen ich folgen möchte."

Auch in meinem eigenen Leben habe ich den Mangel an Mentoren als großes Defizit erlebt. Aber es gibt gute Nachrichten: Es gibt ein unglaublich großes Mentorenteam auf den Seiten christlicher Biographien. Als ich diese Art von Büchern entdeckte, erschien es mir, als hätte ich meine ganz persönliche Mentorenliga, die ich tief respektierte und bewunderte. Aus jeder Seite, die ich las, feuerten mich die wundervollen Männer und Frauen an, ermutigten mich und gaben mir tiefe Einsichten über ein geheiligtes Leben für meinen Prinzen. Wann immer ich mich dabei ertappte, dass ich in die Mittelmäßigkeit meiner Umgebung zurückfallen wollte, mahnten mich diese Männer und Frauen, mich nicht niederzulassen, nicht meine Zelte aufzuschlagen, sondern voranzugehen in die grenzenlose Unendlichkeit, die sich mir im Kennenlernen meines Prinzen erschloss.

Oft sind die besten Biographien keine Neuausgaben, sondern gehen schon ein paar Generationen zurück. Denke daran, dass ein geheiligtes Leben selten ist, man findet es nicht in jedem christlichen Leben. Manchmal können die besten Beispiele von Menschen, die das Lilienweiß unseres Prinzen darstellen, nur in den hintersten Ecken verstaubter Bücherregale gefunden werden und manche sind nur noch über Einrichtungen erhältlich, die nicht gerade im Mainstream liegen. Vielleicht musst du ein bisschen graben und jeden Satz mehrere Male lesen, um die ältere Ausdrucksweise zu verstehen, aber wenn du diese wertvollen christusähnlichen Mentoren findest, ist es den Mehraufwand wirklich wert. (Eine Liste der christlichen Literatur, die mein Leben stark beeinflusst hat, ist am Ende dieses Buches unter „Literaturvorschläge" aufgeführt.)

Auf den Punkt gebracht

Wie oft geben wir uns mit viel zu wenig zufrieden, wenn wir Christus kennenlernen wollen. Unser Prinz ist unerschöpflich in seinen Enthüllungen und Möglichkeiten und dennoch halten wir schon an den Grenzen der Außenbezirke der Unendlichkeit an und machen uns selbst vor, am Ziel unsere Reise angekommen zu sein. In Wirklichkeit haben wir erst mit der Erkundung des Königreichs unseres Prinzen begonnen. Eine junge Frau, die geheiligt lebt, lernt, nie aufzuhören, nach ihrem Prinzen zu streben. Für das Mädchen eines Prinzen ist jeder Morgen der Anfang eines neuen Abenteuers einer großen, nie endenden Liebesgeschichte. Jede Herausforderung ist eine Möglichkeit, Ihm näher zu kommen, jeder Triumph ist ein Grund, Ihn zu loben und jeder Augenblick ist reich durch das Privileg, unseren wunderbaren, himmlischen Liebhaber lieben und anbeten zu dürfen. Wenn das Gold dort drüben liegt, dann müssen wir als himmlische Goldgräber nach dort drüben gehen.

11 Der gewisse Funke

Die unerschütterliche Kraft des geheiligten Lebens

Ich bitte Gott, dass Er dein inneres Leben aus dem unendlichen Reichtum Seiner Herrlichkeit gnädig mit der Kraft Seines Geistes beschenkt, so dass Christus, dein himmlischer Prinz, dein inneres Heiligtum zu Seiner heiligen Wohnung macht, je mehr du in Ihm verwurzelt bist. Ich möchte darüber hinaus, dass du mit allen anderen geheiligten Kindern Gottes die außerordentlichen und lebensverändernden Dimensionen der Liebe Christi begreifst. Aber noch mehr, als dass du sie mit dem Verstand erfasst, möchte ich, dass du sie erfährst in der Tiefe deines Herzens, damit du in dir all das Göttliche trägst, was menschlich möglich ist.

Epheser 3,16-19; Umschreibung[20]

Ich weiß nicht einmal ihren Namen. Aber ich werde den Abend nicht vergessen, als ich die junge Frau beobachtete, die ich hier liebevoll das Mädchen aus dem Café nenne. Noch Wochen nach meiner Begegnung mit ihr kam mir ihr Gesicht in den Sinn. Ich musste immer wieder darüber nachdenken, wer sie war und was sie geprägt hatte, dass sie so eine seltene, echte Schönheit besaß.

Es war an einem Freitagabend im März. Eric und ich saßen in einem kleinen alternativen Café, ein beliebter Ort für Studenten nahe einer staatlichen Universität. Es war bis auf den letzten Platz besetzt. Ein einheimischer Musiker spielte und dutzende von Collegestudenten saßen um kleine Tische, tranken Cappuccino, spielten

Karten, unterhielten sich, lernten oder trafen sich mit jemandem. Ich nippte an meinem Tee und ließ meine Blicke schweifen. Der Raum war voll von attraktiven Mädchen und gut aussehenden Jungs, die sich quer durch den Raum beäugten und schließlich am selben Tisch in einer lebhaften Unterhaltung miteinander flirteten. Die Studenten benahmen sich wie jede andere Gruppe am College, bei der ich je gewesen war – bis ich *sie* plötzlich bemerkte.

Sie saß an einem Tisch in unserer Nähe, eine junge Frau mit strahlenden Augen und rotblonden Haaren, vielleicht etwa einundzwanzig. Links von ihr saß ein Mädchen im Rollstuhl, das weder in der Lage war, ihren Kopf anzuheben oder ihre Arme und Beine zu bewegen noch zu sprechen. Die blonde junge Frau berührte das behinderte Mädchen sanft am Arm, lächelte sie an und sprach ungezwungen mit ihr über das wunderschöne Gitarrenspiel des Musikers. Zuerst dachte ich, sie wäre vielleicht eine Art Krankenschwester oder Hilfe für das Mädchen im Rollstuhl, aber bald stellte ich fest, dass sie einfach nur eine andere Collegestudentin war, die am Freitagabend mit einer ihrer guten Freundinnen ausgegangen war.

Eine ganze Stunde lang sah ich immer wieder verstohlen zu ihrem Tisch hinüber, fasziniert davon, wie sie miteinander kommunizierten, besonders wie einfühlsam und achtsam die rothaarige junge Frau mit ihrer Freundin umging. In ihr schien ein innerer Funke zu glühen, der Friede und Sicherheit ausstrahlte. Sie war vollkommen glücklich, den Abend mit dem Mädchen im Rollstuhl zu verbringen, auch wenn sie unter all den anderen Studenten ein sehr ungewöhnliches Paar bildeten. Sie war vollkommen zufrieden, half ihrer Freundin beim Trinken, unterhielt sich mit ihr über

Musik und nahm dabei das Flirten und Treiben um sie herum gar nicht wahr.

Von Eric, der sich mit ihr unterhalten hatte, als sie für einen Nachschub in der Schlange standen, erfuhr ich später, dass die beiden Mädchen Zimmerkolleginnen waren und dass das Mädchen im Rollstuhl schon von Geburt an behindert war. Die rothaarige junge Frau half ihrer Zimmerkollegin in ihrer Freizeit viel bei den täglichen Herausforderungen und so waren die beiden enge Freundinnen geworden. Eric hatte bemerkt, dass die rotblonde junge Frau nicht gerne von sich sprach, aber sprühte, wenn sie von den wunderbaren Qualitäten ihrer Zimmerkollegin erzählte, Dinge, die die Leute oft wegen der Behinderung nicht bemerkten. Sie liebte ihre Freundin offensichtlich tief und aufopferungsvoll.

Im Laufe des Abends faszinierte mich diese junge Frau. Sie schien eine unerschütterliche Sicherheit auszustrahlen. Sie hätte ohne weiteres mit all den anderen Mädchen mithalten können, stattdessen gab sie sich mit Freude dem Dienst für ihre Zimmerkollegin hin. Tatsächlich schien sie mehr Freude als alle anderen Mädchen im Raum zu haben. Als der Musiker gerade sein letztes Stück beendete, sah ich aus dem Fenster und bemerkte, wie die rothaarige junge Frau hinter dem Rollstuhl ihrer Freundin über den Parkplatz flitzte. Beide lachten, freuten sich wie die Kinder und jagten durch die Autoreihen. Es schien, als erlebte das Mädchen aus dem Café gerade den schönsten Abend ihres Lebens.

Obwohl ich sie nie wirklich kennenlernte, wage ich zu vermuten, dass dieses Mädchen aus dem Café ihren wahren Prinzen sehr intim kennt. Solch eine Ausstrahlung, Sicherheit und wirklich wahre Schönheit entsteht nur, wenn man Ihn kennt und sich zu Seinem Lilienweiß hin entwickelt. In den strahlenden Augen und der liebenden Zuwendung dieser blonden jungen Frau sah ich das Abbild meines Prinzen. Vielleicht werde ich ihren Namen nie kennenlernen, aber das Beispiel dieses Mädchens aus dem Café wird mir mein Leben lang vor Augen sein.

Beifall des Himmels

Wenn wir die Realität unseres Prinzen in uns wahrnehmen, wird es uns nie mehr etwas ausmachen, dass wir uns selbst nicht verstehen oder dass andere Menschen uns nicht verstehen. Der einzige, der mich wirklich versteht ist der Eine, der mich gemacht hat und der mich rettet.... Es gibt unermessliche Freiheit, sich nicht mehr um sich selbst drehen zu müssen, sondern zu lernen, nur noch auf eine Sache zu achten, die Beziehung zwischen unserem Prinzen und uns.

Oswald Chambers

Es ist all zu leicht, dem Versuch zu erliegen, uns selbst verstehen zu können, herauszufinden, wer wir sind und was der Sinn unseres Lebens ist. Und es ist allzu verführerisch, von dem Wunsch besessen zu sein, dass die Welt uns zu verstehen und unsere Existenz wertzuschätzen hat. Heutzutage leben wir in einer Zeit, in der sich alles um sich selbst dreht, unsere Gesellschaft mahnt uns mit Aussagen wie „Glaube an dich“ oder „Sei ehrlich mit dir selbst“ zu einem hohen Selbstbewusstsein. Doch zugleich setzt diese gleiche Gesellschaft, die uns ermutigt, an uns selbst zu glauben, unerreichbare Standards physischer Perfektion durch makellose Models und Schauspielerinnen, die die Titelblätter von Zeitschriften oder Filmleinwände zieren.

Unsere Kultur züchtet Unsicherheit, während sie das Banner der Selbstachtung vor sich herträgt. Dabei ist es egal, ob wir auf die eine Stimme hören und uns an unerreichbaren Standards messen oder ob wir der anderen Stimme nachgeben und versuchen, uns mit uns selbst besser zu fühlen, beides bringt uns dazu, uns um uns selbst zu drehen. Die meisten jungen Frauen fallen auf eine dieser beiden Lager der Selbstbezogenheit herein.

Aber in jeder Generation gibt es einige wenige, die eine andere Wahl treffen wie Amy Carmichael aus Schottland, Esther Ahn Kim aus Korea oder das Mädchen aus dem Café in einer Universitätsstadt in den USA. Was ist es, das diesen jungen Frauen diesen unerschütterlichen, gewissen Funken verleiht? Was macht sie unempfänglich für die Tyrannei sozialer Anerkennung? Was entzündet in ihnen den Mut, aus der gesellschaftlichen Norm auszubrechen und durch ihr Vorbild die Welt zu verändern? Die Antwort ist einfach: Sie sind sich der unglaublichen Wirklichkeit ihres Prinzen bewusst geworden. Oswald Chambers würde sagen: Sie haben ihre Selbstbezogenheit abgelegt und ihr Leben allein um Ihn errichtet. *Ihr Prinz ist das einzige, was zählt.*

Wenn wir unseren Prinzen leidenschaftlich lieben, setzen wir Ihn über alles, nicht nur theoretisch sondern auch praktisch, jeden Augenblick in unserem täglichen Leben. Wir leben nicht für den Beifall dieser Welt, sondern für den Beifall des Himmels. Wir sehnen uns nicht nach der Anerkennung der Menschen sondern immer mehr nach Ihm. Unser Kennzeichen ist mühelose, unerschütterliche Kraft, wie man sie in der Gegenwart unseres perfekten Liebhabers findet.

Freude in Ihm

Jemand hat einmal zu mir gesagt, ich könne die Prioritäten meines Lebens bestimmen, wenn ich darauf achte, wohin abends vor dem Einschlafen meine Gedanken gehen. Ich probierte dieses Experiment aus, als ich anfing, meine tiefere Vertrautheit mit meinem Prinzen zu pflegen. Ich hatte mein inneres Heiligtum errichtet, ich hatte mein Leben um meinen Prinzen eingerichtet und ich verbrachte jeden Tag konzentriert Zeit mit Ihm. Ich folgerte daraus, dass die Priorität meines Lebens sicher meine Beziehung zu meinem Prinzen war! Aber als ich anfing, darauf zu achten, zu welchen Inseln meine Gedanken jeden Abend segelten, erschrak ich, als mir bewusst wurde, dass ich nur selten bei meinem Prinzen verweilte. Normalerweise verfolgten mich Beziehungen, ich dachte über verschiedene Jungs in meinem Leben nach, überlegte, ob einer von ihnen „der Eine" für mich sein könnte, und versuchte auszumachen, wie sie über mich dachten. Manchmal dachte ich an meine Zukunft und machte mir Gedanken darüber, wohin ich gehen oder was ich als nächstes in meinem Leben tun sollte. Oft bewertete ich meine Erscheinung, meine Persönlichkeit und meine sozialen Fähigkeiten und malte mir aus, wie ich mich so verändern könnte, dass jeder mich mochte. Und manchmal wälzte ich mich unruhig hin und her bei dem Gedanken an all die unerledigten Aufgaben für Arbeit oder Schule.

Mir wurde bewusst, dass mein Prinz immer noch nicht jeden Augenblick des Tages mein Herz und meine Gedanken einnahm, obwohl ich meine Beziehung zu Ihm täglich pflegte. Wenn ich an der Stelle des Mädchens im Café an einem Freitagabend in einem Studentenstammlokal gewesen wäre, hätte ich wahrscheinlich kaum freudig meiner physisch herausgeforderten Freundin gedient, unbeeindruckt von dem, was die Welt von mir dachte, und eine wunderbare, unerschütterliche Sicherheit ausgestrahlt. Mit ziemlicher Sicherheit wäre ich wie die Mehrheit der anderen jungen Frauen in dem Raum gewesen und hätte versucht, mich sozial anzupassen, Freunde zu finden und geliebt zu werden in der Hoffnung die Blicke eines netten christlichen Jungen auf mich zu ziehen. Diese Mädchen taten nicht unbedingt etwas Falsches. Viele waren wahrscheinlich Christen, die aufrecht ein anständiges Leben führten. Vielleicht strebten sogar ein paar von ihnen nach einer täglichen Beziehung mit ihrem Prinzen, wie ich es tat. Sie verpassten aber wie ich etwas, das viel wunderbarer, schöner und herrlicher war, die Kunst, über jede Form von Selbstbezogenheit hinauszuwachsen und die unerschütterliche Ausstrahlung zu gewinnen, die aus der *Freude an unserem Prinzen* in jedem Augenblick eines jeden Tages erwächst.

Der eigentliche Grund, warum wir ein Heiligtum in uns errichten und schützen, ist der, an jedem Tag leidenschaftliche und zarte Intimität mit dem Prinzen unseres Lebens zu genießen. Wenn ein Mann und eine Frau sich einen romantischen Hafen aufbauen, indem sie ihr Schlafzimmer putzen und polieren, mit Blumen und Kerzen Stimmung erzeugen und eifersüchtig über ihre Privatsphäre wachen, dann aber gar nicht in ihr Heiligtum eintreten und die Intimität miteinander genießen, dann ist der Aufwand verlorene Zeit. Das gleiche gilt für unser inneres Heiligtum, es wurde errichtet, damit wir wirklich Freude mit unserem Prinzen haben, ungehemmte, zarte Intimität mit Ihm erleben.

Als ich begann, einen Lebensstil der Freude in meinem Prinzen zu erstreben, war ich mir nicht ganz sicher, wie ich dies erreichen konnte. Es war sehr leicht, mich an Ihm zu erfreuen, wenn ich Zeit zum Gebet hatte, die Bibel studierte und alles in meinem Tagebuch festhielt, aber während des übrigen Tages wurde man allzu leicht abgelenkt und selbstbezogen. Ich sah kaum Menschen, die wirklich mit Freude *jeden Augenblick* für Ihn lebten. In dieser Zeit lernte ich Erics Schwester Krissy kennen. Sie unterschied sich völlig von allen anderen jungen Frauen, die ich bisher kannte. In ihr entdeckte ich den gleichen unerschütterlichen, strahlenden Funken, von dem ich in den Lebensgeschichten außergewöhnlicher junger Frauen der Vergangenheit gelesen hatte. Ich brauchte nicht lange, um zu bemerken, dass ihr freudiger Glanz und ihr bewundernswert dienendes Herz direkt aus ihrer intimen, leidenschaftlichen, beständigen Beziehung zu ihrem Prinzen erwuchsen. Wenn sie in Anbetungsgottesdiensten sang, waren ihre Augen geschlossen und ihr ganzes Gesicht strahlte in kindlicher Freude. Sie sah die anderen nicht, die Anbetungslieder sangen, sie achtete nicht auf die Band und sie war sich ihrer Umgebung nicht bewusst. Sie sah nur ihren Prinzen. Wenn sie betete, schüttete sie ihrem Herrn ihr Herz mit Zittern und Tränen der Leidenschaft aus, völlig ohne an irgendjemand anderen zu denken. Wenn sie von ihrem Prinzen sprach, strahlten ihre Augen vor zarter Bewunderung und schamloser Begierde.

Wie macht sie das? überlegte ich, während ich sie beobachtete. Ihre innige Freude schien immer gleich zu sein. Nachdem ich sie länger beobachtet hatte, bemerkte ich, dass ihre Unterhaltung mit ihrem Prinzen nicht nur auf ihre Stille Zeit am Morgen beschränkt war, sie sprach den ganzen Tag mit Ihm, egal was sie machte. Jeder Tag war ein Abenteuer mit Ihm. Jeden Tag hielt sie erwartungsvoll Ausschau und wartete darauf zu sehen, was Er tun würde. Sie behandelte jeden Mensch, der ihr über den Weg lief, als ob Er selbst ihn dort hingestellt hätte. Sie hatte jederzeit ein offenes Herz und einen wachen Verstand und horchte auf Seine freundlich geflüsterten Wegweisungen. Sie konnte bei allem, was sie tat, augenblicklich aufhören und bitten und anbeten, ohne sich mental darauf einstellen zu müssen. Sie war sich unglaublich bewusst, dass ihr Prinz jede Sekunde bei ihr war, an ihrer Seite ging, leise zu ihrem Herzen sprach und wunderbar die einzelnen Teile ihres täglichen Lebens aufeinander abstimmte. Sie spürte Seine Gegenwart ständig. Sie hörte nie auf, sich an Ihm zu erfreuen.

Zeige mir bitte, wie ich das auch haben kann, bat ich meinen Prinzen mit sehnsüchtigem Herzen. Treu und behutsam begann Er, mir zu zeigen, wie ich im Tagesablauf *mit* Ihm gehen konnte statt Ihn nur zu *repräsentieren*. Ich lernte, auch tagsüber innerlich mit Ihm zu reden, wenn ich zur Arbeit fuhr, wenn ich mich in der Welt bewegte und wenn ich abends in den Schlaf hinüberglitt. Und ich lernte, innerlich auf Seine sanfte Stimme zu hören, mein Herz darauf einzustellen, Ihn auch tagsüber zu hören. In diesem Augenblick begann mein tägliches Abenteuer. Ich war erstaunt, wie aufregend jeder Tag sein konnte, auch wenn ich nur monotoner Routine nachging. Als ich lernte, mich ständig mit meinem Prinzen zu unterhalten, lernte ich, wirklich zu leben. Schließlich verstand ich, wo wahre Sicherheit herkam, aus der unglaublichen Freude zu wissen, dass der heldenhafteste, edelste, mächtigste Prinz, den es je gegeben hat, an jedem Augenblick des Tages liebevoll neben mir ging.

Praktische Schritte zur Freude in unserem Prinzen

Hier ein paar wichtige Fragen, die du dir stellen solltest: *Bin ich mir jederzeit von ganzem Herzen bewusst, dass mein Prinz immer gegenwärtig ist? Kann ich mit Ihm reden oder auf Seine Stimme hören, egal wo ich bin und was ich tue?*

Es benötigt schon eine besondere Anstrengung, an den Punkt zu kommen, dass wir den ganzen Tag über Freude an unserem Prinzen haben. Wir leben in einer Welt, die sich darauf spezialisiert hat, unsere Gedanken und unser Herz ständig abzulenken. Ich persönlich habe ein paar wichtige Entscheidungen getroffen, die mir einen neuen Zugang dazu verschafften, täglich *mit* meinem Prinzen zu leben. Ich möchte sie gerne mit dir teilen und hoffe, dass sie dir ebenso helfen:

Ruhige Gedanken

Auf dem Höhepunkt ihres Dienstes schrieb Amy Carmichael darüber, wie wichtig es ist, ihrem Prinzen mit ruhigem Verstand zu dienen:

> *Ruhige Gedanken zu haben ist keine Frage, die in unserem Ermessen liegt, wenn wir überhaupt weitermachen wollen, müssen wir ruhige Gedanken haben. Allzu viele Christen scheitern nicht wegen ihrer Umstände, sondern weil ihr Geist müde und zerfressen ist, zu getrieben, um in Frieden zu ruhen.*[22]

Als ich diese Aussage zum ersten Mal las, dachte ich, wie man denn wohl in der heutigen Welt die Gedanken ruhig halten sollte. Schon wenn wir fünf Jahre alt sind und Sesamstraße gucken, beginnt die Gesellschaft, uns beständig mit Nonstop-Aktivitäten zu bombardieren und trainiert unseren Kopf, nie still zu sein. Von hektischer Fernsehwerbung bis hin zum Hochgeschwindigkeitszugang zum Internet ist unser Kopf daran gewöhnt, in einem halsbrecherischen Tempo zu funktionieren. Die christliche Welt tut allzu oft dasselbe. Es gibt kleine Bücher mit Kurzandachten, die nur einen Abschnitt lang sind, und leichte, Eine-Minute-Bibellesen, die speziell für all die eifrigen Christen gemacht wurden, die so beschäftigt sind. Wenn eine christliche Gruppe zusammenkommt, empfindet man fünfzehn Minuten als eine lange Zeit für Gebet oder Anbetung und oft zappeln wir herum und schauen die ganze Zeit unruhig auf die Uhr.

Ich bin so aufgewachsen, dass meine Gedanken schnell von einer beliebigen Sache zur nächsten wanderten. Sie konnten leicht abgelenkt werden und standen kaum friedlich still, auch in Zeiten des Gebets, des Bibelstudiums oder des Tagebuchschreibens. Aber als ich anfing, einen Lebensstil anzustreben, in dem ich ständig mit meinem Prinzen kommunizierte, wusste ich, dass sich da etwas ändern musste. Ich musste lernen, wie ich meine Gedanken unter Kontrolle bringen konnte, um mich auf Ihn zu konzentrieren, egal wo ich war und was ich gerade tat. Ich musste meine Gedanken ruhig genug halten, um Seine sanfte Stimme hören zu können. Wenn ich abends einschlief, fing ich an, meine Gedanken auf meinen Prinzen zu richten, statt sie ziellos wandern zu lassen. Ich meditierte über einen Bibelvers, den ich auswendig gelernt hatte, oder sprach mit Ihm über meinen Tag. Nach ein paar Wochen entschlossener Anstrengung, abends bei Ihm zu bleiben, war ich überrascht, wie bald es ganz natürlich ging. (Diese Gewohnheit führte auch dazu, dass ich viel friedlicher schlief, weil ich meine Gedanken mit Wahrheit gefüllte hatte, bevor ich ins Traumland glitt.)

Der nächste Schritt war, meine Gedanken am Morgen zu ordnen, direkt nach dem Aufwachen. Statt unverzüglich im Kopf abzuchecken, was am Tag dran war, oder sofort den CD-Spieler einzuschalten, während ich mich anzog, beschloss ich zu versuchen, meinen Tag damit zu beginnen, dass ich meinen Prinzen anbetete. Das war keine zwanzigminütige Sing-Session, sondern bestand normalerweise darin, dass ich mich nach dem Aufwachen für ein paar Augenblicke vor mein Bett kniete, mich auf Ihn konzentrierte und Ihm für seine unglaubliche Liebe und Treue zu mir dankte. Als mein Prinz das erste wurde, bei dem meine Gedanken am Morgen waren und das letzte, woran ich dachte bevor ich einschlief, wurde es viel einfacher, mich auch am Tag auf Ihn zu konzentrieren und mit Ihm in Verbindung zu bleiben. Schließlich konnte ich meine Gedanken unter Kontrolle halten und kontinuierlich bei Ihm bleiben, auch wenn ich mit meinem Auto unterwegs war, mit Leuten umging oder meine Arbeit machte. Oft waren meine Unterhaltungen mit Ihm keine ausgefeilten Gebete, nur ein kleiner Ausdruck meiner Liebe zu Ihm oder ein Stoßgebet um Seine Führung in einer bestimmten Situation.

Je mehr ich lernte, meine Gedanken zu beruhigen und auf meinen Prinzen zu konzentrieren, desto effektiver konnte ich alles erledigen, was mir am Tag übergestülpt wurde. Das Ergebnis war, dass ich ein erheblich friedvolleres Leben lebte. Krisen und Entmutigungen warfen mich nicht mehr völlig aus der Bahn und ließen mir die Gedanken durch den Kopf jagen, ich wurde mir vielmehr der beruhigenden Umarmung meines Prinzen bewusst. Wenn die Gedanken an meinen Prinzen im Vordergrund standen, war ich immer daran erinnert, dass er in meinem Leben die Feder führte, dass er jedes Kapitel schrieb und dass er mich nie verlassen würde. Eric sagt immer: „Nur wenn das Wasser ganz ruhig ist, kann es die Herrlichkeit des Himmels widerspiegeln.“ So ist das auch mit uns. Nur wenn unsere Gedanken und unser Herz ruhig auf unsern Prinzen konzentriert sind, können wir Abbilder Seines starken, festen und unerschütterlichen Friedens werden.

Denke im Gebet über ein paar praktische Möglichkeiten nach, die du einüben kannst, um beständige Ruhe in deinen Kopf zu bekommen. Achte darauf, wohin deine Gedanken gehen, wenn du im Verlauf des Tages allein bist oder abends im Bett liegst. Das sind die besten Zeiten, neue mentale Gewohnheiten zu entwickeln. Statt deine Gedanken ziellos wandern zu lassen, kannst du dich dazu entscheiden, dich in diesen Zeiten auf deinen Prinzen zu konzentrieren. Du kannst über einen Bibelvers meditieren, ein Anbetungslied singen oder Ihm nur erzählen, was dich gerade beschäftigt. Wenn du während des Tages herausgefordert bist, denke daran, dass Er zu jeder Zeit bei dir ist. Bitte Ihn, dich bei Unterhaltungen zu führen, in Entscheidungen zu leiten, dir zu helfen, dass du Sein Lilienweiß widerspiegelst, egal was du gerade tust. Wenn du lernst, ständig mit Ihm zu reden und dein Herz zu öffnen, damit du Seine Stimme immer hören kannst, wirst du überrascht sein, wie viel Freude du den ganzen Tag über in deinem Prinzen haben wirst, denn „vor [Ihm] ist Freude die Fülle“ (Psalm 16,11; LÜ).

Ein Herz der Anbetung

Je mehr ich die Intimität mit meinem Prinzen in meinem inneren Heiligtum pflegte, desto mehr wurde mir bewusst, dass die Anbetung einen zentralen Stellenwert in meinem täglichen Leben mit Ihm einnehmen musste. Ich ertappte mich öfter dabei, dass ich auf die Knie gehen wollte, um meinem Prinzen meine Dankbarkeit, Ehrfurcht und mein Staunen zu zeigen. Ich hatte eine Hand voll Anbetungslieder gefunden, die meine Anbetung, wie sie meinem Herzen entsprang, gut ausdrückten. Diese Lieder richteten sich nicht auf meine persönlichen Bedürfnisse und Wünsche. Sie richteten sich vielmehr nur auf meinen Prinzen, Seine Größe, Seine Heiligkeit, Seine Treue und Seine Majestät.

Durch die persönliche Anbetung, an die ich mich gewöhnte, wurde auch meine öffentliche Anbetung natürlicher. Schließlich lernte ich auch Krissys Geheimnis, wie sie den Rest der Welt ausblendete und nur Ihren Prinzen anbetete. Ich fand heraus, dass ich in Augenblicken, in denen ich aufgebracht, ärgerlich oder gestresst war, am besten zur Ruhe kam, wenn ich mich für eine kurze Zeit an einen stillen Ort zurückzog und meinen Prinzen anbetete. Wenn sich meine Gedanken und mein Herz an seine Pracht, Seine Majestät und Seine aufopfernde Liebe zu mir erinnerten, wurden meine kleinen Probleme im Licht meines heroischen Liebhabers unbedeutend. Wenn ich mich in seiner Gegenwart beugte, wurde ich daran erinnert, dass mein Leben in Seinen machtvollen Händen ruhte und Friede erfüllte mich.

Denke einmal über deine Anbetungszeiten nach. Wandern deine Gedanken abgelenkt umher? Schenkst du den eingängigen Rhythmen und coolen Melodien mehr Aufmerksamkeit als dem, für den du singst? Neigst du zu Liedern, die nur dich in den Mittelpunkt stellen, deine Bedürfnisse, deine Kämpfe und deine Wünsche? Wie oft schaltest du die Welt völlig ab, um vor der Herrlichkeit und Majestät deines Prinzen in Ehrfurcht niederzufallen? Wie oft erhebst du offen deine Stimme zum Himmel und verkündest, dass du deinen Herrn anbetest? Betet dein Herz wirklich auch über den Tag hinweg deinen Prinzen an?

Es ist wirklich gut, dich einmal eine ganze Weile ungestört zurückzuziehen und persönlich ehrfurchtsvoll deinen Prinzen anzubeten. Vielleicht musst du dein Telefon abstellen und deinen Computer ausschalten. Vielleicht musst du das Licht abblenden. Was es auch ist, wichtig ist, dass mögliche Störungen ausbleiben. Es ist auch wichtig, Lieder auszuwählen, die die Schönheit, das Wunder, die Majestät und Herrlichkeit unseres Prinzen besingen, Lieder, die dir helfen, wirklich Ihn anzubeten statt nur dich selbst im Blick zu haben. Eine andere Möglichkeit ist, Psalmen zu lesen oder aufgenommene Psalmen zu hören. Wenn deine Gedanken und dein Herz mit Erinnerungen an Seine Größe, Seine Heiligkeit, Seine Treue und Seine Liebe angefüllte sind, dann lass die Anbetung deines Herzens einfach ungehindert überfließen, ganz nach deiner eigenen Art. Wenn wir solche Erfahrungen von Zeiten ernsthafter Anbetung haben, hilft uns das, im alltäglichen Leben einen Lebensstil der Anbetung zu entwickeln.

Die Kunst der biblischen Meditation

An einer früheren Stelle in diesem Buch schrieb ich schon davon, dass das Auswendiglernen der Schrift eine unglaubliche Waffe gegen die Versuchung ist, ein geheiligtes Leben durch Kompromisse aufs Spiel zu setzen. Das Auswendiglernen der Schrift füllt unsere Gedanken mit Wahrheit. Aber es ist auch wichtig, die Wahrheit in unserm Verstand auch in unser *Herz* zu transportieren, damit es täglich unser Leben prägt. Hier kommt biblische Meditation ins Spiel. Bevor du an Yoga und Räucherkerzen denkst, lass mich dir versichern, dass biblische Meditation nichts mit der „Werde-eins-mit-dem-Universum"-Version moderner Meditationen zu tun hat, die oft von Yoga-Lehrern, New Age-Führern und übriggebliebenen Hippies angepriesen werden. (Da ich in der Nähe von Boulder, Colorado, lebe, habe ich so manches von allen dreien gesehen!) Biblische Meditation schließt aktives Nachdenken und Aufarbeiten der Wahrheit ein, bis es ein wesentlicher Teil von uns wird.

Als ich sieben war, entschloss sich unsere Sonntagschullehrerin, für denjenigen einen Preis auszusetzen, der Johannes 3,16 wörtlich wiedergeben konnte. Sie schrieb den Vers in großen Buchstaben an die Tafel und leitete uns an, den Vers gemeinschaftlich wieder und wieder zu rezitieren. Dutzende kleiner Stimmen verkündeten im Chor: „Johannes 3,16: Denn also hat Gott die Welt geliebt, dass er seinen eingeborenen Sohn gab, damit alle, die an ihn glauben, nicht verloren werden, sondern das ewige Leben haben. Johannes 3,16" (LÜ). Ich war die erste in meiner Gruppe, die den ganzen Vers aufsagen konnte, ohne stecken zu bleiben und als ich ging, war ich stolze Besitzerin eines khakifarbenen kleinen Wauzis, zum Neid all meiner Freundinnen.

Ich eilte eifrig heim, um meinen Eltern von meinem wunderbaren Talent zu berichten. Stolz führte ich meine unglaublichen Fähigkeiten des Auswendiglernens der Schrift vor und sagte ihnen beim Essen den Vers auf. Begeistert fragte meine Mutter: „Und weißt du auch, was dieser Vers bedeutet, Leslie?“ Ich hielt einen Augenblick inne und dachte über den Vers nach, den ich gerade rezitiert hatte. *„Denn also hat Gott die Welt geliebt“* – ich stellte mir vor, wie Gott liebend vom Himmel auf den kleinen blauen Globus herabschaut, wie der Globus, der in der Ecke unseres Klassenzimmers der 2. Klasse stand. Ich glaube, ich konnte Seine Liebe für Seinen Globus verstehen – ich liebte meine Kohlkopfpuppe genauso. *„Dass er seinen eingeborenen Sohn gab.“ Eingeborenen* war ein seltsames Wort. Das verstand ich nicht. Nachdem ich Zeile für Zeile über den Vers nachgedacht hatte, kam ich schließlich zu dem Schluss, dass er gar keinen Sinn ergab. Weil ich aber nicht dumm erscheinen wollte, beantwortete ich die Frage meiner Mutter mit dem in der Sonntagschule todsicheren Stichwort – wenn du das sagtest, lagst du immer richtig. Selbstsicher grinsend verkündete ich meinen Eltern: „Johannes 3,16 bedeutet, dass *Jesus rettet*!“ Ihr befriedigter Gesichtsausdruck zeigte mir, dass ich wieder einmal richtig lag. Aber die Wahrheit war, dass die Bedeutung von Johannes 3,16 an mir vorbei gegangen war, auch wenn ich den Vers wortwörtlich wiedergeben konnte.

Die meisten von uns behalten diese Art Sonntagschul-Zugang in ihrem Leben als Christen bei. Wir behalten vielleicht die Worte im Gedächtnis, aber wir *besitzen* die Wahrheit nicht für uns persönlich. Wir wissen viel über unseren Prinzen, aber wir kennen Ihn nicht wirklich. Als ich anfing, einen Lebensstil der Freude an meinem Prinzen zu entwickeln, fand ich heraus, dass biblische Meditation wichtig war, um mein Verständnis darüber zu vertiefen, wer Er war und wie Er wollte, dass ich lebte. Bei der Wahrheit meines Prinzen zu bleiben, bis sie ein Teil von mir war, führte zu einer Haltung andauernder Ehrfurcht und Anbetung für Ihn.

Je näher ich meinem Prinzen kam, desto bewusster wurde mir, wie viel Tiefsinn in Seinem wunderbaren Wort ist. Die Bibel hat einen unerschöpflichen Vorrat an wunderbaren, machtvollen, weltverändernden Wahrheiten. Sie ist wie eine Schatzkarte für einen verborgenen Schatz. Um die kostbaren Juwelen zu finden, benötigen wir Zeit der Konzentration und viel Energie. Dabei ist die Bibel selbst, auch wenn sie heilig und kostbar ist, nicht der eigentliche Schatz, den wir suchen. Sie ist nur die Schatzkarte, die uns zur eigentlichen Belohnung führt, einer Ewigkeit in der Vertrautheit mit unserem Prinzen Jesus Christus. Die Worte der Schrift sollen nicht nur schnell überflogen und leicht verdaut werden – sie sollen unser ganzes Leben verändern. Um unseren Prinzen in Seiner ganzen Fülle zu verstehen, müssen wir lernen, über Seinem Wort zu meditieren. Seine Wahrheit wird nur dann ein untrennbarer Teil von uns, wenn wir sie studieren, auf verschiedenen Ebenen betrachten, in unserem Verstand und in unserem Herzen hin und her bewegen, fleißig darüber beten und auf unser Leben anwenden.

Ruhige Gedanken, ein anbetendes Herz und die Kunst der biblischen Meditation sind nur ein paar praktische Möglichkeiten, die uns helfen, eine Haltung zu entwickeln, in der wir uns den ganzen Tag an unserem Prinzen erfreuen. Wenn wir lernen, mit Ihm durch jeden Tag zu gehen, statt Ihn nur zu repräsentieren, wird unser Leben gekennzeichnet durch unerschütterlichen Frieden und standhafte Macht, egal in welche Umstände wir geraten.

Ein Bild des Außergewöhnlichen

Deutschland, 1944

Betsy lag still auf den harten Holzplanken, die mit dreckigem, von Flöhen befallenem Stroh bedeckt waren, und kämpften gegen Übelkeit und Platzangst. Mit schwacher Hand griff sie sich an die fiebernde Stirn. Überall um sie herum, über ihr und unter ihr, waren hunderte von anderen weiblichen Gefangenen, gnadenlos auf dünnen Sperrholzbrettern zusammengepfercht, so eng aufeinandergestapelt, dass man kaum atmen und sich schon gar nicht bewegen konnte. Bilder ihres gemütlichen, einladenden Heims in Holland schossen ihr immer wieder durch den Kopf wie ein vager, ferner Traum. Wie lange war dieser Albtraum schon Wirklichkeit? Es schien schon Jahre her zu sein, dass sie in einem richtigen Bett mit sauberen Laken geschlafen oder einen Bissen warmen, nahrhaften Essens zu sich genommen hatte. Ihre Gedanken gingen zurück zu dem unvergesslichen Tag, als sie mit ihrem Vater und ihrer Schwester Corrie verhaftet wurde, weil sie Juden vor der Gestapo versteckt hatten. Seitdem war sie von unmenschlichen Torturen, eiternden Wunden und unaussprechlichen Schmerzen und Leid umgeben.

Nach vielen langen Wochen in einer dunklen überfüllten Gefängniszelle in Holland wurden Betsy und Corrie zusammen mit achtzig anderen schluchzenden, erstickenden Frauen in einen dreckigen Eisenbahnwaggon gestopft und nach Ravensbrück befördert, dem gefürchteten Konzentrationslager im Herzen Deutschlands. Vier Tage waren die Frauen in dem stockfinsteren, drückend heißen Waggon zusammengepfercht, ohne Essen und Wasser, bis der Zug schließlich hielt und sie von schreienden Gefängniswärtern mit Maschinenpistolen ins Lager getrieben wurden. Man hatte Betsy und Corrie erzählt, dass die Verhältnisse in Ravensbrück schlecht waren, aber darauf waren sie nicht vorbereitet. Vierzehnhundert Frauen waren gezwungen, in einem einzigen Raum zu schlafen, der nur für vierhundert angelegt war. Das Bettenlagerheu war widerlich schmutzig. Acht übelriechende, überlaufende Toiletten mussten für den ganzen Raum reichen und um zu ihnen zu gelangen, musste man über Reihen von überbelegten, durchhängenden Pritschen kriechen, die als Behelfsbetten dienten. Überall im ganzen Raum waren gellende und erstickende Schreie zu hören, wenn Pritschen über den darunterliegenden Frauen zusammenbrachen. Die Gefangenen waren erschöpft und unterernährt und die meisten sprachen verschiedene Sprachen. Aus allen Baracken hörte man Prügeleien, Schreie, Schläge und Schluchzen.

Betsy fühlte einen beißenden Stich am Bein und dann noch einen. Die Flöhe attackierten sie rücksichtslos. Neben ihr auf der Pritsche schoss Corrie plötzlich in die Höhe und stieß sich den Kopf am Holzbalken über ihr.

„Betsy!“, zischte sie. „Hier wimmelt´s nur so von Flöhen! Wie sollen wir hier nur überleben?“

„Zeig es uns. Zeig uns wie“, betete Betsy laut. In letzter Zeit gab es fast keinen Unterschied mehr zwischen Gebet und Leben sonst. Sie war sich der Gegenwart ihres Prinzen immer bewusster, der ihre Hand hielt, jeden Augenblick neben ihr ging und ihr die Kraft gab, unter solch schrecklichen Umständen durchzuhalten. Auch jetzt fühlte sie einen vertrauten, beruhigenden Frieden in sich, wie eine heiße Tasse Suppe einem ausgekühlten Körper guttut. Ihr Meister war ihr nahe. Die Geräusche des Leids und der Geruch des Todes um sie herum schienen geheimnisvoll zu schwinden. Ein sanftes, freudiges Lächeln huschte über ihr Gesicht.

„Corrie!", rief Betsy aufgeregt aus. „Unser Herr hat geantwortet! Such den Vers heraus, den wir heute Morgen gelesen haben!"

Corrie schaute sich schnell um, um zu sehen, dass kein Wächter in der Nähe war. Dann suchte sie in den Seiten des kleinen Neuen Testaments, dass sie ins Lager hatten schmuggeln können. Im Dämmerlicht kniff sie die Augen zusammen und flüsterte die Worte: „Seid allezeit fröhlich, betet ohne Unterlass, seid dankbar in allen Dingen" (1Thess 5,16-18, LÜ).

Betsys Augen strahlten. „Das ist Seine Antwort, Corrie! Wir können in *allen* Dingen danken! Wir können sofort anfangen, Ihm für alles in dieser neuen Baracke zu danken!"

Corrie starrte Betsy ungläubig an und schaute sich dann langsam in dem beengten, faul riechenden Raum um. „Was soll es den *hier* zu danken geben?", fragte sie zweifelnd.

Betsy hielt inne und lächelte wieder. „Nun, zuerst einmal, sind wir hier zusammen untergebracht." Corrie biss sich auf die Lippen und nickte überrascht.

„Und dass es keine Kontrolle gab, als wir ankamen – so dass wir unsere Bibel behalten konnten", fuhr sie aufgeregt fort. „Und auch für die vielen Menschen, die zuhören können, wenn wir mit ihnen die Bibel lesen!" Corrie nickte wieder nachdenklich.

„Herr, wir danken dir auch für die Flöhe", betete Betsy gelassen, aber da unterbrach sie Corrie. „Betsy, also für die Flöhe kann ich Gott beim besten Willen nicht dankbar sein!"

Aber Betsy ließ sich nicht beirren. Sie glaubte, dass ihr Prinz sie an diesen Ort mit den Flöhen und allem gestellt hatte und sie war überzeugt, dass Er für alles einen wunderbaren Grund hatte. Als sie auf ihrer harten Holzpritsche in einen unruhigen Schlaf fiel, war ihr Herz leicht. Ihr treuer Herr wirkte in ihrem Leben und sie würde Ihn anbeten, egal in welcher Situation sie sich befand.

In den nächsten paar Wochen wurde das Leben zu einer zermürbenden Routine. Um Punkt 4.30 Uhr war Anwesenheitsappell, dann ein Elfstundentag harter Arbeit unter dem Brüllen und Schreien wütender Aufseher. Aber an jedem Tag gab es ein paar Augenblicke reinster Freude. Abends nach einem armseligen Mahl aus Wassersuppe begaben sich Betsy und Corrie in eine Ecke des dreckigen Raumes und sammelten sich unter dem matten Schein einer Glühbirne, um ihren Retter anzubeten. Bald wuchs die Gruppe von Frauen, die sich zu einer Zeit ehrfürchtiger Anbetung versammelte. Aus dem Neuen Testament wurde lebenspendende Wahrheit vorgelesen, erst in Deutsch und dann in Französisch, Polnisch, Russisch, Tschechisch und Holländisch übersetzt. Gebete wurden geflüstert. Sanfte Choräle erklangen. Und allmählich veränderte sich das Leben in den fürchterlichen Baracken völlig. Vorher hörte man ständig Schläge, Schreie und Fluchen. Jetzt brummelte es im Raum von freundlichen, verständnisvollen Worten und dem Klang von leisem Gesang. Betsys Wiederschein ihres Prinzen hatte gestrahlt und die ganze Atmosphäre der düsteren Baracke verändert.

Was ihr auch in den nächsten Monaten passierte, Betsy betete ihren Herrn an mit aufrichtiger Ehrfurcht und heiter gelassenem Herzen. Trotz Schüttelfrost, rasenden Hustenattacken und schwachen Gliedern behielt sie einen fröhlichen, strahlenden Geist. Einmal schlug sie ein Wächter mit einem harten Ledergürtel quer über die Brust, weil sie nicht schnell genug arbeitete. Als Corrie sah, was passierte, nahm sie ihre Schaufel und ging auf den Wächter los. Aber Betsy stellte sich vor sie, bevor irgendjemand das empörte Handeln bemerkte. „Corrie", sagte sie schnell, „arbeite weiter." Corrie starrte geschockt auf Betsys dünne, blutverschmierte Brust. „Sieh nicht drauf, Corrie", sagte Betsy sanft und bedeckte die Wunde mit ihrer gebrechlichen Hand. „Sieh nur auf Jesus."

„Sieh nur auf Jesus", das schien das Thema der ganzen Existenz von Betsy ten Boom zu sein. Wo andere monströse, tierische Gefängniswächter sahen, sah Betsy nur einsame, verwundete Seelen, die dringend die Liebe ihres Prinzen brauchten. Wo andere höllische, dreckige Schlafquartiere sahen, sah Betsy nur eine Möglichkeit, noch mehr Menschen die Wahrheit ihres Prinzen zu geben. Wo andere Flöhe sahen, sah Betsy ein Geschenk ihres Herrn. Schließlich kam heraus, dass ihre abendlichen Anbetungsgottesdienste schnell vereitelt worden wären, wenn die Gefängniswärter sich nicht geweigert hätten, ihre ekelhaften, flöheverseuchten Baracken für eine Kontrolle zu betreten. So waren sogar die Flöhe ein Wunder ihres treuen Prinzen.

Betsy ten Boom starb in Ravensbrück. Aber mit ihrem Leben hinterließ sie durch ihre unaufhörliche Anbetung ihres Herrn, was sie auch umgab, bleibenden Eindruck bei hunderten von Gefangenen und Wärtern. Als ihre Schwester, kurz nachdem sie gestorben war, zu ihr kam, um sie noch einmal zu sehen, waren Betsys Augen friedlich geschlossen, als würde sie schlafen. Ihr Gesicht strahlte sanft. Ihre Lippen waren zu einem Lächeln verzogen. Sie war gegangen, um ihren Prinzen zu treffen. All ihre Träume hatten sich erfüllt.[21]

Heute gibt es wenige Frauen, die ihre Versuchungen und Kämpfe beiseiteschieben, um ihren Prinzen anzubeten, egal in welcher Situation sie sind. Es ist allzu leicht, von den eigenen Schmerzen, Zweifeln und Ängsten gefangen zu werden und zu vergessen, dass unser heldenhafter Herr uns zur Seite steht, unsere Hand hält und alles treu zusammenfügt zu Seiner wunderbaren Führung (sieh Römer 8,28). Wir vergessen zu oft, Ihn anzubeten, Ihm zu danken für seine unglaubliche Liebe und Treue zu uns. Aber in jeder Generation gibt es einige wenige, die sich anders entscheiden, die sich entscheiden, ohne Scheu, zart, ehrfürchtig ihren Prinzen anzubeten, egal durch welche Umstände sie gehen. Und sie sind erfüllt von einem beispiellosen Strahlen, das nicht von dieser Welt ist. Möchtest du eine von diesen sein?

Auf den Punkt gebracht

Angst hält uns davon ab, die Welt zu verändern. Angst verschließt uns den Mund, wenn wir wissen, dass wir reden sollten. Angst hält uns auf den Stühlen, wenn wir wissen, dass wir aufstehen sollten. Und es ist Angst, die uns davon abhält, alles zu geben, wenn wir darüber nachdenken, ob wir es jemals zurückbekommen. Wir haben Angst vor dem, was passieren könnte, wir haben Angst vor dem, was nicht passiert, wie haben Angst vor dem, was die Leute denken, und wir haben sogar Angst vor unseren eigenen Gedanken. Wir sind im Gefängnis der Angst eingesperrt, aber unser Prinz gibt uns den Schlüssel, der uns am Ende befreit aus der Tyrannei sozialer Anerkennung, aus der Willkür böser

Ahnungen und aus der Macht der Unsicherheit. Er gibt uns Sich selbst.

Eine geheiligte junge Frau ist vom Abdruck Christi gezeichnet. Sie hat gelassene Ruhe. Wie eine Eiche im Sturm bleibt sie ruhig in den Sorgen des Lebens. Sie besitzt die Sicherheit aus einer anderen Welt. Sie lächelt bei Versuchungen, lacht im Angesicht von Anfechtungen und bleibt unerschrocken bei Gedanken an den Tod. Sie macht sich nichts aus dem Beifall der Welt. Ihre Ohren sind himmelwärts gerichtet, wenn sie auf die Ermutigungen ihres Prinzen hört.

Als Heilige finden wir unsere Leidenschaft in jedem Augenblick eines jeden Tages in der Freude an unserem Prinzen. Der Mond könnte blutrot werden und die Berge ins Meer stürzen, aber nichts kann uns von dem trennen, der uns liebt. Die Welt hat Angst, aber wir ruhen immer in dem Wissen, dass selbst der Tod nur das Tor zu Seiner Gegenwart ist.

12 Vorbereitung auf Intimität

Die Suche nach dem zukünftigen Ehemann

Mein Geliebter gehört mir und ich gehöre Ihm.

Hohelied 2,16; NLB

Melissas sanfte, braune Augen glänzten in stillem Aufruhr. Ihre Hände zitterten, sie atmete tief durch und versuchte, entschuldigend zu lächeln. „Entschuldige“, sagte sie ruhig, „aber das ist das härteste, was ich je durchgemacht habe.“ Sie fuhr fort und erzählte mir das traurige Ende ihrer zweijährigen Beziehung zu ihrem Herzenspartner Nate. Seit ihrer High School-Zeit waren Melissa und Nate beste Freunde gewesen. Als sie zusammen auf dem College waren, spürten sie, dass Gott sie in eine ernste Beziehung führte. Sie verbrachten mehrere Wochen darüber im Gebet und wurden dann offiziell ein Paar.

Sie hatten bewusst versucht, Gott in den Mittelpunkt ihrer Beziehung zu stellen und bemühten sich, Ihn zu ehren, wenn sie zusammen waren. Sie gaben sehr auf ihre physische Beziehung Acht, denn sie wollten sich in jeder Hinsicht rein halten. Sie ermutigten sich gegenseitig in ihrem geistlichen Leben und lasen oft zusammen in der Bibel. Nate brachte sie zum Lachen und schien intuitiv zu wissen, was sie fühlte oder dachte. Melissa öffnete ihm ihr Herz immer weiter. Er schien all das zu haben, was sie sich von ihrem zukünftigen Bräutigam wünschte. Obwohl sie noch nicht offiziell verlobt waren, fingen sie an, von ihrer gemeinsamen Zukunft zu reden. Bald fing Melissa an, im Stillen ihre

Hochzeit und ihr gemeinsames Leben als Ehepaar zu planen. Sie wartete sehnsüchtig auf den Tag, an dem Nate sie fragen würde.

Und dann klingelte eines Tages das Telefon. Sie nahm den Hörer auf und lächelte aufgeregt, als sie Nates Stimme am anderen Ende der Leitung hörte. Aber dann merkte sie, dass Spannung und Unbehagen in seiner Stimme lag. „Ich habe nachgedacht", fing er an und verfiel dann in eine wohl formulierte Rede, in der er die Gründe darlegte, warum er glaubte, dass es an der Zeit sei, ihre Beziehung zu beenden. Melissas Herz klopfte heftig, sie war geschockt und konnte es nicht glauben, während sie benommen langsam die Realität aufnahm. Nate machte mit ihr Schluss. Nate, der ihr gesagt hatte, dass er sie immer lieben würde. Nate, der gesagt hatte, dass sie alles war, was er von einem Lebenspartner erwartete. Nate, ihr bester Freund, ihr Herzenspartner, die Liebe ihres Lebens. Nate, der erst vor wenigen Monaten ihre tiefsten Träume erhellt hatte, als er von ihrer gemeinsamen Zukunft sprach. Und jetzt war es plötzlich alles ohne Vorwarnung aus. Einfach so.

Wochenlang lief Melissa wie durch einen Nebel und konnte es kaum glauben, wie dramatisch sich ihr Leben verändert hatte. Nachts durchfuhren tiefe, herzzerreißende Seufzer ihren ganzen Körper. Im Schlaf schüttelten sie unruhige Alpträume. Morgens erwachte sie in eine dunkle Wolke von Depression. Es kostete sie schon immense Willenskraft, sich zu zwingen, aufzustehen und unter die Dusche zu gehen. Im Laufe des Tages, wenn sie im Unterricht saß oder mit Freunden zusammen war, verfolgten sie Unsicherheit und Einsamkeit. Ein Wirbelwind von Zweifeln stürmte in ihrem Kopf: *Vielleicht bin ich unattraktiv. Vielleicht bin ich nicht begehrenswert. Vielleicht will nie wieder jemand mit mir zusammen sein. Vielleicht stimmt irgendetwas nicht mit mir und ich weiß es nicht.*

„Alle haben mir immer gesagt, dass ich nicht verletzt würde, wenn ich Gott im Mittelpunkt einer Beziehung und meine Reinheit behielte“, erzählte Melissa mir und ihre Augen blickten schmerzerfüllt und verwirrt. „Aber wenn das, was ich fühle, kein gebrochenes Herz ist, was dann!“

Courtney war eine zierliche Rothaarige mit einer ganz anderen Geschichte. Trotzdem sagte mir der schneidende Schmerz in ihrem zarten Gesicht, dass es auch bei ihr im gleichen herzzerbrechenden Desaster geendet hatte.

„Ich habe immer gesagt, dass ich auf meinen zukünftigen Mann warten werde“, sagte sie mir kläglich, „aber letzten Sommer traf ich Jeremy. Ich habe ihm alles gegeben, was ich hatte. Ich habe zu spät herausgefunden, dass er mich nur benutzte.“ Seit Jeremy aus Courtneys Leben verschwunden war, sagte sie sich, dass sie nichts weiter als verdorbene Ware war. Ihr lebenslanger Traum von einer wunderschönen Liebesgeschichte war komplett zerstört. Verzweifelt versuchte sie sich zu beweisen, dass sie für das andere Geschlecht immer noch begehrenswert war.

Verwundet und verwundbar stürzte sie sich bei nächstbester Gelegenheit in die nächste Beziehung. Brad schien anders zu sein als Jeremy. Er war zart und einfühlsam und er drängte sie nicht physisch wie Jeremy. Aber je länger die Beziehung dauerte, desto unsicherer fühlte sich Courtney. Sie überzeugte sich selbst davon, dass Brad bestimmt nichts mehr mit ihr zu tun haben wollte, wenn er herausfand, was sie getan hatte. Sie wusste, dass ihr ramponiertes Herz keine weitere

Zurückweisung aushielt. Sie durfte Brad nicht verlieren. Seine hingebungsvolle Aufmerksamkeit gaben ihr die emotionale Sicherheit, die sie so verzweifelt brauchte. So beschloss sie, ihn zu verführen. Sie überlegte, dass er sie nicht verurteilen konnte, dass sie ihre Reinheit weggeworfen hatte, wenn seine eigene beschädigt war. Nach einigen Wochen subtiler Beeinflussung gab Brad schließlich nach. Danach plagten Brad heftige Schuldgefühle. Er begann, sich von Courtney zurückzuziehen. Panisch klammerte sich Courtney noch fester an das, was noch von der Beziehung übrig war und verfolgte Brad so stark sie nur konnte. Aber es hatte keinen Zweck. Brad schrieb ihr einen Brief, in dem er zugab, dass er nicht mehr mit ihr zusammen sein konnte. Er wusste, dass das, was sie getan hatten, falsch war und jedes Mal, wenn er mit ihr zusammen war, wurde er an seinen Fehler erinnert. Als sie Brad das letzte Mal sah, war er nur noch ein zerbrochenes, depressives, bitteres Etwas, nicht mehr der, den sie geliebt hatte.

Selbstverachtung stand Courtney ins Gesicht geschrieben, als sie mir ihre Geschichte erzählte. „Ich hab nicht nur alles weggeworfen, was ich hatte", sagte sie bitter, „sondern ich hab auch noch Brad verführt, dasselbe zu tun. Ich bin ekelhaft."

Annas Schultern hingen niedergeschlagen herunter, als sie mir ihr Leid erzählte. Auch diese Geschichte war wieder ganz anders als die von Melissa und Courtney, aber am Ende ging es wieder seltsam bekannt aus.

Anna war immer eine lebenslustige Person gewesen, die aus sich heraus ging, aber innerlich plagte sie Unsicherheit über ihr Aussehen. Jungs hatten sich nie an einer Romanze mit ihr interessiert gezeigt, auch wenn sie immer viele männliche Freunde hatte. Anna ertappte sich oft bei dem Gedanken, ob sie wohl jemals die Chance haben würde, ihre Liebe zu finden. Als in ihrem zweiten Collegejahr Mike in ihr Leben trat, hatte sie zum ersten Mal Hoffnung. Er behandelte sie anders als die Jungs zuvor. Wenn sie etwas sagte, war er immer sehr daran interessiert. Wenn er zuhörte, schaute er ihr tief in die Augen, als ob er jedes Wort mit ihr teilte. Er grüßte sie immer mit einem gewinnenden Lächeln und verabschiedete sich mit einer herzlichen Umarmung.

Als Mike eines Abends unerwartet anrief und sie zu einer mitternächtlichen Unterhaltung in ein nahegelegenes Café einlud, schlug Annas Herz höher. Fühlte sich Mike tatsächlich von ihr angezogen? An diesem Abend unterhielten sie sich und lachten stundenlang miteinander und Anna ging glücklich benommen nach Hause. In den nächsten Monaten trafen sie und Mike sich immer wieder spät abends im Starbucks oder hatten lange philosophische Unterhaltungen am Telefon oder per Email. Obwohl er ihr gegenüber nie von Liebe sprach, zeigte er ihr durch hunderte Kleinigkeiten, wie viel ihm an ihr lag und wie sehr er ihre Freundschaft schätzte. Mike war geradezu ein Geschenk des Himmels. Anna war sich sicher, dass Gott ihn in ihr Leben geschickt hatte. Er war alles, was sie sich immer von einem zukünftigen Mann erträumt hatte. Öfter träumte sie von dem Tag, an dem aus ihrer Beziehung schließlich etwas Ernsteres werden würde. Sie war sich allmählich sicher, dass es nur noch eine Frage der Zeit war. Mit Mike stieg Annas Selbstbewusstsein und jeden Tag erwachte sie gestärkt und glücklich.

Und dann änderte ein Augenblick alles. Eines Abends klingelte Annas Telefon. Sie nahm ab und hörte Mikes aufgeregte Stimme. „Komm rüber zu mir“, sagte er warmherzig, „hier ist jemand, den ich dir vorstellen möchte." Annas Herz raste vor Anteilnahme, als sie zu Mikes Wohnung fuhr. Als sie bei ihm klingelte, war sie sicher, dass er sie seinen Eltern oder einem aus seiner Familie vorstellen wollte, untrügliches Zeichen, dass zwischen ihnen etwas passierte.

Aber als Mike die Tür öffnete, hatte er eine attraktive Brünette im Arm. „Hey, Anna!", rief er aufgeregt aus. „Toll, dass du gekommen bist! Ich wollte dir Bethany vorstellen, meine Verlobte!" Anna stand völlig erstarrt da. Seine *Verlobte*? Langsam wurde ihr klar, was Mike gesagt hatte. Sie zwang sich, dem hübschen, dunkelhaarigen Mädchen vor ihr die Hand zu geben. Ihre Gedanken rasten. Wie konnte das sein? Wie konnte er ihr das antun? In all der Zeit, die sie zusammen gewesen waren? Bei all den netten Dingen, die er so oft für sie getan hatte? Wie konnte Mike jemand anderen lieben?

Als Anna sich an diesem Abend in den Schlaf weinte, kamen ihr immer wieder Bilder von Mikes geliebten Zukünftigen in den Sinn. Das Mädchen hatte so eine perfekte Figur und einen makellosen Teint, dass Anna sich ihrer eigenen langen Liste von physischen Defiziten schmerzlich bewusst wurde. Schließlich wurde ihr niederschmetternd klar, sie war nicht gut genug für Mike. Er war nie an einer Romanze mit ihr interessiert gewesen. Ihr Gesicht glühte vor Scham. Sie fühlte sich so dumm. Wieso hatte sie nur gewagt zu hoffen, dass er sich von so jemandem wie ihr angezogen gefühlt haben könnte.

Drei verschiedene Mädchen, drei verschiedene Geschichten, ein niederschmetterndes Ende – ein gebrochenes Herz. Wenn es zu romantischen Beziehungen kommt, enden heutzutage zu viele junge Mädchen mit einem gebrochenen Herzen. Für viele von uns liegt der

Grund für die Erfahrung des Seelenschmerzes darin, dass wir zu früh unser Herz, unseren Geist und unseren Körper hergeben, wie Courtney. Vielen von uns wäre ein Meer von Tränen erspart geblieben, wenn wir nur sorgfältiger auf unsere physische und emotionale Reinheit geachtet hätten. Aber wir machen Fehler. Wir geben zu schnell zu viel von uns her. Das heilige Geschenk wird mit Füßen getreten.

Andere wie Melissa und Anna geben sich mehr Mühe, ihr Herz, ihre Gefühle und ihre Reinheit zu schützen. Gott soll auch im Liebesleben im Mittelpunkt stehen. Entscheidungen werden mit intensivem Gebet und Nachdenken getroffen. Aber trotz aller Vorsicht wird unser Herz sorglos behandelt, weggeworfen und zerbrochen, wie eine billige Vase in den tollpatschigen Händen eines kleinen Kindes. Manchmal ist dieser Schmerz noch schwerer zu bewältigen. Wir haben das Gefühl, dass wir gesunde, christusorientierte Entscheidungen getroffen haben und verbrennen uns doch die Finger. Es gibt keine einfachen Erklärungen für solche Schmerzen. Aber egal warum wir ein gebrochenes Herz haben, es gibt nur einen Ort, wo die zerbrochenen Teile geheilt werden können: in den sanften Armen unseres Prinzen.

Es ist wichtig, den Schaden eines gebrochenen Herzens zu heilen, um sich auf eine wahre, ungehinderte Intimität sowohl mit unserem Prinzen wie auch einem zukünftigen Ehemann einzustellen. Ironischerweise sind sich die meisten von uns nach so einem tiefen, emotionalen Aufruhr gar nicht bewusst, dass Heilung möglich ist. Das Vorbild der Welt hat uns gelehrt, unseren Schmerz unter den Teppich zu kehren, unsere Tränen runterzuschlucken und weiterzugehen. Nach so einer erschütternden Erfahrung sind wir aber nicht mehr dieselben. Das Leben geht vielleicht normal weiter, zurück bleibt eine unsichtbare, hässliche Narbe, die uns verwundbar und unsicher macht. Wir bleiben zurück mit dem Bedürfnis nach Bestätigung, dass wir nicht an sich unattraktiv und nicht begehrenswert sind. Aufmunternde Worte unserer Freunde und Familie reichen normalerweise nicht. Selbsthilfebücher und Ratgeber in Zeitschriften kochen auch nur mit Wasser. Nur wenn wir von einem anderen bedeutsamen Menschen bewundert werden, scheint uns das die nötige Sicherheit zu geben, die unser Verlangen nach Bestätigung stillt. Aber wenn wir einmal ein gebrochenes Herz hatten, dann sind wir anfällig, durch unsere eigene Unsicherheit blind zu werden, so dass wir schlechte Entscheidungen in Beziehungsfragen treffen und immer wieder im gleichen Teufelskreis landen. Die schädlichen Folgen gebrochener Herzen verursachen heute die meisten Beziehungsfehler. Es ist wichtig zu erkennen, dass Heilung nicht in einer neuen Beziehung zu finden ist. Wir können nur wirklich wiederhergestellt werden, wenn wir unser verwundetes, blutendes Herz der zarten, wiederbelebenden Berührung unseres heldenhaften Prinzen anvertrauen.

Praktische Schritte zur Heilung eines gebrochenen Herzens

Wenn dir einmal das Herz gebrochen wurde, egal ob kürzlich oder in der Vergangenheit, ist es wichtig, dass du deinem Prinzen erlaubst, die traumatischen Folgen dieser Erfahrung ganz zu heilen, bevor du bereit bist für wirkliche Intimität – sowohl mit Ihm als auch mit deinem zukünftigen Bräutigam. Der Prozess ist nicht schnell durchlaufen und auch nicht einfach. Es ist wie ein schlecht zusammengewachsener Knochen, trotz Schmerzen muss der Knochen noch einmal gebrochen und wieder ordentlich zusammengefügt werden, damit er richtig heilen kann. Aber wenn du Ihn, deinen Prinzen, der dich völlig wiederherstellen kann, jedes Teil deines zerbrochenen Herzens wieder zusammenfügen lässt, können die Unsicherheit und der Zweifel, mit denen du zu leben gelernt hast, durch unerschütterliches Vertrauen und helles Strahlen ersetzt werden.

Im Folgenden findest du einige praktische Vorschläge, wie du den Heilungsprozess einleiten kannst. Es ist auf keinen Fall ein Schritt-für-Schritt Patentrezept für Heilung. Wir sind alle unterschiedlich, mit unterschiedlichen Schmerzgrenzen und verschiedenen Heilungsbedürfnissen. Dies sind nur ein paar praktische Schritte, die vielleicht helfen, die Dinge in Gang zu bringen.

Seelenprüfung. Ein wichtiger Startpunkt ist es, im Gebet jeden Punkt der schmerzvollen Erfahrung zu überdenken. Vielleicht war es die andere Person, die dir das Herz gebrochen hat, aber statt sich nur auf seinen Teil zu konzentrieren, solltest du dir einen Augenblick Zeit nehmen, auch *deinen* Anteil zu betrachten. Bitte Gott, dir zu zeigen, ob es von deiner Seite her etwas gibt, das in Ordnung gebracht werden muss. Dies sind ein paar hilfreiche Fragen zur Seelenprüfung, die du dir im Gebet stellen kannst:

- Habe ich mich je zu fest an eine Beziehung geklammert, um Sicherheit oder Anerkennung zu bekommen?
- Habe ich je eine Beziehung über Jesus Christus gestellt?

- Habe ich zugelassen, dass meine Gefühle mich leiteten, statt auf das sanfte Flüstern meines himmlischen Prinzen zu hören?
- Habe ich mich physisch, mental oder gefühlsmäßig einer Beziehung hingegeben in einer Weise, dass dies nicht die Reinheit meines Prinzen widerspiegelte?
- Habe ich die andere Person je bewusst zu Kompromissen verführt?
- Habe ich in einer Beziehung verbal oder handgreiflich ausgeschlagen, wenn die andere Person mir Schmerzen zufügte?
- Halte ich in meinem Herzen an Bitterkeit und mangelnder Vergebungsbereitschaft der anderen Person gegenüber fest?

Wenn Gottes Geist die Dinge ans Licht bringt, ist es gut, sie niederzuschreiben. (Wenn du es noch nicht getan hast, würde ich vorschlagen, dass du die Schritte über Buße und Vergebung im Material zu „Inner Sanctuary" auf www.setapartgirl.com durcharbeitest.)

Der Blickwinkel des Prinzen. Es kann einen riesigen Schritt zur Heilung bedeuten, wenn du dich einige Zeit darauf konzentrierst, den Blickwinkel deines Prinzen auf dich einzunehmen, statt blind in deiner Wolke von Emotionen stecken zu bleiben. Such dir einen abgeschiedenen Ort, wo du nicht gestört wirst und nimm dir Zeit. Tu alles, um dein Herz zur Ruhe zu bringen und dich auf deinen Prinzen zu konzentrieren, egal ob du sanfte Musik hörst, einen Spaziergang an der frischen Luft machst oder den Sonnenuntergang beobachtest. Wenn du zur Ruhe gekommen bist, lies die zarten Worte, die der Bräutigam zu seiner Braut spricht, du findest sie im Hohelied, und erlaube deinem Prinzen, direkt zu dir, Seiner wertgeschätzten Prinzessin zu sprechen. Dein Prinz weiß alles über dich, er kennt alle verschlungenen Höhlen deines Herzens und deiner Seele. Er kennt jede Linie und jede Sommersprosse deines Gesichts. Er weiß, wie viel Haare du auf dem Kopf hast. Er kennt alle deine Unvollkommenheiten, alle deine Schwächen. Und Er liebt dich. Er schätzt dich. Du bist ihm wertvoll. Du bist Ihm kostbar. Die Worte des liebenden Bräutigams an seine Braut im Hohelied sind die Worte Deines Prinzen an dich. Statt dass du dich von den achtlosen Taten oder Worten anderer beeinflussen lässt, lass dir dein Selbstbild nur durch die aufopfernde, bedingungslose, zeitlose Liebe deines Prinzen zu dir prägen.

Ein anderes schönes Wort ist Psalm 139,13-16. Wenn du die schöne Beschreibung liest, wie geliebt und absichtsvoll du geschaffen bist, dann lass dich daran erinnern, wie sehr Er dich als Seine Prinzessin wertschätzt. Du musst daran erinnert werden, egal was irgendjemand auf dieser Erde dir sagt oder antut, dass der König des Universums, der Schöpfer aller Dinge, der Herrscher über Himmel und Erde gesagt hat, dass du wertvoll bist. Für Ihn bist du unbezahlbar. Er liebte dich, schon bevor du geboren wurdest. Als du noch im Bauch deiner Mutter warst, hatte Er schon einen unglaublichen Plan für dein Leben. Und Er hat ihn noch.

Wenn du deine Gedanken mit dieser Wahrheit gefüllt hast, bitte Gott im Gebet, dass Er dir Seine Perspektive gibt, wer du bist. Dann stelle dir diese Fragen: *Wie sieht Er mich? Wie sieht Er das, was ich durchgemacht habe?* Es ist gut, alle Gedanken, die dir während deines Gebetes in den Sinn kommen, aufzuschreiben oder auch Schlüsselaussagen, die aus dem Schriftwort, das du liest, hervorstechen. Vielleicht musst du diesen Prozess öfter wiederholen, bis du nicht mehr von Unsicherheit und Minderwertigkeitsgefühlen geplagt wirst. Lass es zu, dass der Blickwinkel deines Prinzen dein eigener wird.

Gespräch mit einer Mentorin. Ein anderes Werkzeug in deiner Hand ist es, Gott zu bitten, dass Er dir jemanden in deinem Leben zeigt, der dir helfen kann, die bleibenden Schmerzen deines gebrochenen Herzens aufzuarbeiten. Am besten ist es, wenn deine Mentorin nichts mit der schmerzvollen Situation zu tun hatte, aber jedenfalls sollte sie objektiv sein mit einer Perspektive von außerhalb. Deine Mentorin sollte jemand sein, dem du vertraust und den du respektierst, die ihr Leben auf Christus baut und die deine Privatsphäre respektiert. Oft hilft es schon ein gutes Stück auf dem Weg der Heilung, wenn du nur schon die Qualen, die du durchmachst in Worte fasst. Es ist wichtig, dass du ehrlich darin bist, welche Schwierigkeiten du durchlebst. Erwarte keine schnellen Ratschläge oder todsicheren Lösungen von deiner Mentorin. Manchmal brauchst du nur jemanden, der deiner Geschichte zuhört, der mit dir weint und eifrig mit dir betet, während du diesen Prozess durchläufst. Wenn der Schmerz und die Verwirrung deines Herzleids dein Leben ernstlich gefährden, musst du dich vielleicht regelmäßig mit deiner Mentorin treffen, bis deine aufgewühlten Emotionen sich beruhigen. Wenn du in Zeiten des Aufruhrs eine Freundin hast, die dir die Hand hält, die dir zuhört und dir als hingebungsvolle Gebetspartnerin dient, kann das alles verändern. Da aber nicht alle von uns solch eine vertraute Freundin in ihrem Leben haben, kann man auch eine Mentorin finden, indem man mit einer professionellen biblischen Beratung arbeitet. Mentoren sind ein unglaubliches Geschenk Gottes, die Hoffnung geben, ermutigen und eine gesunde Dosis Perspektive unseres Prinzen vermitteln.

Intimität in der Beziehung

Fragst du heutzutage junge Frauen, was Intimität in der Beziehung ist, wirst du wahrscheinlich unzählige interessanter Antworten bekommen. Erin, eine quirlige Collegestudentin im letzten Jahr, erklärte mir neulich, was es für sie bedeutete. „Intimität bedeutet, dass du richtig guten Sex mit jemandem hast, richtig?“, sagte sie mit einem schlauen Grinsen auf den Lippen.

Caitlin, eine fünfundzwanzigjährige Lehrerin, sah es anders. „Intimität ist, wenn du wirklich mit jemandem verbunden bist, wenn du z.B. stundenlang mit ihm reden kannst.“

Monica, die kürzlich die High School abgeschlossen hat, verstand es noch anders. „Intimität bedeutet, dass du in einer Beziehung bist, die länger als einen Monat dauert.“

Wahre Intimität hat so viel mehr als eine physische, mentale oder emotionale Verbindung. Wahre Intimität ist eins der schönsten und wertvollsten Geschenke, die Gott uns gegeben hat. Aber in einer von Gelegenheitssex, One-Night-Stands, gebrochen Herzen, Scheidung und Missbrauch durchsetzten Welt ist es kein Wunder, dass unsere Sicht von wahrer Intimität so oft verzerrt ist.

Wahre Intimität ist der unglaublichste Bereich meiner Beziehung mit Eric. Es ist nicht nur physisches Einssein. Es bedeutet nicht nur, dass man emotional verbunden ist. Wahre Intimität gründet sich auf ein viel stärkeres Fundament: absolutes Vertrauen und völlige Verletzbarkeit. Wahre Intimität bedeutet, dass man sein

Leben mit jemandem auf tiefster Ebene teilt, jemanden völlig kennen und umgekehrt ganz gekannt zu sein. Das hält meine Liebesgeschichte mit Eric als zarte Romanze am Leben. Ich kenne ihn so gut, jede Fähigkeit, jeden Fehler, jede Eigenart, jede Hoffnung und jeden Wunsch. Und dennoch lerne ich ihn immer noch mehr kennen. Es gibt immer noch mehr zu entdecken. Eric kennt mich besser als jeder andere Mensch auf diesem Planeten. Und trotzdem will er immer noch mehr von mir kennenlernen. Ich kann meine tiefsten Sehnsüchte, meine geheimsten Ängste und meine verborgenen Gedanken mit Eric teilen. Ich kann mich für ihn völlig und ganz verwundbar machen. Ich kann mich ihm völlig hingeben, mein Herz und meinen Körper, und er schätzt mich als ein kostbares Geschenk. Ich vertraue Eric mit jeder Faser meines Seins. Ich habe keine Angst, dass er das, was ich ihm gebe, mit Füßen tritt. Ich denke nicht darüber nach, ob seine Liebe zu mir aufhören könnte. Er ist ein Teil von mir und ich bin ein Teil von ihm. Wenn wir am Ende eines Tages im Bett liegen und einander festhalten, weiß ich ohne Frage, dass er mich versteht und achtet, auch wenn wir nichts sagen.

Weil ich mein Leben zuerst auf meine Intimität mit meinem Prinzen in meinem inneren Heiligtum ausrichte, kann ich wahre Intimität in meiner Beziehung zu Eric erfahren, wie sie gemeint ist, ein Spiegel meiner Liebe zu meinem Prinzen. Ich erwarte nicht von Eric, dass er meine tiefsten Bedürfnisse erfüllt. Ich klammere mich nicht verzweifelt an meine Beziehung zu ihm, um Selbstbewusstsein und Sicherheit zu haben. Ich finde den Sinn meines Lebens nicht in der Ehe, sondern in meiner Beziehung zu Jesus Christus. Folglich setze ich Eric nicht ungesund unter Druck, den Platz in meinem Leben einzunehmen, den nur mein wahrer Prinz ausfüllen kann. Eric tut dasselbe, er findet seinen Sinn, seine Erfüllung und seine Sicherheit allein in seiner Beziehung zu Jesus Christus. Das gibt uns die Freiheit, in unserer Ehe ungehindert intim zu sein. Wir konzentrieren uns nicht darauf, selbstsüchtig unsere Bedürfnisse durch unsere Beziehung zu stillen. Wir können dem anderen ganz und freiwillig, mental, emotional und physisch geben, ohne darüber nachzudenken, was wir zurückbekommen. Die Intimität in unserer Ehe ist Folge der Intimität, die wir mit unserem Prinzen erleben.

Ich kann meinem Mann uneingeschränkt vertrauen und mich ohne Angst völlig verwundbar machen, weil unsere Liebe auf einem Versprechen gründet. Auch wenn wir eine schöne emotionale und physische Bindung genießen, kann beides durch äußere Umstände schnell schwinden. Glaub mir, wenn einer von uns Magen-Darm-Grippe hat, ist die physische Beziehung das letzte, an das einer von uns denken würde. Wenn einer von uns oder beide gerade etwas besonders Entmutigendes erleben, wenn wir ärgerlich oder niedergeschlagen sind, ist es unmöglich, sich in überschwänglich verliebten Gefühlen füreinander zu ergehen. Trotzdem blüht unsere Liebe, egal durch welche Schwierigkeiten wir gehen, unser Bündnis hält und unsere Vertrautheit wächst nur dadurch.

Genauso begegnet uns unser Prinz nicht nur in einer „Kurzzeitbeziehung". Er flirtet nicht mit uns, verbringt ein bisschen Zeit mit uns, um zu sehen, ob wir zusammenpassen, probiert uns für ein Wochenende aus und gibt uns dann am Montagmorgen wieder den Laufpass. Er hängt sich nicht für fünf oder zehn Jahre an uns, entscheidet dann, dass die Beziehung fade geworden ist und verlässt uns für eine andere. Seine Liebe zu uns ist bedingungslos. Sie hängt nicht von unserer Vorstellung ab. Sie ist nicht davon abhängig, wie perfekt wir sind. Sie ist nicht von flüchtigen Gefühlen abhängig. Sie gründet sich auf Seine Wahl, Seine Entscheidung, absolut treu zu sein, egal was auch geschieht, selbst auf Kosten seines Blutes. Wahre Intimität kann nur in dieser Art von Verbundenheit im Herzen entdeckt werden.

Die Schönheit geistlicher Einheit

Als Eric in mein Leben trat, entwickelte sich unsere Freundschaft sehr ungewöhnlich. Da er fünf Jahre älter war als ich, hatte ich nie wirklich daran gedacht, dass zwischen uns etwas passieren würde. Und da ich beschlossen hatte, Gott das Schreiben meiner Liebesgeschichte zu überlassen und meinem zukünftigen Bräutigam absolut treu zu sein, suchte ich auch nicht nach Beziehungen. Eric hatte geistliches Feuer und einen Hunger nach Gott, die mich sehr inspirierten. Ich schrieb schon einmal in diesem Buch, dass ich meist auf den Knien landete, wenn ich Zeit mit Eric verbracht hatte und von Herzen betete und mich in die Schrift versenkte, um eine noch tiefere Beziehung zu meinem Prinzen zu finden. Eric motivierte und ermutigte mich unglaublich in meinem Lernen, wie ich mein inneres Heiligtum aufbaute und beschützte. Nur durch die Beobachtung seines Lebens lernte ich viel über meinen Prinzen.

Ungefähr nach einem Jahr der Freundschaft fingen wir an wahrzunehmen, dass Gott uns zu einer gemeinsamen Zukunft zusammenführte. (Um die Details zu erfahren, musst du unsere ganze Liebesgeschichte lesen!)[22] Aber es schien gar nicht so einfach, so von einer platonischen Freundschaft zu einer romantischen Beziehung überzugehen, dass darin unser Prinz geehrt würde. Wir hatten noch keine Beziehung gesehen, die nicht auf emotionaler oder physischer Anziehung gründete. Wenn wir uns entschieden, uns eine gemeinsame Zukunft aufzubauen, würde gewöhnlich wohl von uns erwartet, dass wir uns nun wie ein Paar benahmen: Händchen hielten und uns ständig küssten, jede freie Minute miteinander verbrachten, jedem gegenüber leidenschaftlich von unserer Liebe sprachen und gefühlsmäßig völlig abhängig von dieser Beziehung würden. Aber wir wussten, dass Gott mehr als ein typisches Verhalten von uns erwartete, wenn es zu einer Romanze kam.

Die Weisheit meines Vaters brachte etwas Klarheit in die Sache. „Um Intimität in ihrer ganzen Dimension zu erfahren“, sagte er uns, „sollte sie in drei Stufen errichtet werden: geistliche Einheit, Einheit der Gefühle und dann in der Ehe die physische Einheit. Es ist wichtig, nicht auf die nächste Stufe zu eilen, bevor nicht die vorherige sorgfältig angelegt ist.“

Ich dachte über meine Freundschaft zu Eric bis zu diesem Zeitpunkt nach. Wir hatten sehr sorgfältig darauf geachtet, dass unser Umgang miteinander absolut rein war, eine Bruder - Schwester Beziehung. So hatte sich zwischen uns ein geistliches Band entwickelt. Unsere Unterhaltungen konzentrierten sich auf Jesus Christus, was wir über Ihn lernten oder wie Er in unserem Leben wirkte. Wir hatten oft gemeinsam in der Bibel gelesen. Wir hatten zusammen Anbetungslieder geschrieben. Wir waren zusammen auf Missionseinsätzen gewesen und hatten als Team Menschen betreut und für sie gebetet. Es war eine Freundschaft, die sich völlig auf unsere Beziehung zu Jesus Christus gründete.

Als Eric und ich uns darüber unterhielten, wie es mit unserer Beziehung von da aus weiterging, waren wir uns darin einig, dass wir diese gute geistliche Einheit, die sich zwischen uns entwickelte, nicht verlieren wollten. Wir wollten, dass unser geistliches Band nur noch stärker und zum Fundament unserer ganzen Liebe werden sollte. Als wir an einem Herbstnachmittag auf einem grünen Hügel saßen, beteten wir zusammen für unsere aufblühende Romanze.

„Herr, wache du über unsere Gefühle. Wir wollen uns nicht von unseren Gefühlen, sondern nur von Dir allein leiten lassen", betete Eric. „Stärke bitte unsere geistliche Vertrautheit während dieser ersten Zeit unserer Beziehung."

Ungefähr ein weiteres Jahr konzentrierten wir uns darauf, unsere geistliche Einheit zu festigen, bevor wir andere Formen der Intimität in unserer Beziehung zuließen. Vielleicht klingt das unromantisch, aber in Wirklichkeit war das eine der unglaublichsten, aufregendsten Zeiten in unserer Liebesgeschichte. Wenn wir zusammen waren, schwelgten wir nicht in gefühlvoller Leidenschaft oder physischer Sehnsucht nach dem anderen, sondern wir verbrachten unsere Zeit damit, neue Wahrheiten zu besprechen, die wir in unserem geistlichen Leben lernten. Wir lasen zusammen inspirierende christliche Biographien und sprachen darüber, welchen Eindruck sie bei uns hinterließen. Wir lasen zusammen in der Bibel und verbrachten Stunden im Gebet und Nachdenken, wie diese Wahrheit unseren Alltag beeinflusste. Wir träumten davon, gemeinsam Gott zu dienen und tauschten uns darüber aus, wie Gott unser Leben in der Zukunft gebrauchen könnte. Wir saßen zusammen am Klavier und beteten unseren Prinzen in Liedern an. Als Team entwickelten wir die gleichen geistlichen Überzeugungen, wie man leben, handeln und denken sollte. Mit der Zeit wuchs auch eine gemeinsame Beziehung zwischen uns als Paar und unserem Prinzen, obwohl wir jeder auch weiterhin eine starke individuelle Beziehung zu Ihm pflegten. Jesus blieb die Mitte unserer Liebesgeschichte.

Als wir später spürten, dass die Zeit für eine emotionale Einheit reif war, wussten wir, dass das Fundament der geistlichen Einheit im Kern unserer Beziehung fest war. Auch heute sind in unserer Ehe die emotionale und die physische Einheit nur zusätzliche Gabe, nicht Basis unserer Liebe. Auch wenn Emotionen schnell hochfahren und wieder niederstürzen können wie auf einer Achterbahn, bleibt eine Beziehung, die auf Jesus Christus begründet ist, beständig, stark und unerschütterlich. Sowohl emotionale als auch physische Einheit können in schönster Weise erlebt werden, wenn die geistliche Einheit zuerst da ist.

Praktische Schritte zu geistlicher Einheit

Viele von uns beginnen eine Beziehung und verkünden selbstsicher: „Wir bauen diese Beziehung mit Jesus im Zentrum auf!" Aber nach nur wenigen Wochen schwimmen wir oft in einem unvorhersagbaren Meer von stürmischen Gefühlen und physischer Versuchung. Wenn eine Beziehung einmal auf einem emotionalen oder physischen Kern ruht, ist es sehr schwierig, wenn nicht unmöglich, einen Schritt zurückzugehen, um einen festen geistlichen Grund aufzubauen. Deshalb ist gerade der Anfang einer Beziehung so wichtig. Ein paar praktische Vorschläge sollen helfen, eine Beziehung mit Jesus im Zentrum aufzubauen.

Eine Zeit der Freundschaft genießen. Unsere Kultur hat ein vorhersagbares Muster für Beziehungen herausgegeben. Wir kennen das Normale: Wir sehen jemanden, der uns gefällt, unsere Augen treffen sich, zufällig landen wir in einer Unterhaltung, ein paar Tage oder Wochen flirten wir miteinander bis einer schließlich zugibt, dass wir gerne miteinander ausgehen würden. So beginnen wir eine von Gefühlen geleitete Beziehung, in der wir uns verabreden und immer versuchen, uns der anderen Person von unserer besten Seite zu zeigen. Auch christliche Beziehungen neigen dazu, diesem Muster zu folgen. Der einzige Unterschied besteht darin, dass wir sagen, dass Jesus im Mittelpunkt steht und diese Tatsache dadurch untermauern, dass wir miteinander beten, zusammen in die Kirche gehen und ein paar Grenzen im physischen Umgang miteinander einhalten.

Aber wenn uns Gefühle leiten, kann sich geistliche Einheit nicht entwickeln. Wenn wir auf dem unvorhersehbaren Fluss der Gefühle herum schwanken, übernimmt die Strömung die Kontrolle und spült uns in seine Richtung. Wir können nicht mehr unserem Prinzen die völlige Kontrolle über unsere Beziehung überlassen. Außerdem ist es gefährlich, dass sich emotionale Einheit auf seinem Höhepunkt durch physische Berührung zu äußern wünscht. Ungezügelte Gefühle verstärken die physische Versuchung und es ist schwerer, sie unter Kontrolle zu halten.

Das Tolle an einer Zeit auf Christus konzentrierter Freundschaft ist, dass sich ein geistliches Fundament entwickeln kann, bevor Gefühle sich in den Weg stellen. In einer Freundschaft ist die Versuchung nicht so groß, sich nur von seiner besten Seite zu zeigen in der Hoffnung, dass uns der andere mag. Wir sind frei, nur wir selbst zu sein. Wir können den anderen sehen, wie er wirklich ist, nicht als geschniegelte Dritte-Verabredung-Version seiner selbst. In einer Freundschaft können wir viel leichter feststellen, ob wir geistlich auf der gleichen Spur sind, wir können sein Leben in alltäglicher Umgebung beobachten, sehen, wie er mit anderen umgeht, auf die Worte hören, die er sagt, und wahrnehmen, in was er seine Zeit und Energie investiert. Und wenn mehr in der Beziehung passieren soll, kann uns unser geistliches Band näher zueinander bringen, statt nur auf physische und emotionale Anziehung zu setzen. Wir können emotionale und physische Intimität vollkommen genießen, wenn die geistliche Vertrautheit am Anfang steht.

Die Hand aufhalten. Emily, eine Collegestudentin aus Maine, kämpft sich durch ihre aufblühende Romanze mit Jonathon. „Er ist genau der richtige für mich, genau der Junge, den ich immer heiraten wollte, und ich glaube, er fühlt genauso für mich“, erzählte sie mir. „Aber immer wenn eine ganze Woche vergeht, ohne dass er anruft, kann ich mich nicht gegen den Gedankens wehren, dass er sich in eine andere verliebt hat. Das macht mich verrückt!“

Als Emily mir von ihren rasenden Gefühlen über ihre Beziehung zu Jonathon erzählte, musste ich an ein ähnliches Erlebnis in meinem eigenen Leben denken. Kurz nachdem Eric und ich offiziell unsere Beziehung begannen, ging er auf eine Missionsschule weiter weg. Während dieser Zeit hatte er weder Email noch Handy. Einige Monate konnte ich mit Eric nur per Brief kommunizieren (was irgendwie vor den zu neugierigen Zimmergenossen verborgen bleiben musste) und einmal in der Woche ein Anruf über eins der wenigen öffentlichen Telefone auf dem Schulgelände. Ohne ständige Rückversicherung seiner Hingabe an mich fing ich an, mir Sorgen zu machen, ob er mich nicht vergaß und eine andere fand. An einem Freitagabend hing ich zu Hause rum und wartete gespannt auf einen Anruf von ihm, der nie kam. Obwohl es tausend Gründe gab, warum er mich nicht anrufen konnte, eine unvorhergesehene Teambesprechung oder eine besonders lange Schlange an der Telefonzelle, war ich unruhig und nicht in der Lage, mich auf irgendetwas anderes zu konzentrieren. Meine Gedanken rasten: *Was, wenn er sein Interesse an mir verliert? Was, wenn er eine andere getroffen hat? Was, wenn er sich´s mit unserer Beziehung anders überlegt hat?* Elend lief ich hinaus auf den Hof und setzte mich auf die Verandaschaukel. Still schüttete ich meinem Prinzen meine Ängste aus. Mitten in meinem inneren Schimpfen nahm ich eine klare, ruhige Stimme war, die zu meinem Herzen sprach:

„Leslie, willst du, dass in diesem Bereich deines Lebens Mein Bestes geschieht?"

Meine Aufregung legte sich und ich antwortete: *„Ja, Herr, ich möchte Dein Bestes. Ich möchte, dass Du meine Liebesgeschichte schreibst."*

Sanft wie eine Frühlingsbrise antwortete mein Prinz: *„Kannst du mir wegen Eric vertrauen? Erlaubst du Mir, in dieser Beziehung das Passende zu unternehmen?"*

In diesem Augenblick wurde mir klar, wie stark ich mich schon an diese neu entdeckte Liebe zu Eric klammerte. Auch, wenn ich glaubte, dass mein Prinz diese Liebe in die Wege geleitet hatte, hatte ich das Ruder wieder in die Hand genommen. Aber jetzt wurde ich daran erinnert, wie unglaublich treu mein Prinz war. Warum hatte ich Ihn in Frage gestellt? Warum hatte ich mich geweigert, Ihm zu vertrauen? Er wusste viel besser als ich, was für diese Beziehung am besten war.

Wenn Eric aus irgendeinem Grund nicht der war, den Er für mich hatte, dann hatte er sicher noch einen besseren Plan für diesen Bereich meines Lebens, auch wenn ich mir das mit meinem begrenzten Denken nur schwer vorstellen konnte. Ich schloss meine Augen und öffnete meine Hände.

Vergib mir, dass ich das Ruder wieder selbst in die Hand genommen habe, betete ich. *Ich gebe es Dir jetzt wieder ganz zurück. Mach du aus unserer Beziehung, was Du für das Beste hältst. Ich vertraue Dir von ganzem Herzen.* Friede durchströmte mich, als ich so betete. Mein Prinz hatte die Kontrolle, nicht ich. Von diesem Moment an konzentrierte ich mich darauf, meine Hände geöffnet zu halten, statt mich an meine eigenen Sehnsüchte zu klammern. Mein Prinz wusste es am besten. Und er war absolut treu.

Wenn Jesus im Zentrum einer Beziehung bleiben soll, ist eine Sache wichtig: dass man jederzeit seine Hände geöffnet hält. Wenn wir uns zu fest an eine Freundschaft, eine Beziehung oder den Wunsch nach einer Beziehung klammern, müssen wir einen Schritt zurückgehen, unser Herz prüfen und dem Schreiber unserer Liebesgeschichte den Stift wieder anvertrauen.

Auf den Punkt gebracht

Wenn uns eine phantastische Liebesgeschichte mit einem umwerfenden Mann geboten wird, der alles in sich vereint von Empfindsamkeit bis Vertrauen, dann würden die meisten von uns augenblicklich die Chance ergreifen. Aber wenn uns jemand im Voraus sagen würde, dass es schließlich mit einer Scheidung endet, würden die meisten von uns lieber alleine bleiben mit einem intakten Herzen, statt in den Sonnenuntergang zu reiten, um am Ende doch nur zuzusehen, wie unsere Tagträume sich in eine Wüste verwandeln. Wie können wir garantieren, dass eine irdische Liebe ein Leben lang hält?

Als Frauen sind wir für Intimität geschaffen. Wir sind so geprägt, dass wir mit Hingabe und Leidenschaft lieben. Wir sind so entworfen worden, dass wir unserem Mann bis zu unserem letzten Atemzug zur Seite stehen. Wir sind geschaffen, uns selbst ganz in Eins hinzugeben. Als geheiligte junge Frauen können wir diese Wirklichkeit erkennen und uns zu Nutze machen. Wir erwarten glückliche irdische Liebe und wünschen uns, in diesem Bereich unseres Lebens erfolgreich zu sein. Aber als heilige junge Frauen ist unser Ziel nicht, einen irdischen Prinzen zu gewinnen, sondern wir setzen unseren ganzen Einsatz auf Einen, unseren himmlischen Prinzen.

Die Herrlichkeit unserer weiblichen Gestalt blüht nur auf wie eine Blume, wenn wir die Wange unseres himmlischen Prinzen berühren. Der Glanz der Weiblichkeit erwacht in uns, wenn wir unserem Herrn erlauben, unser Herz zart zu berühren. Wenn wir diese göttliche Intimität in den Tiefen unseres weiblichen Herzens entdecken, sind wir als junge Frauen dazu bereit, uns für die wunderbaren Freuden irdischer Liebe aufzuheben. Wir wurden alle sorgsam und liebevoll geschaffen, um die Frau eines Mannes zu sein. Uns erwartet außerordentlicher Erfolg, wenn wir bereit sind, die Geheimnisse irdischer Liebe vom größten Liebhaber von allen zu lernen.

Lektion drei

Wie Männer zu Poeten werden

von Eric Ludy

Lass uns einen kurzen Blick in das Leben eines jungen Mannes namens Chuck werfen. Den meisten Definitionen zufolge ist Chuck nicht gerade einer deiner durchschnittlichen Rülps- und- Juck-Jungs mit hohem Testosteronspiegel, tatsächlich ist er eine Luxusversion von einem Mann und ein beliebter Kandidat auf vielen Listen junger Mädchen mit den begehrtesten Junggesellen. Schau dir seinen Lebenslauf einmal an...

Chuck ist einer der Leiter der offenen Studentenarbeit an seinem College und er gehört zu den „Kein Sex vor der Ehe"-Leuten. Sein jungenhaftes Lächeln verzaubert schnell alle Mädchen im Umkreis von 3 Metern. „Wenn er mich anschaut, schmelze ich einfach dahin", hörte man noch letzten Dienstag eine junge Frau in Chucks Bibelgruppe sagen. Den meisten Mädchen würde es heute ausreichen, sich an Chuck als dem Gegenstück zu William Wallace in dieser Generation zu verkaufen.

Wie dem auch sei, Chuck hat ein paar Probleme, die wir uns ansehen müssen. Chuck ist wie andere Männer seines Alters ein hartnäckiger Anhänger einer Männlichkeit, die nur eine Sache im Kopf hat und hat dies auch jahrelang mit großem Geschick praktiziert. Pornographie war vor nun etwa 10 Jahren eines seiner Laster und das hat ihn in der Vorstellung unterstützt, der weibliche Körper sei nur zu seiner persönlichen Freude da. Chuck wäre wahrscheinlich geschockt, sich bei dem unbewussten Gedanken zu ertappen, dass das weibliche Geschlecht nur dazu da ist, ihm Freude zu machen. Aber die Tatsache, dass ihn das schockiert, macht es nicht weniger wahr.

Heute mag Chuck einen Schritt weiter sein als der typische Junge, aber er ist ein trauriger Vertreter der Männerwelt. Seine Ausbildung zum Mann bereitete ihn komplett darauf vor, das andere Geschlecht zu genießen, aber er ist außerordentlich schlecht darin geschult, dass das andere Geschlecht Freude an ihm haben kann. Seine Ausbildung zum Mann hat ihn entsetzlich gut erzogen, die Außenschale des weiblichen Körpers zu begutachten, aber nur armselig dazu, die inneren Bedürfnisse einer Frau zu verstehen und zu bedienen.

Was passiert, wenn Chuck heiratet?

Wenn du unseren jungen Mann Chuck nimmst und ihn lehrst, nur das Eine im Kopf zu haben, die Interessen und Bedürfnisse der Frauen unter seine zu stellen und unsensibel zu sein oder die einzigartigen Bedürfnisse der Frauen gar nicht zu kennen, was passiert dann mit Chuck, wenn er „Ja, ich will" sagt? Wird Chuck, unser frisch verheirateter Ehemann, sich der Herausforderung der Ehe stellen, sich ändern und lernen, ein großer Mann zu sein? Oder wird sich unser Freund Chuck nur noch tiefer hinter seine anerzogene Sicht von Männlichkeit verschanzen?

Unglücklicherweise stehen heute nicht viele verheiratete Männer auf und sagen: „Hey, ich liebe die Ehe!" Es scheint nur Klagen zu geben.

Um ein Beispiel zu geben, was aus den meisten Chucks wird, hör dir dies an: Eine der meisten Klagen verheirateter Männer, auch christlicher Männer, ist die, dass sie sexuell unerfüllt sind. Einfach gesagt, die Männer schreien nach mehr.

Frag einen verheirateten Mann, was er wählen würde, wenn er zwischen einer größeren Vertrautheit in der Beziehung mit seiner Frau und mehr sexueller Leidenschaft im Schlafzimmer wählen könnte.

„Was glaubst du denn?", war die glucksende Antwort eines 27-jährigen, der seit vier Jahren verlobt ist. Als Mann wusste ich instinktiv, was er mit seiner Antwort meinte. Er sah in mir einen Gefährten in der Mann-bleibt-Mann-Bruderschaft, als er zum Ausdruck brachte: „Eric, du weißt doch, dass wir Männer immer nur an dem Einen interessiert sind!"

Ein Kerl in den Dreißigern lachte nur, als wollte er sagen: „Da fragst du noch!" Dann gab es noch den Kommentar: „Was für ein Typ will denn wirklich Intimität!" Ein grundsätzliches Thema nahezu jedes Jungen, den ich fragte. Ein witziger Kerl konterte meine unprofessionelle Untersuchung durch seine Antwort mit etwas Abwechslung: „Möchtest du eine *richtige* oder eine *wahre* Antwort?"

Ich bin sicher, wenn ich im Laufe des nächsten Monates jeden verheirateten Mann fragen würde, den ich treffe, würde ich hier und da ein paar überraschende Antworten bekommen. Aber unglücklicherweise sind wir Jungs heute ziemlich vorhersehbar, wenn es um bestimmte Dinge geht.

Tragisch ist dabei, dass die meisten Jungs auch noch stolz darauf sind, so vorhersehbar zu sein. Ich bin mir sicher, für dich als junge Frau, die über die heutige Männerwelt nachdenkt, kann das ziemlich entmutigend sein. Aber ich möchte, dass du auch weißt, dass es eine großartige Hoffnung gibt. Erstens gibt es in der heranwachsenden Generation junger Männer ein Wiederaufleben der Männlichkeit nach Christi Vorbild. Das braucht Zeit, sich zu entwickeln, aber es formt sich eine neue Wagenkolonne von Krieger-Dichtern. Zweitens gibt es auch ein ermutigendes Aufleben sich abhebender junger Frauen, wie etwa in deinem Leben, was hoffen lässt, dass am Horizont eine umwälzende Reformation der Männerwelt aufkommt. Denn ich sagte es ja schon: Einer der wichtigsten Punkte, die die Qualität der Männlichkeit in einer Kultur bestimmen, ist die Qualität der Weiblichkeit.

Wir Jungs kennen unsere Wünsche, aber unsere Wünsche sind alle falsch. Wir brauchen junge Frauen, die uns helfen zu erkennen, dass wir viel mehr in unserer Männlichkeit erfahren würden, als wir uns vorstellen können, wenn wir unsere Wünsche, unseren Zugang zur Männlichkeit änderten und auf unserer Reise eine neue Landkarte benutzten.

Zurück zu Chuck

Lass uns noch einmal zu Chuck, unserem jungen verheirateten Mann, zurückkommen. Während der vergangenen fünf Jahre ihrer jungen Ehe hat Candice, Chucks geduldige und ihn liebende Frau, ihn wiederholt angefleht: „Chuck, ich brauche mehr Zeit mit dir, ich brauche es, dass du mir zuhörst, ich brauche es, dass du mir Gutes tust." Chuck spottet nur über solche Vorschläge. Nach seinem Behelfsplan tun Männer so etwas nicht. Nach seinem Plan ist der Körper der Frau dazu da, ihn zu erfreuen und seine Frau hat sich seinen

Wünschen und Bedürfnissen nach sexueller Leidenschaft zu fügen.

„Chuck!", möchte ich ihn am liebsten anschreien: „Schmeiß deinen Plan in den Müll!" Ich möchte Chuck und die unzähligen anderen Chucks da draußen am liebsten am Kragen packen und ihnen sagen: „Hör darauf, was deine Frau sagt! Wenn du nur auf sie hören würdest, würdest du merken, dass sie den Geheimschlüssel für dich in der Hand hält!"

Eine Frau weiß instinktiv, dass das Ziel einer gesunden Ehe Vertrautheit in der Beziehung sein muss. Wenn Mann und Frau zu einer Vertrautheit ihrer Beziehung finden, führt dies auf ganz natürliche Weise zu mehr sexueller Leidenschaft. Verheiratete Jungen werden zu verheirateten Männern, wenn sie schließlich merken, dass der sexuelle Akt nicht der verborgene Schatz ist. Der verborgene Schatz ist Sich-Kennen, Sich-Lieben und die intimsten Dinge des Lebens mit der Frau teilen, die jede Nacht neben ihm schläft.

Und hier wird es praktisch für dich als junge Frau. Wir modernen Chucks nehmen diese Ahnungslosigkeit nicht nur in die Ehe mit, wir nehmen sie auch mit in unsere Beziehung zu Jesus Christus. Genau wie Vertrautheit in der Beziehung eine Ehe zu etwas Besonderem macht, macht es auch einen Nachfolger Christi zu etwas Besonderem. Aber christliche Männer jammern nach den Schätzen des Königreichs Christi, denken darüber nach, warum Gott uns nicht mehr anvertraut, und dabei versäumen wir es die ganze Zeit, die unterirdischen Höhlen zu erforschen, die uns zum verborgenen Schatz führen. Wir denken, dass der verborgene Schatz etwas ist, das wir von Christus erhalten, während der wahre Schatz in Wirklichkeit wie in der Ehe der ist, dass wir den Liebhaber unserer Seelen kennen, lieben und die intimsten Dinge des Lebens mit Ihm teilen. Wir verstehen nicht einmal die Vertrautheit mit einer Frau, geschweige denn die wichtigste Form von Vertrautheit, die Vertrautheit mit Christus. Wir brauchen euch junge Frauen, dass ihr uns helft und die unterirdischen Höhlen zeigt, die uns zur allergrößten Intimität führen.

Wie Männer zu Poeten werden

Wenn du an Poeten denkst, kommen dir wahrscheinlich Bilder in den Sinn von knisternden Feuern, rosaroten Sonnenuntergängen, schließlich auch von kunstvollen Versen voll Reim und Romantik, von über den Boden gestreuten Rosenblüten und einer zarten, leidenschaftlichen Melodie in der Luft. Während Poesie sicherlich in diesen Bildern entsteht, ist ein wirklicher Poet mehr als nur ein Mann, der ein Gedicht schreiben kann. Ein wahrer Poet schreibt Poesie mit seinem ganzen Leben. Ein wahrer Poet benutzt keine poetischen Hilfsmittel, um das Herz einer Frau zu verführen, sondern gebraucht die ganze Schönheit dessen, was poetisch ist, um zu dienen, Ehrerbietung zu bringen und seiner Liebe Ausdruck zu verleihen.

Wie ein wahrer Krieger kein Eroberer der Frauen ist sondern ein Beschützer, so ist ein wahrer Poet nicht nur ein Freier um das Herz einer Frau, sondern einer, der weiß, wie man im Herzen einer Frau Liebe einpflanzt und pflegt. Einfach gesagt: Ein wahrer Poet ist ein Mann, der weiß, wie man mit einem Liebenden vertraut ist, zuerst und vor allem mit Christus.

Das Rezept für Vertrautheit scheint genau das Gegenteil von dem zu sein, was wir heutigen Jungs als Liebesköche gelernt haben. Intimität schließt die Beimischung von fünf sehr wichtige Zutaten ein: die Fähigkeit zuzuhören, die Fähigkeit, zart zu sein, die Fähigkeit, die Reise zu genießen (in der Gangart Christi), die Fähigkeit, aufmerksam zu sein und die Fähigkeit, Stille zu fördern. Diese Verhaltensfähigkeiten müssen junge Männer lernen, nicht nur, um eine gute Zukunft mit unseren Frauen zu haben, sondern auch um eine gute Liebesbeziehung zu Jesus Christus zu haben.

Der Prozess, ein großer Mann zu werden, dauert ein Leben lang, aber er geht beständig voran, wenn der Geist Gottes das Leben des Mannes steuert. Für dich als junge Frau ist es wichtig, eine Vision von *etwas Besserem* zu bekommen. Die folgenden Abschnitte helfen dir zu verstehen, wie du uns Männern helfen kannst, uns zu Poeten zu entwickeln, die Christus ähnlich sind, so wie Gott uns entworfen hat.

Die Kunst des Anstoßens

Eine junge Frau muss die Kunst des Anstoßens lernen, wenn sie einen Jungen lehren will, ein Poet zu sein. Einen Jungen anzustoßen ist etwas völlig anderes, als ihn zu drängen oder zu nörgeln. Es geht vielmehr darum zu verstehen, wie ein Mann funktioniert und dieses Wissen mit Geduld, Sanftmut und ernsthafter Kreativität einzubringen. Oh, und auch ein Schuss Süße gehört auf einem langen, langen Weg dazu.

Leslie ist weltklasse im Anstoßen. Sehr feinfühlig hilft sie mir, in bestimmten Bereichen meines Lebens Land zu gewinnen und die ganze Zeit merke ich es unter Umständen gar nicht, dass sie mich anstößt. Wenn sie gut sind, sind Anstöße nicht nachzuweisen.

Leslie wusste zum Beispiel schon lange bevor wir verheiratet waren, dass ich eine unaussprechliche Wasserphobie habe. Ich schau mir Wasser gerne an, aber ich mag es nicht, drin zu sein. Ich sitze lieber im Boot, ich bin kein Tauchertyp. Les und ich hatten schon vor unserer Hochzeit viele Diskussionen darüber, was diese verrückte Wasserangst ausgelöst hat. Sie merkte schnell, dass mein Problem nicht auf die leichte Schulter zu nehmen war. Es saß tief in mir und hatte sich in meine Gedanken gegraben wie wildes Unkraut.

In einem meiner schwachen Momente als wir gerade verheiratet waren, gestand ich Les, dass ich es gar nicht mochte, dass ich Angst vor Wasser hatte. Ich sagte ihr, dass ich Hilfe brauchte. Ich wollte überwinden, was immer mich paralysierte, aber ich schaffte es nicht alleine. Und ich fügte noch Eins hinzu: „Aber hilf mir bitte nicht wie jeder andere bisher in meinem Leben – *es funktioniert nicht*!"

Bis dahin hatten wohlmeinende Freunde und Familienmitglieder die „Schmeiß ihn rein und er wird es mögen"-Methode angewandt. Und dann gab es noch den alten Spruch, den heranwachsende Jungs immer losließen: „Komm schon, Ludy! Was bist du? Ein Mann oder eine Maus?" Keine dieser Methoden funktionierte. Ich brauchte jemanden, der mir half herauszufinden, was funktionierte. Ich brauchte einen ernsthaften Anstoß.

Eins der Dinge, die ich an meiner Frau am meisten liebe, ist, dass sie mich als Mann studiert und deshalb weiß, wie sie mich darin bestärken kann, Schritte in eine neue Richtung einzuschlagen. So probierte Les eine Methode, die perfekt für mich war.

„Okay, Eric", sagte sie sehr süß, „keiner ist da. Keinen stört es, wenn du es lässt." Damit drückte sie mir das rot-gelb gestreifte Bodyboard in die Hand. „Wenn du bereit bist, gehst du einfach ins Wasser. Du musst nicht mit dem ganzen Körper ins Wasser, wenn du willst, geh nur bis zu den Knöcheln rein. Okay?"'

Wie ein kleines Kind, das Fahrradfahren ohne Stützräder lernt, stotterte ich: „Okay!" Dann machte ich mich auf die Reise durch den heißen Sand bis zum Rand des Ozeans. Leslie hielt dabei die ganze Zeit meine Hand. Leslie schaffte eine Atmosphäre, in der ich mich wohlfühlte und Vorwärtsschritte in diese neue und beängstigende Richtung wagen konnte. Zum ersten Mal in meinem Leben fühlte ich mich im Wasser frei.

Es fing mit einem zögerlichen Ausflug in die Wellen an, der mich bis zu den Knöcheln nass machte. Leslie achtete darauf, mich nicht zu drängen. Sie erlaubte mir, eine Gangart zu nehmen, in der ich mich wohl und nicht gedrängt fühlte. In der Zwischenzeit surfte sie mit ihrem Bodyboard wie ein Profi und verhielt sich so, als achtete sie nicht auf mein Vorankommen. Als ich bis zur Taille ins Wasser watete, zwinkerte sie mir nicht in „Hab ich dir doch gesagt"-Manier zu, sondern tat so, als wäre ich irgendeiner, der bis zur Taille ins Wasser watete.

Als Mann brauchte ich sie, um eine Atmosphäre zu schaffen, in der ich wachsen konnte. Aber ich brauchte sie auch, damit sie geduldig und ohne jeglichen Druck darauf wartete, dass ich den ersten Schritt nach vorne machte. *Ich* musste den Schritt nach vorne machen. Jeder Schritt musste *meine* Entscheidung sein.

Es dauerte keine Viertelstunde von meiner ersten Reise zum Rand des Ozeans bis ich mein Bodyboard unter mich legte und umherschwamm. Nach weiteren zehn Minuten versuchte ich, auf ein paar der kleineren Wellen zu reiten. Als ich einmal ein Gefühl dafür bekommen hatte, regte ich mich eine ganze Stunde lang über die kleinen Wellen auf und hielt Ausschau nach den Monsterwellen. Ich fühlte mich tatsächlich wohl im Wasser! Ich hatte richtig Spaß! Später am Abend flüstere ich Leslie ins Ohr: „Morgen gehen wir wieder Bodyboarden, okay?"

Jungs ändern sich durch Frauen, die sie verstehen. Man kann Jungs nicht mit Druck und Nörgelei ändern. Die Kunst des Anstoßens besteht darin, den Mann spüren zu lassen, dass man ihn versteht und annimmt, wie er ist. Und denke daran, man muss Jungs verdeckt anstoßen. Wenn ein Junge herausbekommt, dass du versuchst, ihn zu ändern, kann er ziemlich stur werden. Also tarne dich als Mauerblümchen, wenn du ihm hilfst, einen ersten Schritt voranzugehen und schaffe eine Atmosphäre, in der er sich wohl dabei fühlt, diese neuen und beängstigenden Schritte zu wagen. Wenn man die Würde des Mannes schützt und wenn er das Gefühl hat, dass er selbst die Entscheidung trifft, einen Schritt vorwärts zu gehen, ist es erstaunlich, wie viele junge Männer ihre Fußspitze in neue Gewässer tauchen. Man kann einem Jungen die Qualitäten eines Poeten nicht aufzwingen, aber durch den sanften Anstoß einer Prinzessin nach Christi Vorbild wird er zu neuen Höhen angeregt, von denen er gar nicht wusste, dass es sie gibt.

Umsetzung

Vier Dinge kannst du gleich tun, um jungen Männern zu helfen, wahre Poeten zu werden.

1. *Sei empfindsam.* Wenn ein Mädchen einem Jungen gegenüber empfindsam ist, ist es etwas anderes, als

wenn ein Junge empfindsam zu einem Mädchen ist. Empfindsamkeit bedeutet, dass man jemand anderem in dem Augenblick das gibt, was er am nötigsten braucht, wenn er es am nötigsten braucht. Man versetzt sich in die Haut des anderen, sieht das Leben mit den Augen des anderen und trifft deshalb die Bedürfnisse des anderen so, wie er es braucht. Und wir alle wissen, in der Haut eines Jungen zu sein unterscheidet sich sehr davon, in der Haut eines Mädchens zu sein. Jungs werden durch ganz andere Dinge motiviert und ermutigt als Mädchen.

Wieder ist es die sicherste Möglichkeit, Empfindsamkeit an deinem Vater und Bruder zu üben. Du findest heraus, was einen Jungen motiviert und was er deshalb am meisten braucht, indem du ihn beobachtest und die zwei oder drei Dinge bestimmst, in die er gerne seine Zeit und Energie investiert. Das kann Basketball sein, Computer, Flugzeuge oder eine Million anderer Dinge, aber jeder Junge hat bestimmte Interessen und Dinge, in die er sich investiert.

Dann beobachte ihn bei der Arbeit. Jungs lieben es aus unerfindlichen Gründen, bei ihrem Werk angefeuert und beobachtet zu werden. Wenn du für ein Interesse eines Jungen Begeisterung zeigst, wirst du einen einzigartigen Weg in sein Leben finden. Eine Frau, die die hart verdienten Fähigkeiten eines Mannes wertschätzt, ist eine Frau, auf die ein Mann hören wird. Und wenn du einen Jungen lobst, wenn du siehst, dass er sich in seinem Werk selbst übertrifft, werden deine Worte ihm helfen, ein Mann zu werden. Denke daran, die Worte einer Frau haben die Macht aus einem Mann entweder einen Poeten oder einen Sklaven zu machen. Nutze diese Macht bitte so, wie Gott sie gemeint hat und hilf uns, Prinzen zu werden.

2. *Gib Anstöße.* Um einem jungen Mann Anstöße zu geben, ein Poet zu werden, musst du verdeckte Kreativität entwickeln. Das Geheimnis liegt darin, eine Atmosphäre zu schaffen, in der er sich nicht unter Druck fühlt, keiner an ihm herumnörgelt und er doch herausgefordert wird zu wachsen. Übe dich darin, wie du eine kreative Atmosphäre schaffen kannst, in der ein junger Mann Schritte vorwärts tun kann in die Richtung, dass er ein Poet wird.
   Wie gesagt, wenn du einen Bruder hast, ist das eine gute Möglichkeit, damit anzufangen. Ich weiß, das klingt nicht sehr romantisch, aber Brüder sind ein großartiges und sicheres Übungsfeld. Lade deinen Bruder zum Beispiel mal zu einem Date ein. Geh mit ihm in ein nettes Restaurant und reg ihn ein bisschen dazu an, dich wie eine Lady zu behandeln. Bleib vor jeder Tür stehen und wenn er sie nicht für dich öffnet, sag ihm mit deiner freundlichsten Stimme: „Wolltest du mir nicht die Tür aufhalten?" Wenn du dich zum Essen hinsetzt, bitte ihn sanft, für dich zu bestellen und wenn er das macht, sei gespannt auf seine Wahl. Ermuntere ihn im Laufe des Abends als jungen Mann und inspiriere ihn als Krieger-Dichter. Lass ihn auch ruhig das Essen bezahlen, wenn er Manns genug ist, es dir anzubieten. Eine tolle Angelschnur, die du im Laufe des Abends auswerfen kannst, wenn er etwas Bewundernswertes getan hat, ist es, ihm zu sagen: „Aus dir wird noch ein richtig toller Ehemann!" Wenn du das ernsthaft sagst, wird er diese Worte *nie* vergessen. Aber denke daran, lass den Jungen selbst den Schritt nach vorne machen.

Wenn er gedrängt wird, wird er sich wahrscheinlich nicht rühren.
Wenn du keinen Bruder hast, bitte Gott, dir kreative Möglichkeiten zu zeigen, wie du deine Freunde zu Größe anregen kannst. Vielleicht kannst du die oben genannte Möglichkeit nicht mit deinen männlichen Freunden praktizieren, ohne ihnen falsche Hoffnungen zu machen, aber es gibt viele sichere und gesunde Möglichkeiten, Jungs in Richtung Männlichkeit eines Krieger-Dichters anzustoßen. Wenn du siehst, dass ein Junge eine Wesensart Christi aufweist, nimm dir die Zeit, diese Qualität herauszustellen. Je mehr du seine positiven Eigenschaften wertschätzt, desto mehr wird er in diesen Lebensbereichen wachsen.

3. *Sei bereit, unbeachtet zu bleiben.* Offen und einfach gesagt, wenn ein Junge schließlich einen Schritt in Richtung Krieger-Dichter macht, sag nie: „Ich hab´s dir gesagt!" Du magst in seinem Wachstum eine wichtige Rolle gespielt haben, aber wenn er an dir eine „Ich hab´s dir gesagt"-Haltung bemerkt, wird er entweder zurückgehen oder dich von da an aus dem Prozess ausschließen. Um die Würde des Mannes zu schützen, lass ihn spüren, dass er den Schritt selbst getan hat. Wenn er den Wunsch verspürt, dir zu danken, ist das prima. Tatsächlich würde das sogar noch einen weiteren Fortschritt in seinem Mannsein zeigen. Aber versuch nicht, ihn zur Anerkennung zu zwingen. Denke daran, du musst ein verdeckter Anstoß sein, kein Jungen-Antreiber, der im Vordergrund und Mittelpunkt steht.
4. *Verteidige die Männlichkeit.* Genauso wie du junge Männer brauchst, die für eine echte, von Gott geschaffene Weiblichkeit aufstehen und kämpfen,

brauchen Jungs dich, dass du für echte, von Gott geschaffene Männlichkeit aufstehst und kämpfst. In gewissem Sinne brauchen wir dich als weiblichen Kämpfer, der das großartige Potential dessen verteidigt, was Männer sein könnten und sollten. Bestrafe Männer nicht für die Idiotie eines einzelnen oder von ein paar Leuten. Männlichkeit kann so viel mehr sein als sie heute ist, aber wir sind geistlich schwach und unser Edelmut ist geschwunden. Einen enormen Einfluss auf Veränderung werden junge Frauen haben, die wie Jeanne D'Arc ihre Waffen anziehen und sich in die Schlacht stürzen, um uns zu verteidigen. Wenn du diese Vision ergreifst, hat unsere Generation noch Großes vor sich. Männlichkeit wird wieder aus der Asche erstehen und etwas sein, das deine größte Liebe verdient, das glaube ich von tiefstem Herzen.

Abschließende Gedanken

Wir sehen es alle, Krieger-Dichter sind heutzutage selten. Aber der erste Schritt, sie wiederzuentdecken, ist der, zu erkennen, dass es möglich ist, dass Krieger-Dichter wieder auftauchen. In diesen drei Untersuchungen über die Männerwelt haben wir ausgearbeitet, wie du als junge Frau dazu beitragen kannst, dass auch heute wieder junge Männer zu Krieger-Dichtern geprägt werden. Wir Männer täuschen uns darin, dass wir glauben, in die richtige Richtung zu gehen. Aber in den Stadtgrenzen von Narrenhausen zu rülpsen und sich zu kratzen ist nicht das, was Gott im Sinn hatte. Deshalb brauchen wir so verzweifelt deine Hilf, um etwas viel Besseres zu finden.

Ich wünsche mir, dass du die Vision von einer Weiblichkeit bekommst, die die Welt verändern kann, und dass du bereit bist, alles zu opfern, was dir lieb ist, um mit deinem Prinzen zu gehen. Ich hoffe, du nimmst die Botschaft dieses Buches ernst und richtest dein Leben um den Bau eines Heiligtums für deinen himmlischen Prinzen ein. Es gibt nichts Größeres im Leben, als es vertraulich mit Jesus Christus zu teilen, dem allergrößten Krieger-Dichter aller Zeiten!

Epilog

In jeder Generation

In jeder Generation gibt es einige wenige junge Frauen, die leidenschaftliche, tägliche, ungehinderte Vertrautheit mit ihrem wahren Prinzen Jesus Christus entdecken. Wie die Prinzessinnen in den Märchen unserer Kindheit geben sie, sobald sie diesen Prinzen getroffen und Seine unglaubliche Liebe zu ihnen erkannt haben, *freiwillig alles andere auf*, um Ihm bis ans Ende der Welt zu folgen. Sie leben mit ihrem Prinzen ein Leben, das sich von ihrer Umwelt völlig unterscheidet. Sie strahlen etwas aus. Sie sind zuversichtlich. Sie sind erfüllt. Sie haben eine wahre Schönheit, die von innen kommt. Sie verändern die Welt. Sie sind außergewöhnlich in ihrer völligen Hingabe an ihren Prinzen. Und sie heben sich unter allen anderen junge Frauen ab, wie Lilien unter Dornen.

Ich fordere dich heraus, eine von diesen wenigen in *dieser* Generation zu werden: eine besondere junge Frau, die es zulässt, dass die Erfahrung einer leidenschaftlichen Intimität mit ihrem Prinzen alle Bereiche ihres Lebens völlig verändert. Diese Art märchenhafter Liebe zwischen einer jungen Frau und ihrem wahren Prinzen fordert Opfer. Sie fordert Schmerz. Aber sie ist das unbezahlbarste Geschenk, das uns je gemacht wird. Wir können uns kein schöneres und erfüllenderes Leben vorstellen und kennenlernen.

Wenn wir nach solch einem außergewöhnlichen Leben streben, wird man uns kaum verstehen und die Welt wird es nicht zu schätzen wissen, oft nicht einmal die Christen. Aber wir sind auf dieser Reise nicht allein.

Unser heldenhafter Prinz ist mit uns. Er verändert uns sanft zu Seiner Prinzessin – eine Lilie unter Dornen in dieser Generation. In Seiner Gegenwart liegt die Fülle der Freude. Lass uns nur nach Seinem Beifall streben.

„Vertraue mir, mein Kind", sagte Er. „Vertraue mir mit größerer Hingabe als du je zuvor hattest. Vertraue mir in jeder Minute, jeden Tag deines Lebens, solange du lebst. Und wenn dir irgendetwas bewusst wird, was unsere Beziehung behindert, verletze Mich nicht, indem du dich von Mir abwendest. Komm noch näher zu Mir, komm, lauf zu Mir. Erlaube Mir, dich zu behüten, dich zu schützen, auch vor dir selbst. Erzähl Mir, was dich im Innersten beschäftigt, von deinen Schwierigkeiten. Vertraue Mir, dass Ich Meine Hand über dich halte. Ich werde dich nie verlassen. Ich werde dich prägen und formen und dich vollkommen machen. Habe keine Angst, Kind meiner Liebe, hab keine Angst. Ich liebe dich."

Amy Carmichael[23]

Anmerkungen

(Endnotes)

1 Übersetzt aus Charles H. Spurgeon, „A Bundle of Myrrh", www.Spurgiongems.org, vol. 10-12, sermon number 558.

2 „Da sprach Jesus zu seinen Jüngern: Will mir jemand nachfolgen, der verleugne sich selbst und nehme sein Kreuz auf sich und folge mir." (Mat 16,24; LÜ).

3 „Ich lebe, aber nicht mehr ich selbst, sondern Christus lebt in mir. Ich lebe also mein Leben in diesem irdischen Körper im Glauben an den Sohn Gottes, der mich geliebt und sich selbst für mich geopfert hat." (Gal 2,20; NL).

4 „Oder wisst ihr nicht, dass euer Leib ein Tempel des Heiligen Geistes in euch ist, der in euch lebt und euch von Gott geschenkt wurde? Ihr gehört nicht euch selbst." (1Kor 6,19; NL).

5 „Diejenigen, die zu Christus Jesus gehören, haben die Leidenschaften und Begierden ihrer sündigen Natur an sein Kreuz geschlagen." (Gal 5,24; NL).

6 „Genauso kann auch niemand mein Jünger sein, ohne alles für mich aufzugeben." (Luk 14,33; NL).

7 „Ja, alles andere erscheint mir wertlos, verglichen mit dem unschätzbaren Gewinn, Jesus Christus, meinen Herrn, zu kennen. Ich habe alles andere verloren und betrachte es als Dreck, damit ich Christus habe." (Phil 3,8; NL).

8 Eric Ludy, Leslie Ludy, *Made in heaven. Wenn Gott deine Liebesgeschichte schreibt,* Aßlar: Gerth Medien 2006.

9 Nacherzählt nach Elisabeth Elliot, *A Chance to Die: The Life and Legacy of Amy Carmichael,* Grand Rapids, MI: Revell, 1987, S. 31. [dt. Elisabeth Elliot, *Amy Carmichael. Ein Leben in der Nachfolge,* Holzgerlingen: SCM Hänssler, 1995]

10 Amy Carmichael, *Gold Cord,* London: Society for Promoting Christian Knowledge, 1947, S. 3.

11 Elisabeth Elliot, *A Chance to Die,* S. 31.

12 Ebd. S. 38.

13 Nacherzählt nach Amy Carmichael, *Gold Cord,* S. 2-3.

14 *Braveheart,* Regie Mel Gibson, Hollywood, CA, 1995.

15 „In früheren Zeiten und für frühere Generationen war diese Botschaft ein Geheimnis, das Gott verborgen hielt; doch jetzt hat er es denen enthüllt, die zu seinem heiligen Volk gehören. Ihnen wollte er zu erkennen geben, welch wunderbaren Reichtum für die nichtjüdischen Völker dieses Geheimnis umschließt. Und wie lautet dieses Geheimnis? »Christus in euch – die Hoffnung auf Gottes Herrlichkeit!«" (Kol 1,26.27; NGÜ).

16 Taylor, Mrs. Howard, *John and Betty Stam: A Story of Triumph,* Chicago: Moody, 1935, S. 7.

17 Nelson, Portia, *There´s a Hole in My Sidewalk: The Romance of Self-Discovery,* Hillsboro, OR: Beyond Words Publishing, 1994, S. 1-3.

18 Wilkerson, David, *Das Kreuz und die Messerhelden, Leuchter Edition,* 2008.

19 Kim, Esther Ahn, *If I Perish*, Chicago: Moody, 1979.

20 „Eine unverheiratete Frau sorgt sich uneingeschränkt darum, mit Leib und Seele zum Herrn zu gehören." (1Kor 7,34; Hfa)

21 „Ich bitte ihn, dass er euch aus dem Reichtum seiner Herrlichkeit beschenkt und euch durch seinen Geist innerlich stark macht. Ich bitte ihn, dass Christus durch den Glauben in euch lebt und ihr fest in seiner Liebe wurzelt und auf sie gegründet seid. Ich bitte ihn, dass ihr zusammen mit der ganzen Gemeinschaft der Glaubenden begreifen lernt, wie unermesslich reich euch Gott beschenkt. Ihr sollt die Liebe erkennen, die Christus zu uns hat und die alle Erkenntnis übersteigt. So werdet ihr immer umfassender Anteil bekommen an der ganzen Fülle des Lebens mit Gott." (Eph 3,16-19; GNB).

22 Amy Carmichael, *Gold Cord*, S. 40.

23 Corrie ten Boom, *The Hiding Place*, Uhrichsville, OH: Barbour, 1971, S. 180-84. [Corrie ten Boom, *Die Zuflucht. Corrie ten Boom erzählt aus ihrem Leben 1892-1945*, SCM R. Brockhaus, 2007.]

24 Ludy, *When dreams come true*.

25 Frei wiedergegeben nach Amy Carmichael, *If*, Fort Washington, PA: Christian Literature Crusade, 1938, S. 93.

Literaturvorschläge

Hier ist eine Auswahl der von der Autorin empfohlenen Bücher, die es auch in Deutsch gibt:

Boom, Corrie ten, *Die Zuflucht: Corrie ten Boom erzählt aus ihrem Leben 1892-1945*, Witten: SCM R. Hänssler, 2010.

Elliot, Elisabeth, *Amy Carmichael. Ein Leben in der Nachfolge*, Holzgerlingen: SCM Hänssler, 1995.

Elliot, Elisabeth, *Eine harte Liebe: Zwischen Reinheit und Leidenschaft*, Bielefeld: CLV, 2002.

Elliot, Elisabeth, *Liebe kann warten*, Bielefeld: CLV, 2000.

Hurnard, Hannah, *Leichtfüßig wie die Hindin...: Eine Allegorie*, Ottersberg: Edition Naam, 1998.

Kim, Esther Ahn, *Bedroht, aber nicht besiegt*, Neuhausen-Stuttgart: Hänssler, 1979.

Lewis, Clive Staples, *Dienstanweisung für einen Unterteufel*, 20. Aufl. Freiburg: Herder, 2011.

Lewis, Clive Staples, *Pardon, ich bin Christ: Meine Argumente für den Glauben*, 15. Aufl. Gießen: Brunnen, 1986.

McCasland, David, *Oswald Chambers: Ein Leben voller Hingabe*, Holzgerlingen: 3. Aufl. SCM Hänssler, 2003.

Richardson, Don, *Friedenskind: Wandlung einer Dschungelkultur grausamer Tücke in Neuguinea*, 8. Aufl. Berlin: St. Johannis-Druckerei, 2007.

Taylor, Howard/ Geraldine, *Hudson Taylor: Abenteuer mit Gott*, 6. Aufl. Berlin: St. Johannis-Druckerei, 2006.

Taylor, Mary G., *Treu bis zum Tod: John und Betty Stam*, Bielefeld: CLV, 2009.

Tozer, Aiden W., *Gottes Nähe suchen*, 2. Aufl. SCM Hänssler, 2008.

Wilkerson, David, *Das Kreuz und die Messerhelden*, Erzhausen: Leuchter Edition, 2008.

Wurmbrand, Richard, *Gefoltert für Christus*, Neukirchen-Vluyn: Aussaat, 1968.

Die Autorin

Leslie Ludy und ihr Mann Eric sind Autoren, Redner und Musiker und leben mit ihren Kindern in Colorado. Ihr Buch „Made in heaven: Wenn Gott deine Liebesgeschichte schreibt" wurde bereits ins Deutsche übersetzt.

Sie brennen dafür, jungen Menschen zu zeigen, wie sich das Leben verändern kann, wenn man sich Jesus Christus kompromisslos hingibt.

Leslie gründete setapartgirl, um junge Frauen zu ermutigen, ein außergewöhnliches Leben zu führen.

Besuche sie auf ihrer Internetseite www.setapartgirl.com.